21世纪广播电视专业实用教材

广播电视专业"十三五"规划教材

TV COMMENTARY WRITING

电视解说词写作

崔文华　著

中国传媒大学出版社

·北京·

contents 目 录

上 编　电视撰稿人的角色认知与建构

下　编　撰写电视片解说词文本的技术策略

上　编

电视撰稿人的角色认知与建构

第一章　中国非虚构叙述类电视片概观

第一节　非虚构叙述类电视片的定义和现状

依托真实,是人类生存的基本根据;

捕获真实,是人类活动的普遍追求;

观察真实,是人类求知的重要途径;

欣赏真实,是人类永恒的极大乐趣;

眼见为实,是人类共有的认知习惯。

人活着,离不开"实"。

以寻找真实、纪录真实为工作目标,是令人向往的。

"真实"是永远变化的活动性存在,具有活动本性的真实现场一纵即逝,不可复现。一个人在这个时刻能够"眼见为实"的场景,另一个人在下一个时刻里就无法看到"原态"的同一个真实场景。也就是说,真实的"活动现场"难以超时空分享。所以,在漫长的人类文明史中,后人只能获得静物态存在的遗迹和文物。即使有了写实性绘画,也依然是静物化的"形象真实"。

当胶片感光成像技术和电磁感光成像技术发明之后,人类终于可以把真实的活动场景保存下来,并迅速利用这种技术,发展出以影视手段纪录"真实活动场景"的艺术。"影视纪实艺术"成为人类捕获、观察、保存、欣赏"形象真实场景"的主要工作系统。于是,纪录片艺术诞生了。人类的记忆空间、感知空间、经验世界和社会文化结构因为这个工作系统的出现而发生了前所未有的巨大变化。对这场变化的意义,人类至今还没有做出恰如其分的评估。

这里先做一个概念辨析:在过去,"记录片"和"纪录片"这两个名词概念通用,现在统一于"纪录片"单一概念,避免混用了。这两个概念中的"记"与"纪"都可用作动词,但"纪录"一词通常多用作名词。在本书中,为了强调纪录片艺术的特点,故把"纪录"一词用作"行业性特别动词",特指纪录片领域形象化系统化"纪人纪事"的艺术性行为动作,以区别于日常生活的记人记事,犹如"纪元""纪要"的特别之"纪"不同于日常琐碎之"记";为表示记载某次行程或大事之郑重而说"纪行""纪事"。本书以下"纪录"一词均作纪录片艺术系统中的特有动词用。

人类社会的每一个成员都是影视纪实文化的深度卷入者,不管他自己是否意识到。

对于当今的中国广大电视观众而言,城市居民能够收到数十个电视频道,甚至更多。农村观众可以收到的电视频道虽相对较少,但各种类别的电视节目也都大致见过。诸多电视节目中有一类"片子",画面主要是直观描述实际发生过的事情,画面外的解说话语是对画面场景的据实说明或引申阐释;里面露脸说话的人都以真实身份,讲述自己的真实见闻、经历和想法。这类电视片里面的"事件过程"虽然也可以叫作"故事",但那都是"真"的,而不是虚构的。哪怕那些实际发生的事情"没赶上"实拍,后造了场景,用演员来演,那也叫作"真实再现",而不能够当"戏"看。当然也有用各种绘画方式来"真实再现"的。随着电脑技术的提高,电子动画越来越多地用于这个领域的"场景再现",其逼真程度可以媲美实拍。总之,追求客观纪录和真实表达是这类电视片的主旨。

这类电视片就是影视纪实艺术的直接产物。

从原则上说,这类电视片的制作者是在"实事实拍",观众则实事实看。"当真"——这是观众对这类电视片的"观赏预期"。观众相信这是一个基本内容"非虚构"的电视片,愿意通过看这些真人真事来增广见闻,拓展知识领域,充实自己的观念。不少较好的这种实事实拍的电视片所纪录的事实和阐发的观念会被观众长久记取,成为自己知识结构的组成部分。

广大民众不仅喜欢看实事实拍的电视片,而且会尝试自己制作这样的电视片。质优价廉的摄录机已经普及,照相机和手机都能够现场录像,大众电脑也都有影像素材的编辑制作功能,致使纪实影像的"自我制作"和"自我传播"成为一种大众化娱乐方式,"全民 DV"和"人人拍客"已经是当今社会的普遍现象。民间纪录片甚至引起了电视台的关注,很多机构都欲为之提供播出渠道,使之在国家纪实叙事体系中聊备一格。民间影像创作群体成为社会视觉文化"生产系统"中的一支生力军。在当今社会大环境下,它能够获得怎样的生长机会,发挥多大影响,还需要未来的发展来验证。无论如何,它们的存在价值是不容忽视的。这表明,大众的纪实叙事已经在介入体制化的国家纪实叙事体系中。

一些网站为大众纪实片提供了更为宽松的播出空间。

这些现象都表明,中国视频纪实叙述话语体系有多元化的趋向。

在影像摄录工具日益普及的当代,每个影像摄录工具的持有者都可以是纪实性电视片的创作者。这是社会文化进步的重要表现。当然不必把大众日常随性消遣之作与专业制作等量齐观。但这至少说明,实事实拍的电视片在制作与欣赏方面具有广泛的群众基础。人民大众对实事实拍的电视片具有越来越多的亲切感,而逐渐消除了神秘感和距离感。而且"懂行"的人民大众越多,对电视专业单位的纪实性影像作品的制作技术和艺术的要求就会越来越高,也会催促职业电视人必须不断提高自己的业务水准。这是纪实类电视片专业制作者的幸运,也是压力。

本书的研究对象"电视片",指的就是实事实拍的电视片——纪实片。

这类电视片迄今还没有一个公认的理论定义,其作品状貌更是千姿百态。

由于本书更注重操作实践的言说,希望避免繁琐的理论思辨,因此试图从制作实践和观赏实感的双向角度,给出一个简明定义。

纪实片就是用于大众传播的非虚构叙述性影视作品(包括电影和电视)。

这个定义里主要强调两层含义:

一、非虚构叙述

这是这类电视片的基本属性。在这个定义中用"非虚构叙述类"一词,而不用非虚构叙事类,是因为"叙述类"一词的含义更宽。在不同的非虚构叙述类影视作品中不但要纪录"事",还要述说超越事件的理论观念性内容。如果这个定义采用非虚构叙述类的说法,就显得这类作品中只有对实际事件的述说,而不包含其他内容了。这个定义里所说的非虚构叙述类不是单纯的据实记事,也包括对事实现象的分析和论证。这种分析和论证是依据"在叙事实"产生的,是"在叙事实"的语义延伸。延伸出分析和论证是为了使事实叙述获得文化价值的充实和思想内涵的提升。这种语义延伸和思想提升使得"在叙事实"彰显了意义,使叙事行为获得了观念深度,而不仅仅是平面化"制图"。这是一个广义的"叙述"概念。

二、用于大众传播

这层意思表明了这类电视片的社会化应用领域,使之区别于秘藏档案类、监控类、个人私密欣赏类等非大众传播类的影像纪录。当然,大众传播类与非大众传播类影像纪录片之间并没有绝对界限。

这类片子的大众传播属性至少是由两个方面构成的。从制作方的角度看,这类电视片内容是"实拍"的;从观赏方的角度说,这种片子是被当作"真事"来"实看"的。制作方"实拍"而观赏方"实看",双方"以实为尚",这是现代社会"大众传播场"中的一份文化契约。制一观双方建立的这种文化契约关系,规定了产品性质,保证了一个专门文化产业的存在,达成了双方共识的传播认证——叙述的非虚构性。无论这类电视片的具体样态多么千差万别,它们都有一个不可动摇的共性,就是叙述的非虚构性。因此,此后本书将更多使用非虚构叙述类电视片这个概念。这并非为了标新立异,而是旨在说明非虚构性叙述类的影视片就是广义的纪实片。在技术不断更新和多样化的时代,这类片子可以用电影工具和电视工具摄录,可以用带摄录功能的数字照相机拍摄,也可以用智能手机拍摄,当然未来还可能用更多样式的技术工具来制作,或是各种摄录工具"混搭"使用。所有这些只是制作工具的区别,并不妨碍非虚构叙述类的片子在内容方面"据实而录"的实质。

本书讨论的主要还是以"电视工具"摄录的非虚构叙述类片子,尽管其实际作品构成难免掺杂其他摄录工具。这里所说的非虚构叙述类电视片大致相当于电视行业习称的纪录片、纪实片或专题片等,也兼及电视台常播的纪实内容的栏目性节目。

非虚构叙述类电视片的大众传播影响力正有与日俱增的势头。

2011 年 1 月 1 日 8 点,中国中央电视台纪录频道(CCTV－9)正式开播。这个频道就以播放非虚构性叙述类电视片为主,并以此体现自己的"频道专业化"。

这个频道在设计的时候曾有人预言,这只能是一个"小众"频道,大多数观众对于娱乐性较低的电视纪实片,一定不会有太多兴趣。实际上,央视纪录频道开播不久,就赢得了众多观众。开播一年之后,其声誉和拥有的观众影响,就已经可以与央视一些开播多年的频道分庭抗礼,并逐渐出现超越之势。2013 年年底,该频道国内覆盖人口达到 9 亿。它对广告商的吸引力数据也可以佐证其影响力日益提升的趋势:2012 年央视纪录频道(CCTV－9)的广告收入为 2 亿元人民币,2013 年已超过 4 亿元。

中央电视台除了专门的纪录频道之外,其他频道也不断播出纪录类电视片,还有些电视栏目的基本构成内容也带有纪录片性质。

在中央电视台纪录频道开播的 2011 年,全国地方电视台共有纪录频道 7 个:上海纪实频道、北京纪实高清频道、湖南金鹰纪实频道、中国教育台三套、重庆科教频道、天津科教频道和辽宁北方频道。纪录性电视栏目 83 档。省级电视台也都有纪录片播出。

地方电视台的纪录频道已经能够产生一定的广告收益。这表明,纪录片可以通过自己的文化魅力赢得市场的"货币投票"。文化追求与市场效益之间并不总是相互排斥,有时也可以做到并协发展、相得益彰。

与此同时,不少网站纷纷开设纪录频道。纪录片的网络收购价行情一直看涨。好纪录片逐渐成为刺激网站点击量的热点,甚至新媒体也正在成为潜能巨大的纪实片投资和制作力量。

北京师范大学纪录片中心完成的《2011 年中国纪录片发展研究报告》所公布的数据显示,2011 年中国纪录片播出总量约为 5.8 万小时,其中首播量约为 1.6 万小时。市场总投资约为 8 亿元人民币,总收入超过 10 亿元。

2011 年,中国电视纪录片市场上的国内自制产品约占全国纪录片播出总量的 48％,国外纪录片购入后原样播出的产品数量占 37％。

在纪录电影方面,2011 年获得国家广电总局"公映许可证"的纪录电影总计

26 部,数量超过 2009 年的 19 部和 2010 年的 16 部。

这些数据中的一部分内容被报告提供者称为"不完全统计",但大致还是反映出了纪实类影视片的现状。

北京师范大学纪录片中心发布的《2013 年中国纪录片发展研究报告》表明,这一年,中国纪录片生产状态更显活力。中国播出纪录片总量达 5.5 万小时,其中首播量达 2.5 万小时。首播量较前增长明显。由于来自政府的支持性政策的实质内容越来越多,纪录片播出平台建设更为扎实和宽阔。

2011 至 2013 年,中国纪录片每年制作总量均超过 1 万小时。三年间,纪录片市场总收入从 10 亿元增长到近 23 亿元。

中国纪实类电视片在播出渠道的数量、播出总流量、创作理念的宽度、制作技术的精致程度、市场化运作体制建构,乃至与世界同行交流的自由与深化等重要方面,都有了明显的进步。

第二节　非虚构叙述类电视片的社会需求多样性及其产品形式多样性

非虚构叙述类电视片是电视文化产品生产领域的重要体裁之一,其受重视程度日益上升,社会需求量逐步增长。

政府部门、企业和各种社会团体,都希望利用非虚构叙述的电视片来彰显自己的社会性质和工作内涵,以此树立公共形象。甚至越来越多的人愿意把自己的生活过程或见闻等做成纪实性电视片,用于自家保存或亲友传看,乃至提供给电视台或网站播出。

非虚构叙述类电视片的社会需求是多种多样的,所表现的内容更是千差万别。这就决定了非虚构叙述类电视片必然会采取不同的具体创作样态,以适应不同的社会需求和社会内容。也就是说,非虚构叙述类电视片也是可以做出更为细致的类别划分的。

电视界通常所说的传记片、文献片、政论片、专题片等都属于非虚构叙述类电视片,但在构成形态上各有差别。当然,它们相互之间在表现形式、艺术手法等诸多方面并没有绝对界限。

传记片基本上是用纯粹的"纪录写实"手法，应用于人物的传记性描述。

文献片则是把历史过程亲历者的回忆实述、具有重要史料价值的原始记载、历史文件、实录影像、遗迹和曾经存在于历史中的实物等诸多素材集合起来，以之为纪实陈述的基础素材，拍摄成为非虚构叙述类电视片。

政论片在非虚构叙述类电视片中比较特别。政论的意思是关涉社会政治的阐释和议论。正统的政论片就是以政治性的阐发论为主导，以与政治性主题相适合的诸多实例为论据，形成舆论引领和教化宣传效用的非虚构叙述类电视片。

1928 年，苏联出版《西方的电影和我们的电影》一书，收录了列宁 1921 年的一段讲话："新闻影片不单是报道新闻，不单是记录式地客观主义地反映事件，而且是政治性强烈的形象化政论"。"革命导师"的这段论述对 20 世纪五六十年代的中国电影新闻纪录片制作具有莫大的指导作用。当时的这种影片对某些新闻事件（包括政治事件、经济建设成就、国家外交活动等方面情况）予以记录性拍摄，加上政治宣传性很强的议论评说，制成短片，作为政府宣传工作的一种传播形式，在城乡的电影故事片放映之前"加映"，以此让亿万观众看到国家的"大好形势"，直观感受"形势大好"，并接受其中的政治性说教，以实现意识形态化的"大众传播"。这些新闻纪录片直接变成了"政治性强烈的形象化政论"。这种片子奉命呈现的政治倾向特别突出。为了追求宣传效果，事实的某些方面会被过度夸张，另一些方面会被刻意回避。而任何单向夸张或刻意回避都很容易造成整体曲解。这种情形姑且称之为"选择性放大"。这种"选择性放大"的纪实工作方法对后来的撰稿人和编导们形成了深远影响，至今犹存。

当时这种纪录片的画面是经过细心挑选的"美好"场景和先进人物。由于"解说词"需要表现出强烈的意识形态取向，乃至浓厚的政治说教色彩，所以念诵这些旁白很少使用平静"描述"的语调，而是惯用高亢响亮的语调。从画面到解说，这种"政论片"就逐渐形成了独具一格的形态。

中国非虚构叙述类影视片领域有"政论片"一说，虽然源于列宁的这段话，但不能说列宁在 20 世纪 20 年代就规定了 20 世纪五六十年代中国的非虚构叙述类影视片的创作形态，而是列宁的说法特别适合当时中国宣传工作的需要。

当时的中国与列宁的语境有意识形态的共同点,接受列宁的说法自然是一触即通。列宁这段话的作用实际上也是被"选择性放大"。

随着电视事业的发展,政论片的篇幅大有增加,内容结构更加繁密,经常是站在貌似高屋建瓴的角度评判社会现象,纵览中外,综观古今,以凸显意识形态色彩浓烈的观点。

政论片的表达方式主要是"宏大叙事"(grand narrative)。一般来说,这种"宏大叙事"的基本格调是确立一套先在的政治正确性,闪烁一种陈述风格的神圣感,打造一份立论的权威化姿态,从而让自己的作品总是具有一种先声夺人的宣教功能。

"宏大叙事"(grand narrative)本是比较晚近时代产生的一个术语。西方后现代学者在自己的研究工作中发现,传统的哲学概括、史学陈述和文学表现都具有"宏大叙事"的特点。其通常表现就是力图无所不包的"完整叙述",追求逻辑建构的完满无缺,总是沉醉于"神话"般的总体主义体系。

这种"宏大叙事"是一种思维方法,也是一种表达方法。在中国,依靠这种方法创生的作品总是呈现出一种无所不包的整体性和宏大性,总是用一元独断论的价值观衡量一切事物,喜欢确认事物的所谓深层本质和终极规律,相信世间存在着能够指导一切的万能方法论,强调唯一正确的是非观,习惯于对事物做出全部肯定判断或绝对否定判断。中国的"宏大叙事"与西方传统的宏大叙事既有相通之处,也有中国特色,表现出更浓郁的教化倾向。这种"宏大叙事"不仅存在于非虚构叙述类电视片制作领域,更广泛存在于文史哲等全部人文社科领域。

使用"宏大叙事"的思维和表现方法的中国政论片因其强烈的意识形态色彩和宣教功能,因而有较多的政府订单。这使得电视文化产品经营者和撰稿人都无法忽视这个产品类型。

多年来,政论片也在发生时代演变。有些政论片貌似"政论",实际上并不关涉政治,只是对中性话题的论证,例如以生态环保、城乡民生、经济热点等内容为主题的"政论片",看起来综合阐发、纵横发挥、议论风生,但其并不直接议论政治。其意旨也在于讲述一些带有学理色彩的论题,社会论域相当宽阔,而不关乎意识形态宣教。

　　因此,已经不直接关涉政治内容的"政论片"显然不应该称之为"政论片"了。

　　新时期"超政治化"的政论片应当称之为"论证片",即集合相关事实,突出论证某些思想和观点的"非虚构叙述片"。简言之,"论证片"就是以基本事实为依据,分析论述内容较多,以凸显思想观念为主导的非虚构叙述类电视片。

　　如果在当代语境下重新界定,传统的政论片只应是"论证片"中的一个小类别,即专注于政治论说和宣传的那种"非虚构叙述片"。

　　在非虚构叙述类电视片领域还有专题片这一体裁。专题片不做完全个案化的事件缕叙和细微描述,也不像政论片那样宏词大论。所谓专题片就是这样的一种电视纪实片:把某一领域的诸多事实和现象予以选择性组合,归类陈述;或抽取诸多相关的客观真实现象,予以分析概括,串讲说明,以完成主题性陈述。

　　一个参照性事实是,国外并无专题片这个类别和名称。其实这并不重要。不是说,外国没有的东西,中国就不能有;也不必说,外国有的,中国就必须有。说到底,只要中国社会有专题片制作的实际需求,中国就应该有专题片。或者说,专题片是纪录片的一种类别——只是主题化色彩较强的纪录片而已。中国只是把这种主题倾向较强的纪录片独立分列出来,并取了一个名字而已。在国外纪录片行业中,类似中国专题片样态的主题色彩较强的纪录片也是存在的,只是没有予以单独区分而已。例如,国外有不少涉及人类历史、自然科学、生态环境等方面内容的纪实片,里面并没有一个一以贯之的故事化事件,不对人物行为作完整连贯的情节化纪录,也没有故意吊人胃口的悬念设计,全部都是多种现象和多个事件的归类概括,分析综述,走向主题化结论。这其实就是国外的专题片。

　　在中国,专题片有自己的言说语境。相对而言,在篇幅相近的情况下,中国的专题片比起细腻描述事件的纯纪录片,更能够"透彻"表达投资人的主题意愿,更便于直接实现主办方的传播目的,而且制作周期更易于控制,成本相对较低。整体说来,便于操控。这些特点使得政府部门和各种社会实体比较乐于用专题片的形式来为自己的传播目标服务。因而,专题片是政府部门和企业都比较乐于订货的电视产品类型。实际上,在中国,专题片也是所有电视台不可或缺的非虚构叙述类节目。

对于专题片而言,撰稿人对设定主题的把握源于对项目时代背景和社会内涵的深入理解。

专题片当然也属于非虚构叙述类。只是创作者的主题意图更加直接而明显,成为选择客观事实与记录现象的主导线索。当然,这绝不是说专题片这种艺术形式就无力走进客观真实了。

在纪实片制作领域,还有一种类型:注重个案纪录,对记录对象予以细致而连贯的微观描述,力求原生形态的周详呈现,创作者的价值倾向在被纪录现象中自然渗透。我们可以把这种类型的纪实片称之为"微观纪录片"。这个"微观纪录"是相对于"宏大叙事"而言的。

称之为"微观纪录片"不是说这类纪录片就不能对记录对象进行宏观展现。这里只是就其主要着眼点而言,是以微观现象的记叙为主。实际上,微观上的多点深入化展开记录和相对完整的过程性展示,是完全可以实现"宏观"表现的。所以,"微观纪录片"绝不是命定只能够作"小鼻子、小眼睛"的作品,关键在于创作者的眼界、胸襟和把握能力。

当然就整体风格而言,"微观纪录片"通常喜欢聚焦于一个聚落,一个小实体单位,一个家庭,几个或一个人;也可聚焦于一个或几个相关社会事件;一个或一组自然现象等。总之是个案化的细致记叙,记录方式相当"纯粹"。犹如文章分类学中的记叙文。这类微观纪实片一般是通过"非介入"方式达致真实记录,让记录对象的活动历程"自然流淌",拍摄纪录者对记录对象没有任何操控意图和行为,例如不做任何干预,没有任何提示、诱导、要求、布置、摆设等来自纪录者的主观介入。纪录片拍摄的摄像机镜头只是一个完全不动声色的"局外观察者",在自己"目力所及"的情况下如实纪录。其中记者的"主观作用"主要体现在进场前的诸多预设性选择,进场拍摄过程中镜头位置的确定、微观角度的调整、景别的变换和色调的掌握,以及后期剪辑中对画面素材的选择性浓缩组合,音乐的衬托,解说词的选择性描述等。画面具有整体呈现特点,而解说词会选择整体画面形象中的某些点予以描述,其他的点并不进行解说描述。这样的解说描述貌似"客观如实",但还是因选择了注目点而起到了"主观凸显"作用。在行业内,这类纪实片被认为是正宗而纯粹的纪录片。

在本书中,当使用非虚构叙述类电视片和纪实片这样的概念时,指的是广义的纪录片,包括专题片、论证片、文献片、传记片等一切不以虚构故事为内容的电视片;当使用纪录片这个概念时,指的就是纯粹的"微观纪录片"。

在非虚构叙述类电视片的专业制作领域,有一个根深蒂固的看法,就是觉得只有"微观纪录片"才是纯粹的、正宗的、高雅的、具有艺术气质的纪录片,其他类型的非虚构叙述类电视片都是次一等的,不足以登纪录片艺术大雅之堂,犹如文学领域的雅文学和俗文学之分。

作为一种看法、一种做法,甚或形成一个流派,都是文化多元发展的正常现象。但对于初学者来说,固守这样的一孔之见,那是创作观念的画地为牢,对自身能力的培育也是障碍。对于撰稿人而言,写专题片所需要的准备知识更多,驾驭起来更难。因而在专题片写作方面需要做更多的基础性训练。

实际上,至少就中国而言,社会现实一直需要大量专题片,乃至"论证片"。这是一种行业概况。对于一个职业撰稿人,乃至一个非虚构叙述类电视片产业的经营者来说,没有理由拒绝广泛的社会现实需求。固守某种类型的产品会使自己的社会服务视野狭隘化,妨碍业务领域拓展。好在市场会以自己的铁律,对各种固守者开展必要的"开化"工作。

对社会需求的广泛了解与行业概况的深入认知,是一个现代专业工作者的基本素养。

电视创生了一种"全能语言",就是能够以画面语汇对被陈述对象的形体、颜色、运动状态、声音等直观形态予以"全真"描述,同时还能够以画面的不同角度、景别和任意的剪辑组合,实现思想含义的凸显、强调、象征、暗示和逻辑强化,并以传统语言与之并行组合,进行抽象、概括、分析、议论等,由此实现"全能表述"。

在电视这种"全能语言"已经成熟存在的现代,人人都渴望运用这种"全能语言",实现对自我以及自己事业(行业)的纪实表达。这是不可阻挡的普遍社会需求,也是每个社会成员和社会实体的权利。认为只能用某一种模式进行"电视纪实"才算"艺术",才算"纯粹"纪实,这是愚蠢狭隘的行业固执,幼稚的匠人自负。

广泛多样的社会现实需求,无比丰富的社会内容领域,呼唤着诸多不同类型的纪实性电视片。中国需要非虚构叙述类电视片因地制宜、因事制宜地服务社会,因而需要各种类型的非虚构叙述类电视片。这也是非虚构叙述类电视片产业实现"生态多样化"的必需。

许多政府部门经常制作非虚构叙述类电视片,以满足自己阐释政策、引导舆论、总结工作经验、表现成绩等方面的需要;更多的企业需要制作非虚构叙述类的电视片来宣传产品、打造品牌、宣传企业文化、树立企业形象;亿万观众需要多种多样的非虚构叙述类电视片,以打开眼界、丰富知识、获得观赏娱乐。如此等等。面对诸多社会需求,非虚构叙述类电视片的表现空间自然要全面打开,什么领域都可以纪录,什么样的纪录方法都应该尝试,什么样的体裁类型都应该平等共存,任何模式化思维都应该打破。非虚构叙述类电视片需要"无边的现实主义"。

只要电视人是面对社会需求进行工作的,就首先要考虑并尊重社会需求,就需要按照社会"订货"来生产,而不是按照象牙塔里的清规戒律来生产。当然如果是纯粹个人化的"独立制作"和自娱自乐,那当然是让自己的兴趣越"纯"越好。

数年前,某省遭受严重自然灾害,全国关注,八方支援。当地电视部门很想迅速制作并播出一部表现当下救灾工作的纪实性电视片。笔者应邀参与策划工作,当时主管部门形成的一个方案是,尽快拍摄并播出一部多集的电视专题片,以交流救灾经验,引导抗灾救灾的舆论宣传,弘扬抗灾精神。

笔者进入灾区,实地考察灾情,了解抗灾活动,搜集有关文字材料,请教相关各方人士,很快形成了详细的分集拍摄提纲。基本内容是以"散点透视"的方式,描述灾情的严峻情况和灾民的实际需要,相对全面地传播灾情信息。着力表现感人的抗灾精神和实际效果,呼吁加大抗灾投入;分析灾情成因,为将来的长效抗灾留下启示性思考。

从灾情开始,当地各电视部门就有大量新闻报道和灾情纪实拍摄。笔者在进行拍摄提纲的撰写时,特别考虑了这些影像资料在制片过程中的使用价值。依据这些影像资料,再做些针对性较强的纪实补拍,是完全可以迅速完成一部多集灾情专题片的。但在随后的具体制作中,渐渐走向了"狭义纪录片"的路数:追踪纪实几个具体人物的行动和相对完整描述事件的情节化过程。细针密线的纪录也确实深度进入了个案真实。

在片子进入实拍过程后两个月,灾情基本结束。大约又过两个多月,灾后恢复工作也已基本完成。注重"微观纪实"的片子还在继续跟拍人物、挖掘细节等工作。待到片子剪辑完成时,灾情问题早已远远退出社会舆论的关注重心。这时播出一个几十分钟长度的灾情细节纪实片,已经是往事回眸了。

这个工作案例说明了不同的现实情况,需要不同类型的纪实片。

不同的社会境况,不同的社会需求,不同的目的设定,需要非虚构叙述类电视片因地制宜、因时制宜。这本来应是行业常识,纪录片"艺术家"需要"回到常识"。回到常识应是非虚构叙述类电视片从业者的最基本常识,因为常识是真实的重要构成部分。

第三节 非虚构叙述类电视片由后贴解说词到文本决定论

在中国纪实片事业的初起阶段,产生了"解说词"这个概念。这个概念源于当时的一个工作流程模式:先把片子的画面结构剪辑完成,然后再配上说明性的画外词语。由于这个画外言词是对画面的解释性说明,它也就自然被称为解说词了。这样的解说词相当于"看图说话"。

由于解说词是"后贴在画面上"的,所以这项工作就叫作"配解说词"。在这里,解说词也确实只起到配合作用,是画面的"附属"部分。

随着中国电视事业的成长和制作体制的发展,非虚构叙述类电视片逐渐引发了广泛的社会关注和社会需求,不少影视制作公司把制作非虚构叙述类电视片当作自己的重要经营方向,形成了专门化的生产制作行业。

在这个日益专业化发展的领域中,篇幅较长的作品越来越多,作品的思想和文化容量也日益丰富,画面的艺术组合方式逐渐复杂。这种较大体量的非虚构叙述类电视片制作是一个系统运作的流程。除了各种事务性准备之外,整个流程的操作起点是必须先有一个基本文案。这是进入拍摄工作的依据。如果没有这个依据,是不能"开机"的。这就如同要建设高楼大厦以及各种复杂的大工程,必须先有设计图纸一样,否则无法进入工地开工。当然,建设简单的茅棚泥舍、农家小院,边想边干,凭着经验感觉就可以完成,完全不需要设计图纸。关键在于,中国非虚构叙述类电视片事业已经走过了建造"农家小院"的阶段。

这个文案首先需要讲明其作为社会文化项目的非虚构叙述类电视片制作的社会性目的。然后按照这个目的来确定电视片的主题指向和主题阐释角度,建立思想逻辑,规划题材的范围,大致设计事件讲述结构,等等。实拍工作中,被纪录事件的选择、故事的跟踪、画面的摄取、人物的采访等具体工作,都是在这个预设文案指导下进行的。当然这个预设文本不是一个固化结构,它必然需要在实际拍摄过程中不断丰富完善。

很多貌似没有预设文本的非虚构叙述类电视片制作,也依然无法真正取消预设文本的思路指导。即使是最终不需要配解说词的非虚构叙述类电视片,也要先有一个基本构思。这个"构思"其实也就是预设文案,无非它是"腹稿",装在肚子里,而没有落在纸上。

不管国外的非虚构叙述类电视片制作流程如何,至少中国特色的这个行当是普遍这样操作的:先做好预设文案才开始拍摄。哪怕是一个几分钟长度的企业宣传片,一个十几分钟长度的行政区域或经济区域形象片,也都需要先写好文案。如果没有这个事先设计好的文案,甚至连基本预算和摄制组的拍摄路线都定不下来,当然也就无法"开机"拍摄。就目前的行业惯例来说,非虚构叙述类电视片先有文案才可"开机"的做法,占项目总量的比例接近百分之百。这是行业领域的操作概况。

现代电视文化产品制作对时间和经费有严格要求。这是一个需要精算成本的行业,有"本"拍摄可以使工作思路清晰,方向明确,效率较高,经费节约,成本可控。而无"本"拍摄则会思路混乱,方向模糊,拍摄角度含混,选择事实不明确,作品修改频率增加,工作流程低效,周期拖拉,投资浪费。产业化制作付不起"无本拍摄"的时间成本和资金成本。产业法则要求非虚构叙述类电视片必须有"本"拍摄。

无论从哪个方面说,当今时代非虚构叙述类电视片拍摄都需要预设文案,这是工作起点,是至关重要的纲领性环节,也是大量工作实践促成的必然选择,不是由哪个人的习惯偏好所决定的。

非虚构叙述类电视片在制作过程中事先形成的文案大致有两种形态:第一

种形态是比较简略的,被称为拍摄提纲,只作为拍摄工作的方向性规定和简略提示;第二种形态就是可以作为具体拍摄依据的详细文本,这样的文本一般已经包含解说词的雏形了。

拍摄前的文案做得越全面深入、具体细致,与拍摄现场的吻合度就越高,拍摄工作当然也就越顺利。拍摄效率越高,所得素材在成片中使用率就越高,拍摄成本就越低。

当然,必须特别强调的是,无论预设文案做得怎样细致深入,都不能替代进入实拍现场的发掘发现,不能替代对生动现实的随机捕捉。预设文案只是为了消除实拍工作的盲目性,而不能成为实拍活动的束缚。

举例而言,非虚构叙述类电视片制作过程中的预设文案,相当于战争中的作战方案。在任何一次正规的作战行动之前都要制定一个作战方案,除非是仓促迎敌的遭遇战。只有刚刚啸聚的草寇流贼才会去打没有预设方案的"乱仗"。当然,在进入实际作战状态后不应把实际作战过程变成对预设方案的"照本宣科",而应根据实际情况,临机应变,追求实效。这不等于说预设方案毫无意义,它毕竟对整个行动具有纲领性的指导意义和统贯作用。

当今中国的非虚构叙述类电视片领域有众多的"作战单位",每年开展大大小小的攻坚战,没有人愿意像草寇流贼一样"打乱仗"。

当今非虚构叙述类电视片制作都是一个文本先行的流程。文本质量决定着电视片的质量。如同没有一个好剧本就绝对不会拍出一个好电视剧一样。中国电视剧行业日益明晰这个道理,于是电视剧投资人倾力寻找好剧本,重金求购好剧本,对编剧的重视度逐渐加强。这有助于电视剧编剧的话语地位和市场价格的提升。但非虚构叙述类电视片制作行业对这个道理的认知还有待提高,虽然这两个行业的文本作用其理相同。

在非虚构叙述类电视片制作领域,如果没有充分的文本准备,其他要素都会大打折扣,最终也不会做出一个好的纪实片。这样的教训实在太多。进一步的结论是,非虚构叙述类电视片制作必然是一个"文本决定论"的过程。

从纪实片需要撰稿人的时代开始,受邀当撰稿人的目标人群都是所谓"文笔好"的人,也就是原本善于写作传统型文章的人。请他们为纪实片撰稿,当然是因为他们都有传统型文章的写作经验,纪实片要借用传统型文章写作的智力资源。显然,电视界存在一个共同认识:纪实片解说词只能是以传统型文章模式为生产基础的,同时还需要按照电视片的特性,做出变通性调整。传统型的文章写手也应按照产业模式的需求,做出新型角色的建构。

第二章　撰稿人的工种角色

第一节　撰稿人的产生及其功能的历史演化

纪实片开机之前预作现场拍摄用的内容提纲文案,以及在画面剪辑之前预作剪辑用的脚本,这两种文本的重要性已如上章所述。中国纪实片的历史回溯表明,这样的做法不是从来就有的。

在中国的非虚构叙述类电视片尚未诞生之时,中国电影领域就存在新闻性纪录片的制作。从本性上来说,这类早期的电影新闻纪录片当然也是“纪实”的,所述主要事件并非虚构。虽然摆拍和刻意美化是当时所必需,但不影响它属于非虚构叙述类。

“初级阶段”的中国电影纪录片绝大多数都是篇幅短小、思想内涵单一、事件表述直白、画面构成简单的。配属在这种片子上的解说词自然更是“简洁明了”,而且习惯于使用政治宣传流行语。写这样的解说词只需粗通文墨即可。当然由高水平人员来写会更好,如果这种片子需要的话。

当时电影纪录片解说词的稿子貌似很受重视,有时甚至需要层层审批,其实那主要是“宣传口径”的政审,而不是文化和艺术性的要求。

当时这种纪录片的制作无论被当作多么重要的政治任务,从制作规模上来说都属于“小打小闹”。这种“小制作”时代的编导多是“全能编导”,一切制作工作都由一两个人从头到尾负责,例如前期策划、现场执导加摄像,以及后期剪辑。撰稿这个工种经常是编导“捎带手”就可以兼顾的。也就是说,在初级阶段的纪录片工作中还没有清晰的工种划分。多数情况下,这样的片子结尾只署编导和摄像的名字,很少有撰稿人署名。连署名权都没有的工作,当然谈不上专业化发展。在人类文化发展史上,文化产品署名权的确认也是一种"激励机制"的建立。

基本上可以说,那是纪录片的"无撰稿人时代"。历史回溯表明,纪录片的无撰稿人时代必然是纪录片的低质存在期。

1958年中国电视开播之后,由于当时各方面条件的限制,电视台播出节目的自主制作量很小,台外提供的电影新闻纪录片是电视台播出纪录片的重要来源。同时,电视人也会依靠本单位的力量,制作电视台版的新闻纪录片。当然,这时候使用的摄录工具还是电影领域的那些东西:16毫米小型摄影机以及配套的胶片洗印、剪辑和放映设备。中国第一代电视人拿着小型化和相对简易化的电影设备,按照电影新闻纪录片的"成熟模式",制作一些用于电视台播出的"新闻纪录片"。于是,先于中国电视业存在的电影新闻纪录片的思维定式、制作理念、操作模式等就很自然地为初创期的电视纪实片所全盘接受。也就是说,中国非虚构叙述类电视片的制作模式不是电视领域的内源自创,而是从中国特色的纪实电影片制作模式转化而来的,或者说是直接沿袭。

认清这个来源很重要。这可以从发生起源上认识中国电视纪实片的"遗传密码"。后来各类电视纪实片的操作观念和习惯都是从这个"始祖基因"系统中生长出来的。

由于当时非虚构叙述类电视片的专业化制作体系远没有形成,没有行业内的精细分工,编导、撰稿、摄像等工种都处于混同状态,依然没有(也不必要有)产生身份明确的撰稿人工种。

中国非虚构叙述类电视片对撰稿工种的长期轻视也是从那个"无撰稿"的工作模式中延续下来的。不难理解,没有丰富语义内容的电视纪实片必然无视或轻视文本撰写者。

中国纪实片虽然有撰稿但颇受轻视的传统影响深远。如今以撰稿工种为核心生产出来的大片虽然已经十分多见,但在一些国家级的电视评奖活动中,依然大都不设纪录片撰稿奖项。

从中国电视开播之初到"文化大革命"开始前(1958—1966)的数年间,中国电视界也试图拍摄一些非新闻宣传型的纪实片,摸索新的影像纪实叙述方式,在题材范围和影像表现形式上试图有所突破。但这类作品未形成数量上的主流,不是常态节目。中国纪实片史研究喜欢举出几个偶有"突破"的例子,把它们作为那个时期的"代表",试图证明那个时期电视纪实片创作的某种"社会趋势"。其实,从这种只具有特例意义的"代表作"去认识那个时代的整体创作风格,忘记了当时的"主流数量"是什么状态,这恰好带来了巨大的历史误解,也会使后人对那个时代普遍状况的认知产生错觉。而且,由时代条件所决定,当时这种极少数的"高质量"纪实作品也还是浸透着政治宣传诉求的。

1966年年初北京电视台(当时的中央电视台)制作的总长半小时的《收租院》,被当作那个时代具有"突破"意义的电视纪实片代表作。该片的纪录对象是四川省大邑县地主刘文彩的庄园陈列馆。片子的基本题材是庄园陈列物,然后由这些陈列物引发相关"故事"的讲述。其中特别突出了一组表现地主家收租过程的雕塑。主题指向是通过这些陈列物来控诉旧社会里地主阶级对贫苦农民的残酷剥削,并通过忆苦思甜,来教育广大人民热爱新社会,坚决跟党走。

这样的主题确立是当时全面强化"阶级斗争"大环境的政治要求。为了适应这样的政治要求,片子从画面、音乐到解说词文本撰写和播音,都充满了高度的情绪化渲染,极尽所能地进行主观化表达,不允许存在一点客观平实感。特别是解说词文风就是高亢歌颂与吼骂声讨的融合。当时的电视纪实片解说词文风在相似题材的表达上,也都是这般雷同。在当时的社会环境下,稿子只能这样写,片子只有这样做,才符合宣传口径,才能通过播出审查。

后来的社会大环境允许人们追问一下"收租院"的真相。原来,为了特定年代的政治宣传需要,四川省大邑县地主庄园里的历史人物和事实都被大大夸张了,甚至重要历史"实物"和事件多有伪造。纪实片《收租院》的真实性基础也就随之瓦解了,更何况它原本的制作风格也不是"纪实"。它的"典型存在"恰好表明,大社会环境的强制作用能够让"纪实"行为直接走向"不实"结果。这是中国电视界不应忘记的史实。它对后世的纪实片人应该具有很大的警醒作用。

20世纪70年代末,中国电视业的技术工具进入较快发展期。到了80年代,电视业的工具系统以全面大规模引进的方式实现了迅速升级换代。从国外引进的电视摄录工具使得纪实拍摄工作更加便捷,成本也随之大幅降低。在需要物质材料和技术体系支撑的文化生产中，工具便捷化和技术发展导致的制作成本降低，是促进文化生产力发展的极重要方面。

改革开放的社会氛围使社会思想桎梏也不像过去那样严酷，中国非虚构叙述类电视片在选材空间、主题取向、制作方式等方面都得到不同程度的拓展，而且逐渐获得了较多观赏和借鉴外国电视纪录片创作方法的机会，这使得中国特色的非虚构叙述类电视片制作者得以开阔眼界，更新观念。

到 20 世纪 80 年代上半叶，多集非虚构叙述类电视片陆续出现，定期播出的非虚构叙述类电视栏目也相继出现。中国非虚构叙述类电视片创作者们获得了更多实践机会，积累经验，并制作更多产品，以显示出自己的存在价值。

这时陆续出现的大篇幅纪实片需要大量撰稿工作，这是电视编导们无法全部承担的。于是就需要寻找一些"文笔好"的人来参与。这些人多是高校教师、文史研究单位人员、作家、报刊编辑记者等。这些外聘的"文字帮工"进入电视片制作领域当然是外行，所以经常性的工作状态是被动配合。在多数情况下，其话语权也无足轻重。基本情形是，电视人要求怎样写，这些会写文章的人就怎样写。笔头服从镜头。电视人不完全清楚"文人"在电视片制作过程中的最大作用在哪里；"文人"也不知道自己对电视片的可发挥空间有多大。这时电视纪实片行业依然认为，电视纪实片写作的主要文本还是"解说词"——解释说明画面的"词"，解说词只是画面结构的附属品。这是行业"传统"的惯性使然。因此，电视"行里"的人会觉得，既然解说词是附属性存在，不是电视片内容的"刚需"，多一段或少一段，改一句或动一段，都无关大局。任何一个对片子有话语权的人产生一个随便的念头，就可以任意改动解说词，不管解说词撰写者为此花费了多少心血。甚至剪辑员在工作台上觉得画面不够了，就可以减掉一段解说词；配解说录音的时候，播音员觉得哪一段不符合自己的朗诵习惯，也可以"临场发挥"一下自己的写作能力，瞬间就增删篡改解说词。

从当时非虚构叙述类电视片制作行业之外的角度看，解说词既不在正统文章之列，也不属于纯正的文学作品。来自高校和研究单位的写作者写出来的电视片解说词不会被当作"研究成果"，因为这些文字不是学术论文；参与电视片解说词写作的作家们也不好意思把自己写的解说词放入自己的小说集或散文集，因为它们不属于"纯文学"。

在社会各方面对纪实片解说词处于这样一个认知水平的状态下,纪实片撰稿人的角色也无从定位。好在这时来自各界的电视片撰稿人都是临时客串,写解说词属于"玩票儿"。为电视纪实片撰稿不是这些文化人安身立命的职业,绝大多数情况下也不足以用之扬名立万。所以,"雇主"和"雇工"对于解说词的存在都不会太在意。

同时,在这个阶段,电视制作的"机器"系统还显得相当金贵。电视文化生产系统这时似乎是以"机器系统"为中心建立的。这从那个时候"租机费"比撰稿劳务费高出很多的普遍情况,就可以量化地理解这个行业当时的特点:机器使用成本远远高于智力劳动成本。能够操控机器本身就是话语权,离机器近的工种显得更有地位。处在工业化水平较低的时代,人对工业化工具会有一种敬畏,于是掌握这些工具的人也会显得很重要。在纪实片制作系统里,恰好撰稿是距离电视机器系统最远的工种。

在这样的行业状态中,电视纪实片撰稿人只是"看图说话"的"文字杂役",是招之即来、挥之即去的辅助性人员。在摄制组中不被认为有什么"硬性价值"。在实际工作中,一般撰稿人的受重视程度还不如摄制组中的剧务人员。因为剧务人员有很直接的用处,可以完成很多繁琐而实际的事务。而撰稿人的作用被认为是软性的,是相当虚的。除去有限的特例,作为常规工种,撰稿这个工种其实一直处在电视纪实片制作金字塔的底端。

撰稿人也是当时电视片制作系统中稳定感最少的工种,处于可以随时出局的状态。这表面看是一个对工种价值的认可问题,深层是产品精神价值重视度的问题。项目主管者依然没有意识到撰稿工种在项目中的内在价值,没有意识到撰稿在电视纪实片制作中的思想主导作用和精神制高点地位。行业内长期对这个工种重视不够,使得撰稿人总是未能成为一个值得高智劳动力长期稳定坚守的专业,不会有人把非虚构叙述类电视片撰稿工作当成一个职业并持之以恒地努力,相对说来做报纸杂志的专栏撰稿人都要比这好得多。这也就是电视纪实片撰稿职业难以形成专业,难以形成较高的普遍水准,因而难以发挥重要作用的原因。不难理解,这也是中国纪实片成长缓慢的重要原因之一。

电视纪实片本是一种智力密集型产品,而提供片子核心内容的智力应该是其中最重要的智力。撰稿人就是核心性的内容提供者,是话语源点。"剧本是一剧之本"的说法在非虚构叙述类电视片制作行业如同在影视剧行业一样被无数次重复,但在整个制作系统中,撰稿人的实际话语权还是无足轻重。纪实片的话语源点如果缺少足够话语权,纪实片中许多值得重视的内容就很难得到足够力度的坚持和贯彻。

上述情况直到20世纪90年代末都还普遍存在。

进入21世纪之后,社会对非虚构叙述类电视片的需求量越来越大。经过数十年的积累,以及日益广泛深入的国际交流,中国非虚构叙述类电视片的制作理念和操作能力也都有较明显提高。虽然还没有成为一个成熟的行业,但其制作方式的规模化和产业化趋势还是日渐明显的。

以"产业化"方式制作篇幅很长的纪实片,选材范围宽阔,制作周期长,投资量大,动用社会资源多,因此使用早期那种"新闻纪录片"的简单思维方式和制作模式已经完全无法运作。电视台那套"自耕农"式的传统制片方法也难以适应纪实片产业化发展的大趋势。

仅仅在几年前,中国的诸多电视台都还像传统时代的小自耕农一样,自己制作纪实片,在自己台里播出。电视台之间的纪实片交流也是官办电视台系统的内部循环,只不过是扩大了范围的自产自销。貌似自给自足,实际上是严重的自给自不足。这套体制直接导致了制作机制僵化,人才队伍凝滞,创作思想单调狭隘,电视纪实片生产力严重低下。这迫使电视台开始日益注重引进社会上的各种资源,按产业化方式制作纪实片。

现在中国电视运营实体都在不同程度上使用产业化模式来制作纪实片。概略说来,所谓产业化模式就是以市场需求为导向,以效益为目标(由于电视片属于文化类产品,需兼顾经济效益和社会效益),按投入—产出的核算原则,进行系统化管理运营。

就非虚构叙述类电视片生产领域而言,其运营实体主要有两类。一类是各级政府主办的电视台,它们制作纪实片主要是用于本台播出和有限的行业内交流交易;还有一类就是多如牛毛的民间影视制作公司。有些所谓"独立制片人"最终也大都以公司面目出现。在中国的现实条件下,它们独立程度有限,最终和大量民营公司一样,竞争官办电视台的外包制作项目和各界的电视片订制,以谋求市场化生存。独立的精神取向大都抵不过市场化生存的经营压力。

目前,中国电视纪实片运营机制正在发生变化。电视台由过去的自产自播为主,部分转向市场购买成片,或引入社会资源制作纪实片,例如外包或半外包。这就刺激了电视台体制外的专业制作公司的生产积极性,由此在一定程度上助长制作与播出相分离的市场机制。电视台按市场规则,向社会制作实体购买电视纪实片,摆脱小自耕农的思路与生产水平,可以广泛利用社会资源,刺激纪实片生产的社会文化创造力。

而电视台进入纪实片购买市场,大大提高了电视片的社会购买力,经营性的电视片制作实体就可以获得持续的经费注入,不断提高自己的专业制作能力。这种制作与播出的大分工直接导致纪实片行业市场化水平的提升。

如同诸多经济领域一样,只有市场化发展,才会激发真正的产业活力。只有产业化的大生产,才会有分工清晰的专业化劳动力队伍的形成。只有电视纪实片产品交易的市场化程度和产业化水平提高,撰稿、编导、摄像等专业劳动力市场也才能够出现。有了终端产品的市场化,才会有劳动力资源的市场化和专业化。

中国正式宣布建设市场经济体制已经 20 多年(1992 年始),中国电视撰稿人逐步了解了本行业的市场化规则,逐渐熟悉现代的"卖文为生"之道,明白了在市场上要获取收入自由必须以接受劳务契约的制衡为基础,进入"契约状态"就不存在无前提的自由。由此远离了中世纪"名士派"作风的故作潇洒与轻狂任性,也摆脱了帮闲文人的依附性状态,依靠"契约机制",保持自己的权益地位,同时不把"自由违约"当作自由的实现方式,也不把"气节"作为争取市场尊严的谈判话语。电视纪实片撰稿人进入初级阶段的行业劳动力市场之后的这些认知,是提高自身专业化程度的必要构成部分。没有这个部分,专业身份无法建构,专业队伍也无法形成。这同时是中国电视纪实片制作实体的运营者们必须清楚理解的。

电视纪实片撰稿人更需要明白的是,中国电视文化市场的终极雇主是国家,具体的播出和制作运营单位说到底是终极雇主的代理机构。在终极雇主长期而全面垄断文化市场的条件下,相对于终极雇主及其代理机构而言,撰稿人作为个体文化劳动力的谈判地位是极为弱势的,在文本内容和劳动合作方式等方面,能够讨价还价的余地很小。这些认知也应是中国电视撰稿人"理性精神"

或"专业意识"的重要构成部分。

在电视纪实片产业市场化程度不断提高的时代,电视台和社会上的专业制作公司这两条"生产线"都处于积极开工状态,使得中国非虚构叙述类电视片制作产业具备了一定规模。这个产业内部的分工也越来越细。没有人能够精通和实操所有方面的工作。尤其是在天长日久的规模化生产过程中,分工是必要的。现代行业体系的重要特点之一就是精细的内部分工。有了这样的分工,才能保证行业自身的有序运行和效率化发展,才能保证专业化水平的不断提高。无分工而力求"全能"的做法会严重影响产业效率和产品质量。在人类发展史上,分工是社会进步的重要推动力。在一个具体的现代行业中,分工推动进步的规律依然有效。

非虚构叙述类电视片的专业制作是由诸多工种合成而来的产业,专业化生产体系中的每一份工作职能必须专人专为,然后在分工明晰的基础上紧密协作。撰稿这个工种就是在分工中产生的,其身份与功能由这个专业制作系统所规定。

中国特色的非虚构叙述类电视片的制作历程已经表明,这个行业的撰稿人不是从来就有的,后来的出现也不是什么人心血来潮而随意安置的。纪实片撰稿人的出现与持续存在,是紧迫的现实工作任务的刚性需求,是电视社会化大生产体系内部分工的结果,是行业发展的必然,其重要性正在日益凸显。

认清撰稿人是怎么产生的,其身份角色是如何在行业中界定的,才能够明确撰稿人应该干什么和怎么干。

在产业化生产体系中的分工明确之后,并不是说编导就不能自己撰稿了。而是说,编导在做撰稿工作时,他不再是"捎带手"干的,不是把撰稿工作当成一个顺便完成的附属性工作,而是把撰稿作为建构内容纲领的独立工种来倾情投入,全力承担,如果他确实有能力承担的话。例如,在拍摄"微观纪录片"的工作中,编导自己对实拍对象和纪录个案进行深入探究和连续追踪,根据亲历的现场感知和体验,展开纪录描述。这些感受是他人难以替代的。这样的纪录过程特别适合编导自己撰写解说词,片子的画面结构自然也极为适合由编导自己剪辑出来。这样的自撰自编,是最能够实现纪实效果的。因此,对于"微观纪录片"的编导而言,努力训练并提高自己的撰稿能力,力求实现撰—导合一,无疑是最佳选择。当然，如果编导的写作能力或工作时间有所不及，也可以把自己摄制过程的深入体验和实拍的影像素材，详细介绍给撰稿人，由撰稿人履行撰稿职能。

同时需要强调的是，这种把撰稿工作与编导工作一体化的做法，可以在少数项目中存在。如果整个纪实片产业都不搞明确分工，而是模糊的各工种一体化，还是不利于行业发展的，至少在中国会是这样。

中国的非虚构叙述类电视片制作产业虽然已经分化出撰稿工种，但还没有形成稳定的职业化的撰稿人队伍，这是行业不成熟的表现。随着中国电视纪实片行业的发展，必须建立高素养的职业撰稿人队伍。否则，中国电视行业必有残缺。

中国非虚构叙述类电视片制作产业体系中的第一代高水平职业撰稿人，应该在中国非虚构叙述类电视片制作产业的大发展进程中诞生。

没有谁天生称职于撰稿这个工种。这个工种所需要的能力是可以通过训练形成的，是可以在学习中获得的，即属于"后天习得性能力"。重要的问题是，训练该如何进行，习得这份能力是否存在一些切实可行的路径。

第二节　撰稿人应该提供怎样的文本

非虚构叙述类电视片制作流程中的内容创作起点一般是以撰稿人为主，会同其他主创人员，对片子进行"语义"设计，主要包括：形成主题立意、思想角度、叙述逻辑，确定题材类型，规划可纪录事件，设计采访对象等。并把这一切建构为一个相对简略的"叙述模型"，一般表现为一个文字写定的可以用于指导实际拍摄工作的提纲。这是撰稿人为一个纪实片提供的第一个文本。它是开机之前的预设文案。

今天的非虚构叙述类电视片大都是从预设文案开始自己的拍摄工作的。在拍摄实施中，还会继续充实、扩展，甚至扭转初始思路，完善主题，展开现实事件的跟进拍摄纪录，挖掘细节，描述过程，全面获取所需影像素材。

所需影像素材全部拿到之后，撰稿人需要在编导的配合下，对之熟悉掌握，深入理解。在这个基础上,撰写画面剪辑用的脚本。整个脚本的基本形态可以是解说词加上素材画面的提示,并选取实拍所得的诸多同期采访,以及加入一些实拍事件之外的插入性采访等。这时的脚本已经是预设文案的电视化充实和全面升华。这个脚本是撰稿人给片子提供的第二个文本。这个文本先于画面剪辑工作而形成,是画面剪辑工作的详细的语义依据。画面内涵将在这个语义陈述中得到确认和强化。

可以看到,非虚构叙述类电视片的摄制工作有两个很实际的主要操作阶段:

1. 从预设文案到进入拍摄现场的前期实拍;

2. 从预作脚本到画面剪辑。

这两个主要操作阶段的共性是,都先要有一个文本的形成,以之作为画面获取与画面组合的"语义"依据。如果没有这样的"语义"依据,电视画面获取与组合将难以有效进行。

而这两个主要操作阶段的文本形成就是撰稿人的主要工作任务。而且这两个阶段密切相关,一以贯之。这样的预设文案与脚本(解说词)写作相统一的"撰稿",与看图说话意义上的传统解说词撰稿,是完全不同层次的工作模式。

虽然今天的业界依然把非虚构叙述类电视片的脚本叫作解说词,但今天的解说词已经完全不同于中国电视初级阶段的解说词。中国非虚构叙述类电视片事业发展至今,撰稿工作已经是从先于开机的预设文案始,以对预设文案予以充分电视化和全面升华的脚本终。

在非虚构叙述类电视片行业发展过程的理叙中可以看到,单纯的解说词写作和看图说话,是行业初级阶段的工作形态。预设文案和做剪辑用的脚本相统一的撰稿工作是行业演进的高级阶段。

当然,如果片子是以历史性题材为主,不需要对正在进行的事件进行跟踪性纪录,在历史影像素材已经充分掌握,采访的人物基本确定的情况,那么依据这些材料可以直接撰写完整的解说词脚本。

2006年年初,中国教育电视台制作纪录片《迁徙的人》,笔者应邀担任总撰稿兼总编导。

该片主要讲述1949年后中国的七次人口大迁徙,这是特定年代的特殊事件,其巨大历史影响至今都在延续。

这七次迁徙按大致的时间顺序排列,就作为全片的七集结构,全片总长560分钟,每集80分钟,每集划分为上下两部分。笔者为各集"取名"如下:

第一集《大风歌》——20世纪50年代新疆生产建设兵团创立;

第二集《关山行》——20世纪60年代重要工业实体内迁;

第三集《动地颂》——20世纪60年代大庆油田开发;

第四集《青春咏》——20世纪六七十年代知识青年上山下乡;

第五集《别乡曲》——20世纪90年代三峡库区百万居民搬迁;

第六集《远行谣》——20世纪80年代开始并延续至今的亿万农民进城打工;

第七集《拓荒吟》——改革开放初期全国人才奔赴深圳创业。

笔者当时对该片给出的主题阐述是,新中国这七次人口大迁徙都有自己的特殊时代背景,涉及的社会问题极为复杂。本片不奢望给这七大事件写作编年史,也不对每次大迁徙的历史成因作背景反思。任何文化创作都是在一定条件下进行的,首先都需要明白不能够做什么,才能够比较实际地做成什么。

《迁徙的人》作为纪实片,其可追求的价值在于"有选择"地"留住"什么,以及让人能够比较深刻地记住什么。

为此,本片只是要真实记录普通迁徙者个体的人生命运。这些活生生的个体命运才是构成历史的真实"元件"。尽管传统历史学省略的恰好是这些普通个体的真实命运。

确切展示迁徙者的所作所为给自己和自己所处的时代带来了什么,并萃取其值得为后世记取的精神价值,是非虚构叙述类电视片的意义所在。

一般而言的迁徙,本身并不神秘,也不神圣,动物界一直都在永无休止地发生着。迁徙就是动物与环境之间适应关系的搬迁式调整。具体原因可以是追随适宜的气候环境,寻觅食物和水源,逃避天敌和自然灾害等。总之是不愿在原来的环境生存了,就去寻找可能更适宜生存下去的新环境,都属于趋益避害的利生行为。当然也有遵从种群遗传习惯的循环往复型迁徙,例如候鸟或洄游水族等。

在人类历史上,迁徙也是常见现象。人类历史上的多数迁徙大都由于自然灾害、瘟疫流行、兵祸战乱、宗教迫害、种族冲突等。在这类迁徙中,迁徙者都承受着生活资源匮乏的巨大压力,自身安全受到严重威胁。这样的迁徙通常具有不同程度的盲目性、散乱性、强迫性,基本带有灾难性。迁徙者大都充满了危难感、飘零感和凄惶感,觉得前程未卜、满心悲苦。

随着社会文明的不断发育,迁徙的灾难性内涵会逐渐减少,迁徙的社会组织化程度会逐步提高,政府对规模化迁徙的支配作用会不同程度地加强。随着迁徙人群素质和富裕程度的提高,有些迁徙还会变成对创业机会的奔赴和对更好环境的投奔。

新中国成立时,我国是人类历史上前所未有的最大人口实体,它此后半个多世纪追求国家现代化的历程坎坷跌宕。在这个历程中,政府组织支配的人群与生存环境之间的调配性搬迁曾多有发生。无论政府发起大规模迁徙的动因和意旨是什么,无数迁徙者进入迁入地之后,总是以自己的艰辛劳苦来安身立命。于是就有了执犁荷枪歌《大风》的雄壮(新疆建设兵团),有深山老林办工业的奇迹(重要工业内迁),有头戴铝盔走天涯的跋涉(大庆油田开发),有泣血沥汗的青春磨炼(知青上山下乡),有路在四方的辛劳闯荡(农民工进城),有背井离乡的奉献(三峡库区大移民),有敢为天下先的求索开拓(人才奔赴深圳)。

在新中国的这七次迁徙中,既有国家主导型的迁徙行动,也有千百万民众的自发选择(当然这种自发选择离不开政府的政策环境作用,例如农民工进城和人才奔赴深圳)。千百万迁徙者尽管有很多无奈和辛酸,但他们的迁徙之旅与民族命运一同前行,是中国现代化进程中艰辛跋涉的前行步履。

这些大迁徙在当代民族生存史中都留下了深深的足迹。这些迁徙传奇一定可以传讲百代,成为后来人踏上自己命运旅途时的路标。

这样的主题阐述应是撰稿人为项目提供的预设文本的重要组成部分,因为主题立意将决定创作方向和传播定位。

在全片总主题立意的统领下,各集有相对独立的分主题和题材内容。

第一集《大风歌》记叙的是 1949 年 12 月,在新中国宣告成立两个月之后,大陆上的主要战事已基本结束,长期战争所使用的大批军队需要适量裁减安置。由于恢复战后经济是当务之急,把这些过剩的战斗力量转化为生产力量,是必要的选择。正是在这样的历史背景下,中央政府军事委员会下达《关于一九五零年军队生产建设工作的指示》,其中明确指出:"人民解放军不仅是一支国防军,而且是一支生产军。"强调要积极参加生产,"借以协同全国人民克服长期战争所留下来的困难,加速新民主主义的经济建设"。

同时,新生国家的边疆也需要保卫和巩固,过剩的战斗力量转化为生产建设力量也不意味着真就马放南山,铸剑为犁。有些军队需要一手拿枪,一手拿犁。这样就可以兼顾兵员裁减安置,恢复社会经济,国家保卫等几方面的需要。

新疆是经济相对落后地区,生产建设任务紧迫,更有漫长的边境线需要保卫。把新疆境内的大批野战部队转化为"国防军"和"生产军"兼备的力量,是当务之急。

1950 年 1 月,新疆军区在全国率先动员所部 19.3 万名官兵,除了承担机关业务和警备任务的部队外,其余全部投入农业和手工业生产。这支部队里有原中国人民解放军第一野战军第一兵团的第二军、第六军,也有原新疆三区革命中的民族军和由陶峙岳将军率领的原国民党新疆驻军起义官兵组成的部队。新疆生产建设兵团的早期建制初步形成。

1952 年 2 月,《人民革命军事委员会命令》批准人民解放军部分部队改编为生产部队。1954 年正式编制为生产建设兵团。这样的兵团分布在全国很多地方。此时,新疆部队约 10.55 万人已经编为十个生产农业师和一个工程建筑师,同时成立了新疆军区生产管理部,直接管辖生产部队。这支特殊编制的国防军在肩负经济建设任务的同时,开始承担长期守卫中国西北边疆的战略任务。新疆建设兵团所辖边境垦区的国界线共计有 2 000 多公里。

新疆地处边远,民族结构复杂。从西汉开始,这里就是"西域"的重要构成部分。西域"屯田"已经有两千多年的历史。驻军务农以自给,屯垦戍边,史不绝书。近百年来,新疆更是敏感地区。国外势力多次策动地方分裂。新中国成立后,稳定和建设新疆的任务特别突出。

解放军进入新疆的时候,新疆与内地之间还没有一条像样的陆地交通线。建国之初,在那里驻军少了不足以巩固边防;驻军多了又会产生极大的补给困难,巨额军费将让新生的共和国国力维艰。如果把驻疆部队改造成建设兵团,使之既是国防军,又是生产军,边境有警则拿枪,太平时则务农做工,发展生产。同时,团结当地各族人民,巩固边疆。就这样,建设兵团以党、政、军、企合一的形式,承担着"生产队""工作队""战斗队"的三大任务,成为一支不穿军装、不花军费、永不复员的特殊部队。这就形成了新型的屯垦事业。

本集主题:统一与稳定是国家实现富强,谋求现代化的最基本条件。新生的共和国必须有边疆的巩固和民族地区的安生为支撑。新疆生产建设兵团为守卫边疆,开发边疆,促进边僻地区发展,做出了不可替代的贡献。半个多世纪以来,几代新疆生产建设兵团战士执犁荷枪,拓荒安家,为祖国亿万人民遮挡西北风雪,巩固万里边陲,团结各族同胞,发展当地各项建设事业,给一个原本依靠中世纪水平农牧业生存的边远地区,带去了现代农业、现代工业、现代文化和现代城市文明,促进了那里的整体社会进步。他们的业绩给中华民族迁徙史翻开了新篇章。

第一集《大风歌》由于所搜集到的历史影像资料相对较多,对当事人也进行了不少前期采访拍摄,可以"电视化"的要素已经基本齐备,因而笔者就可以按照纪实片剪辑可用的解说词模式来撰稿。每一段解说词有具体明确的对应画面提示,有选定的采访同期声话语段落。(为阅读方便,略去画面提示)

《大风歌》第一集(上篇)

解说词

题记:大风起兮云飞扬

　　　　安得猛士兮守四方

【解说】

杨更臣是西北野战军的战士,1949 年随部队千里西进。

解放军挺进西北是汉代大将霍去病报捷 2100 年后最辉煌的西域进军。

新疆和平接管,避免了一场血火之战。杨更臣和战友们摘下领章帽徽,但团队的编制没有解散,手里的枪也没有上缴,依然挂在床边的墙上。杨更臣和战友们接过发下来的砍土镘,成了"双枪兵"。这些疆场拼杀者成了屯垦人,驻留在他们进军的土地上,开始耕耘洪荒。后来大家就在追逐春绿秋黄中老去。

杨更臣把先去的战友一个又一个送进了这块长眠之地。在这里,战友们坟包的位置依然像过去早晨听号站队一样排列整齐，像晚上熄灯号响过之后一样安谧肃静。

终于有一天，杨更臣抡不动砍土镘了，他为自己选择的最后一个职业是来守护战友们的长眠之地。日复一日，在晨光初现的一刻，他给战友们吹响起床号；星月交辉的时辰，他用号声为战友们垂放夜幕。

不能再吹号的日子到了，杨更臣也加入了长眠战友的队列。这个队列在半个世纪的岁月里集合成 5 119 人的方阵，杨更臣第 5 120 个入列。

战友们来自全国 23 个省份，这些不远千里而来的迁徙者最终都选择了与这块土地同在。

他们共同肩负起一个恒久的守望。

1949 年 10 月 10 日，中国人民解放军第一兵团第二军和第六军从甘肃酒泉开拔，汽车运输辎重，大部队徒步行军，数列纵队齐头并进，长驱新疆。杨更臣就是这个队伍里的人。

这支军队在血火中趟行过 28 个年头。进军新疆的路程跟他们过去的行军比起来，已经算是舒坦的。

1949 年的解放军西进兵团也有新兵。

这张照片中正在行进的几个年轻女战士，是 1949 年 9 月刚刚从甘肃临洮入伍的学生。

【采访】

李映云：你看见照片了吗，脖子带了二斤面粉，这边一个水壶，这边两个圆馕，这边水壶哐噹一打，那边圆馕一打。

王淑莹：往新疆徒步行军的时候，衣服里面连衬衣衬裤都没有换的。

杨迦莉：有的穿裤衩，有的还真没穿裤衩，就一个空筒筒的大衣。

魏玉英：磨的两条大腿都化脓了。

杨迦莉：不知道是谁发现了食堂里面有牛油，我们就悄悄地进去抓上一把抹在腿上，这样第二天走路的时候腿就不太痛了。

李映云：前面的部队和我们联络不上，干粮吃光了，水也喝光了，饿得没有办法，就躺在地上，战士饿得也趴在地上，在这种情况下，有几个小的同学哭着说："我饿，我饿"。水壶提起来，水珠珠都滴不出三滴。

文彬蔚：起得早怎么办，我们就后面拉着前面的人，走着走着就打瞌睡了。

高兰英：谁要上厕所，有人就说，从头上走呀不要从我脚上走，脚上打了血泡，痛得要命，有时候连上厕所都是爬着去的。

文彬蔚：谁要解手，我们就四五个人在一块，不能去远的地方解手，怕部队走掉了，你又赶不上。

魏玉英：我们就把大衣这样打开，大家围成一个人造围墙，就轮流解手，解完手就跑，男同志好办，女同志不行呀，星星峡那一晚上，我是永远忘不掉的。特别冷，冻得呀就没有办法，脸上哈的气，醒来的时候，都结成一层霜了，没有办法我就扭秧歌，我就把李祖德他们叫起来扭秧歌，扭秧歌还暖和一点。

【解说】

经过两个多月的跋涉，1949 年 12 月底，到达新疆的各军事单位先后进驻指定地点。当时新疆形势十分复杂，就在新疆各族人民迎来和平解放不久，一些残余的旧势力在各地不断发动叛乱。

进疆部队在此后两年半的时间里，经过 120 多次激烈战斗，平定了 4 万多人的武装叛乱，解救了众多被裹胁的少数民族群众，保持了新疆社会的基本安定。

西域从汉代以来就是敏感地区。新生的共和国需要这个广大区域的稳定。边陲巩固是国家现代化建设的基本条件。

自古以来，在西域边陲驻扎重兵以固边属于常规办法。到 1950 年，新疆驻军已接近 20 万。

当时 120 万平方公里的新疆,只有 3 万平方公里的绿洲适合人类生存,养活当时的 420 万本地人口已经衣食不周,难以为大军提供充足给养。艰险的交通又不能保障运输。

【采访】

原乌市工商会副会长：解放前,新疆的社会经济已经达到了全面崩溃的地步,人民生活在水深火热之中。

原新疆农业厅副厅长：那时候新疆的财政什么都没有,99% 都不能自给。

【解说】

在新疆南部的开都河两岸,战士们把附近的树叶和草根都吃光了。

驻北疆的部队共 135 000 名军人和 29 000 匹军马,几乎都处于断粮缺草的状态。在玛纳斯河畔,战士们每天只能吃到 4 两粮食。有的先遣连队,粮食供给断绝,连续几个月靠打猎为生。

【采访】

老兵魏振常：我们不能增加老百姓的负担,也不能向他们要粮食,再说他们又是少数民族,过去就吃过很多苦。

【解说】

1949 年 8 月,美国驻新疆的副领事马克南撤离乌鲁木齐时预言：共产党的军队将会饿死在新疆。

饥饿在折磨着胜利之师。新生共和国边陲的稳定要看西域的粮仓是否充盈。几十万军事迁徙者能否扎根新疆,取决于这里狭窄的绿洲还能生长多少五谷。

进军新疆之前,屯垦就已经是预定方略。解放军一兵团 1949 年初在兰州就成立了新疆经济研究所,还特意招收了 1 000 多名学财经的学生入伍。从酒泉开拔时,部队还带上了一些种子和农具。

西进兵团到达后,就接受了全体军人一律参加农业生产的命令。

1949 年岁末,5 万多名战士翻越天山深处的库米会达坂,徒步向 1300 公里外的喀什急行军,他们要赶在 1950 年的 3 月之前到达那里,不是为了抢占阵地,而是为了造田备耕,赶上开春播种。

1950 年春暖花开的时候,有 11 万军人走进了塔里木荒原、准噶尔戈壁、吐鲁番盆地、伊犁河谷。他们遍布天山南北,大漠四周,开始了中国两千多年屯垦史上面积最大的屯垦。

兵团人到达的地方大多是亘古无人的荒原,只有无边无际的风沙是这里的主宰。土地虽然辽阔,但辽阔得让人没有一点着落。

这支军队的主体力量是农民,善于扎根大地是他们的传统。战士们在平地上挖出长方形的土坑,上面架起木杆,盖上柴草,再糊上泥巴,就成了一种半地下式的住房。这就是后来名传天下的地窝子。

地窝子筑造简便,成本低廉,正适合拓荒者们急用。当年 11 万拓荒者中有 8 万多人住地窝子。当然,就是这样的地窝子也难以保证住得宽松。

在新疆军区发布的生产命令中,要求广大官兵在开荒种地的同时,每人还要养一只羊、一只鸡,十人养一头牛、一头猪。人在住处紧缺的时候,又要给猪安排住处。

【采访】

老兵宁光华:我们要修猪圈、扛木料,那个时候讲干部带头,最大最长最粗的木料我先扛上。两米多长,直径两揸多粗的大木头,扛到第三次的时候,实在扛不动了,我就把木料一头竖在地上,就休息一下。这一休息不要紧,马上就想解小便,结果一解小便,尿血。

【解说】

千里而来的军人生产队没有碾子没有磨,如果运来的军粮是米是面,那还可以吃馍吃饭;如果运来的是原粮,就没法加工。麦子直接放在水里煮,粥不像粥,泡饭不像泡饭。包谷就倒进锅里炒,硌牙的爆玉米豆成了主食。苦荞高粱,能吃就行。没有蔬菜,喝盐水下饭。就是这样的伙食也不能管饱。

【采访】

老兵王化明：一斤粮食每天要节约 4 两，把吐鲁番的红高粱调来
让你吃，又涩又苦，你就吃那个吧。

老兵宁光华：打仗的时候，有时候也吃不上饭，那是一顿两顿呀，
那可以坚持。屯垦的时候是长期吃不饱，夜里睡觉，
饿得难受，像胸口上压了一盘磨似的，翻身都翻
不动。

【解说】

从 1949 年秋季到 1950 年夏天，整整 10 个月，战士们除了一身旧
棉衣再也没有替换的衣服。

【采访】

老兵袁国祥：有一次，我跟郭军长来到大草湖，看大草湖，看到战
士穿的裤衩烂了，下身都露出来，就说你不怕羞吗？
因为裤衩是磨烂的，生殖器都吊在外面。

女兵晏宁朗(手指点划着照片)：这个背口袋的人是我，袋里装的
是馍馍，背上就往地里面送。送的时候，送不到他们
那里去。因为啥呢，那个时候天气都很热了，还都穿
着棉衣，热得不能开荒。没有办法，男兵们就把衣服
搁在旁边，光着身子干活。我们那时候，是十八九岁
的小姑娘啊，我们不好意思看，馍一送上就往回跑。

老兵魏振常：一部分女兵开荒开不了，以后就专门做饭去了，打水
去，烧水去，就这样。送饭的，也是她们这些女同志。
女同志送饭送了几次，男兵知道光屁股总是不好嘛，
就专门放一个站哨的，拿一个绳，拿一个布袋子，一
看送饭的来了，就摇着布袋子喊："哎，送饭的来了，
穿衣服。"

【解说】

在西进路上连滚带爬的临洮小女兵们到达喀什的第三天,就奔赴开荒工地,她们自然被分配在后勤工作单位。整整一个夏天,杨克玉都在工地上烧开水,随军记者拍下了她的劳动场景,这幅烟熏火燎的模样不仅成了她最美丽的青春形象,而且留下了一代历史的风采。

【采访】

女兵杨克玉:我们那时候烧开水就是一个汽油桶,一米多长,有一天刮大风,火就是点不着。我就吹,还是不着。我们就三个人一起吹,结果,火着了,把我的眉毛都烧光了。

女兵宴宁:老远的地方就是我们打柴火的地方,都是戈壁滩。我们就跟着红柳去打柴。有一天可糟了,沙尘暴来了。我们就蹲在地上,舍命不舍柴,后来风沙把我们都埋住了。

【解说】

土犁、镢头、坎土墁是抢手的家伙,跟打仗时争取分发武器一样。工具不够,许多人只好用挖掘散兵坑的小园锹来翻地。这是一支用冲锋方式劳动的农民队伍,这是一群以农活为进攻对象的优秀战士。因而,这里的劳动节奏举世罕见。就连劳动力分布也喜欢用战斗格式:两支队伍夹击一块荒地,双方猛力刨挖,被翻耕的土地就等于攻取的阵地,每个人心里都在渴求会师。

他们中的每一个人都无法清楚预料到,自己的一锹一锄会给这寥廓的亘古洪荒创造一个怎样的未来。

【采访】

老兵袁国祥:手上打了泡,流了血,把镢头把都染红了,早上天亮下地,晚上天黑才回来,有的人开饭时边吃边睡觉,馒头掉了,迷迷糊糊抓起一个土块就往嘴里塞。

【解说】

新疆的基本地理格局是三条大山脉包着两个大盆地,而两大盆地就是两大盆沙子。山风劲吹,沙暴常起。干旱是这里的气候主旋律。有些地方年降水只有几十毫米。种庄稼是完全不能依靠天老爷下雨的。只有想办法把高山上融化的雪水引到田里,才能指望五谷成长。农垦兵团要在这里发展农业,必须建立一套可靠的水利灌溉系统。

【老兵系列采访】

同　期:那地方往前没有人了,就三叉河。啥都没有,一片荒原,白茫茫的一片,再就是长的芦苇,就这样的。首先要解决的,搞农业要搞水利呀。

同　期:那时候冬天挖水渠,夏天没有时间。冬天挖的时间都是零下 30 多度,最冷的时候零下 45 度,……实际上你干活的时候感觉不到冷,五六公尺深的渠挑上一担土,往上跑着走,那时候谁还慢腾腾的。都是跑着呢,所以才不冷。

同　期:零下 40 度,战士们还把棉衣解开,脱下帽子,光穿一件衬衣还满头大汗,挖西干渠。大家没有一点埋怨情绪。

【解说】

饮食不周,营养不良,每天平均要干 16 个小时重活,垦荒者的健康普遍出现了问题。

【采访】

老兵袁国祥:有的人营养不良都得了夜盲症,到了地里都分不清哪个是胡麻,哪个是杂草。

老兵魏振常:前面一棵树,我看不见,端着饭走,撞上去了,面条都倒在地上,就批斗我,班长问我怎么回事,我说,我的眼睛什么都看不到,一检查是夜盲症。

【解说】

这支战场上打不垮的队伍当然更不会累垮,他们的田歌同战歌一样高亢。这是西域洪荒从来不曾听闻的歌声,引得天山回荡,塔河兴波,大漠传响。

原始纪录影片资料:兵团垦荒队伍边开荒,边歌唱《戈壁滩上盖花园》。

劳动的歌声满山遍野

劳动的热情高又高

生产运动猛然展开

没有房屋搭起帐篷

没有蔬菜打围野黄羊

劳动的双手能够翻天地

戈壁滩上盖花园

不怕那太阳像火烧

不怕满手打血泡

一架洋犁四匹马

千万架犁让土地开花

劳动的双手能够翻天地

戈壁滩上盖花园

【解说】

垦荒人的血汗终于在大漠戈壁结出了丰硕成果。

到1950年秋天,新疆部队开垦了100万亩荒地,生产了6 200多万公斤粮食。到1952年,垦荒军人们共生产粮食3.2亿公斤,还建成了95个半机械化的马拉犁农场。在1950年初冬举办的第一届生产成果展览会上,兵团人的劳动成果让人大开眼界。

战场上的英雄证明了自己还是开荒种田的能手。

在屯垦工作紧张进行时,部队要求垦荒的女战士们每人写一份自传,主要目的是想了解一下她们各自的婚姻状况。这些不到20岁的女兵们对婚姻还没有什么念头。可是,她们身边那些百战余生的将士,那些种田垦荒的大龄小伙子们,却已经热烈地渴望着异性之情,盼望着成家立户。大量屯垦戍边官兵的婚配需求是带兵人必须郑重考虑的,女孩子们的成婚愿望也是需要耐心启发的。那些不想早日成婚的烧火丫头现在像小公主一样耍起了小聪明。

【采访】

女兵杨迦莉:当时组织上让我写自传,我们就瞎编,跟某某同学已经在家里订婚了。

女兵文彬蔚:调查的时候,……人家问我,就说自己在家里订的婚,都是编的谎。

女兵魏玉英:我对年龄大的不满意。我在组织部管花名册,见他(指自己的丈夫)年龄小,我就想,如果一定要让我找,就找他,别人我就不谈。

女兵杨克玉:给我也介绍了两个,我都不愿意。(那两个)长得不好看,年龄大。别看我不好看,但还想找好看的。你看我们老头(指自己的丈夫),帅帅的,确实可以。你看你看。

【解说】

李映云在入伍前当过童养媳,这段经历让她对婚姻一直心存抵触。在部队领导的启发下,她最后嫁给了比自己年长 25 岁的刘德禄。婚姻初期也难免磕磕碰碰。但在 46 年的共同生活中,这位年长的丈夫把如父如兄的宽厚、体贴入微的挚爱都倾注在李映云身上,以顶天立地的责任感撑持这个家。李映云真正体会到了什么是幸福婚姻。她庆幸自己的参军入伍,庆幸自己的千里跋涉,庆幸自己的婚姻安排。

1996 年,92 岁的丈夫患癌症去世。李映云把深长的哀思和怀念写成了厚厚的诗集。

李映云怕丈夫在另一个世界孤独,就把自己的照片刻在丈夫的墓碑上,用这种方式来日夜陪伴丈夫。

【李映云墓前祷告同期声:老刘啊,现在咱们国家经济发展,人民生活都改善了。你和我都在艰苦的岁月里没有享受幸福生活。每当

我住上好楼房,吃上好饭,穿上好衣服的时候,就非常想念你,心中久久不能平静,不能入眠,久久地思念你。】

【解说】

像李映云一样的墓碑前告白会常常出现在屯垦人的墓地。两个迁徙天涯的人在异乡不期而遇,相互托付,靠着相互依偎而抵御旷野风寒,相互因为对方的存在而扎根边远,一方的离去会让生者更加哀思无限。屯垦夫妻特殊的结合方式,共历风霜的特殊生活,让他们之间的患难深情像大漠长风一样岁月无尽。

【字幕:从临洮奔赴新疆的 150 名女兵结婚后,没有一例发生婚变,就像她们当年长途行军一个也没有掉队一样。】

【解说】

当时,20 万驻疆部队仅有 1 000 多名女兵,男女比例严重失调。兵团建议中央政府,应该动员更多的女青年来新疆工作,这样才能解决屯垦战士的婚姻问题。不久,一批又一批女兵从湖南和山东等地奔赴西北。

这些西来女兵怀抱的理想色彩缤纷,边疆给予她们的现实寥廓苍茫。正是她们行色匆匆的到来,她们懵懂而纯真的婚姻允诺,驱除了几十万戍边官兵内心深处的漂泊感。

这些千里西行的女兵落脚在梦想不到的地方,以梦想不到的方式,结合了梦想不到的丈夫,拥有了梦想不到的幸福。共和国的屯垦大业因为万千西行女兵的落脚而繁荣,共和国的边陲因为拓荒者之妻的扎根而安宁。她们为大漠绿洲孕育了永续的生机与希望。

今天,退休的湖南女兵回到故乡探亲。她们妙龄远行,华发归来。故乡人热烈欢迎远嫁的女儿回娘家。

她们的生命历程绵延着昨天和今天,她们的迁徙之路连接着内地和边疆,她们的情思属于两个故乡,一个是生身的故乡,一个是立家创业的故乡。时至今日,她们最热烈的生命激情还属于那个白手创业的岁月,那片展开青春岁月的洪荒。

安家西域的兵团女战士是一个特殊群体,她们生身的故乡和立家的故乡都对她们的奉献铭刻在心。

在甘肃临洮城里的高处,本地建起了"临洮女儿进疆纪念碑",就是为了让后人记住临洮百名女兵千里进疆的壮举。家乡人民高山刻石,以像为碑。化为雕像的她们引颈西望,无限憧憬。

新疆生产建设兵团的第一代拓荒者奠定宏基,进取岁月。第二批、第三批屯垦戍边人陆续从内地来到新疆,赓续大业。

兵团人以戍边屯垦为使命,尽忠职守,承担了比常人更多的人生重量。

沈桂寿1964年从广西来到新疆建设兵团,他的耕作地点远离团部,就在界河边。当沈桂寿看到界河对岸的士兵升国旗时,便回家对妻子说,我们也要升国旗。尽管他不是正规的边防军,这里也不是哨所,按常规不需要升旗,但沈桂寿内心有一种每天升旗的渴望。由于当时没有买到国旗,他就和妻子用红布、黄布缝制了一面国旗,国旗每天高高升起在同样自制的旗杆上。在边疆、在国旗下劳作,沈桂寿觉得踏实而荣耀。

沈桂寿退休时,把升旗的任务传给了团友宁方征。宁方征是第一批军垦人的后代,沈桂寿相信他能忠实执行这个光荣任务。在沈桂寿离开后的几千个日子里,这面国旗果然每天与红日同升。这面国旗的制作也许并不标准,但上面飘扬着几千年中国戍边人的戍边精神。

像宁方征接过沈桂寿的升旗任务一样,杨红旗也继承了杨更臣的守墓职责。1998年杨更臣去世后,杨红旗接过父亲杨更臣的军号,成了新一代的守墓人。无论春夏秋冬,风霜雨雪,每天早晨,杨红旗都会来到这片墓地,给父亲和父亲的战友们吹响军号。第一代屯垦戍边人虽然已经走入历史,但激励他们进军的号音还在21世纪的长空嘹亮传响。

（完）（本集上篇完,下篇略）

《大风歌》第一集上篇主要记叙了新疆生产建设兵团艰辛拓荒,创业扎根的艰难历程。下篇记叙了兵团人对新疆地区工业化和社会整体现代化的历史性贡献。

《大风歌》的主题取向不着眼于迁徙中的离情别绪的渲染，不作"他乡变故乡"的诗意写照和命运感叹，而是意在呈现这些特殊迁徙者的家国担当、历史使命、时代贡献。

在 1949 年之前，这片寥廓土地上的人民基本是依靠中世纪水平的农牧业在维持生存。生产建设兵团在新疆开创了现代农业和现代工业，带去了现代文化，并逐步建设起现代城市文明。新型迁徙者推进了迁入地的历史性进步，所以本片要记载迁徙者血汗淋漓的艰苦辛劳，义无反顾的命运投入，重建生境的智慧奋斗。他们对新疆当年的稳定、后来的社会现代化推进和未来的长治久安，都做出了并还将做出不可替代的贡献。

《迁徙的人》每一集也都有自己的主题阐述。

由于其他各集的原始影像资料不如第一集《大风歌》丰富，前期采访也不如《大风歌》充分。所以，其他各集开拍前的预设文案还都只能是一个叙事梗概和采访方向的设计。最后的解说词需要在前期拍摄结束后，根据实际拍摄到的素材，全面汇总编织可用的影像素材，才能撰写可用于画面剪辑的脚本。

2007 年 4 月，《迁徙的人》在中国教育电视台首播。

2007 年 11 月，在第九届四川电视节"金熊猫"奖评选中，《迁徙的人》获最佳长纪录片奖和最佳导演奖。

在《迁徙的人》一片的制作流程中，不是撰稿思路跟着画面走，而是撰稿人综合策划团队的共识，先以预设文案的形式，写出全片的主题指向、思想角度、叙述逻辑和基本事件序列。这个文案就是电视片实际拍摄工作的行动纲领，保证了多集长片在主题方面的明确性和思想上的统一性，并能够统领多个摄制组同时进行拍摄，保证了拍摄工作的一致性。

《迁徙的人》的最终完成片中，除《大风歌》外，其他各集所用剪辑脚本都是由一线编导自己完成的，力求保证纪实感陈述的直接性和现场情节把握的可靠性。编导们实地采访拍摄完工后，写出体现主题意图与符合预设思想角度的底本，相对于剪辑工作而言，这也是预设的语义依据。在这样的项目中，编导必须认真对待撰稿工作，而不是把文本写作当成附属性的顺便之举。

其实绝大多数非虚构叙述类电视片都需要这种预设的文字化语义底本来

总括其思想内涵,明确主题方向,码清记叙事件的逻辑。如果没有语义底本的思想概括、角度阐发、对纪录现象的揭示深化和自始至终的精神引领,规模化制作的非虚构叙述类电视片是无法高质量完成的。正是从这个意义上说,非虚构叙述类电视片是"文本决定论"的产物。

非虚构叙述类电视片的"文本决定论"决定了撰稿人的地位。从行业实践的总体情况看,非虚构叙述类电视片撰稿人决定着作品的思想高度和主题阐释角度,决定着作品的文化品位和内容含量。

文案的重要性对撰稿人提出了严苛的要求:撰稿人有没有给片子"拿大主意"的能力,是否具备项目所需要的思想高度和文化含量,对片子表现对象是否有相应的认知能力和文字表述能力,这些都成为衡量撰稿工种的"硬指标"。

相对于电视台这样的播出单位而言,社会上的电视制作公司是"内容提供商";相对于一个制片项目而言,撰稿人也可以被理解为一个"内容提供商"。这个"商业地位"也决定了撰稿人必须是一个"有内容的人"。

有了这些基本认知,也就明确了撰稿人的角色定位;明确了撰稿人的具体工作内容,这个工种的人才会产生责任感。

第三节　撰稿人创作意识的社会性

在纪实片创作中,撰稿人属于主要创作人员。作为文本创作者,无论其本人,还是这个工作系统,自然都希望撰稿人能够充分施展才华,彰显原创精神,为最终的电视作品提供高质量的文本。撰稿人的艺术个性经常体现在其独特的事物观察角度、超出平均数的思想高度、不同流俗的价值取向,还有艺术呈现方式的充沛创新精神等。这一切都是创作团队所特别需要的,都是不言而喻的。但是所有这一切个性化要素都需要与工作系统协调配合,才能得以实现。个人与社会化工作系统的自觉协调配合,就是一种职业化的社会意识。

现在有充分的依据说,非虚构叙述类电视片制作已经是一个产业,一个服务性的文化产业,服务于各种社会需要。正因为这个产业服务于社会,这个产业的每一个从业人士才更应具有社会意识,特别是对行业外的社会需求要有社会意识。

对于电视片制作公司而言,电视片项目投入方是电视从业人员的第一个服务对象。从业人员,特别是负责项目语义内容设计的撰稿人,在介入一个非虚构叙述类电视片制作项目之时,首先要特别关注项目投入方的需要是什么,想表达什么,要全面了解投入方的目的和要求,充分尊重投入方的价值偏好。关心社会需求是电视从业人员社会意识的重要组成部分。

如果投入方自己还没有成型的想法,撰稿人可以先根据自己对对方的理解,提供一个(甚至几个)接近对方意愿,并具有技术可操作性的方案。如果对方受到启发而提出新的要求,也属情理之中。撰稿人需要清楚告诉对方,撰稿人本身并没有特定的主张、观念或价值偏好要在项目中体现或坚持,只有"技术上可操作或不可操作"的问题需要对方清楚,以防止浪费时间和资源。

现在不少非虚构叙述类电视片都是政府职能部门、企业以及各种社会实体投入资金制作的,其中包含着资金投入者的诸多社会诉求。虽然这样的资金投入方式并不稳定,但已经能够保证每年相当数量的纪实片可以投入制作。虽然这些作品进入了社会传播后并不足以直接收回制作成本,但它们所产生的更多的所谓"社会效益"已经让投入者大都觉得"值",所以才会有持续的社会投入。

相对于世界上发达国家市场化程度较高的非虚构叙述类电视片制作产业来说,中国特色的非虚构叙述类电视片主流制作行业还有相对浓厚的政府或准政府投入色彩,其作品经常带有"订制"的特点,订制者就是政府职能部门、企业以及各种社会实体。制作内容的价值标准自然需要符合主流社会的尺度。

所以要特别描述中国非虚构叙述类电视片制作的这个特点,就是为了说明这种制作体制要求撰稿人首先关注社会诉求,领会订制方的思想意图,以此明确电视片的主题方向,寻找对应的可叙述事件,以便迅速进入制作程序,顺利完成订制产品。

在现实工作条件下,订制方(甲方)确定的项目思想"尺度"与价值倾向是"产品验收"的重要指标。这也是作为承制方(乙方)的电视片制作公司必须遵守的指标。按照甲方的指标制作片子,是乙方的契约承诺、经营责任和职业道德的体现。作为乙方雇员之一的撰稿人也同样应该遵守这些契约承诺、经营责任和职业道德,以追求"达标"为自己的工作目标。撰稿人个人劳动必须服从项目需要。这时,撰稿人自己所秉持的思想倾向和社会价值如何,其实跟项目无关。如果项目思想倾向与撰稿人个人思想倾向基本一致,那当然很好。但在思想倾向高度多元化的时代,这种情形出现的概率一般不会太高。

在项目思想倾向与撰稿人个人思想倾向不一致的情况下,撰稿人如果不想忍受这种差异化造成的写作纠结,完全可以选择离开项目。如果选择继续合作,那么,撰稿人就不必为此产生心理纠结,更不必寻找抵制或反对的机会。因为撰稿人此时的角色只是为一个社会项目提供劳动技能的专业劳动者,而不需要在项目里寻求个人独立自由的抒怀机会,犹如工人在生产线上是为一个生产体系出卖技术和劳动时间,而不是按照自己的爱好在完成个人作品。

美国学者 H·布洛克写道:"完全的艺术自治是一个不可能实现但又相当诱人的梦——就像人们希冀一种完全写实的和一种完全精神的艺术之梦一样"。① 不存在完全的"艺术自治",这是中外古今的普遍现实。追求"艺术自治"这本是所有艺术家的梦想,但这个梦想总是具有非现实性。现代中国的纪实片撰稿人应当清楚理解现实与梦想的这种关系,这会让自己的工作理性更为成熟,工作方法更为专业,工作态度更加职业化。

在具体的电视片制作过程中,撰稿人进入电视片制作团队,建立起契约化关系而开始合作,就必须接受电视片制作系统的规范约束,他所从事的就不再是独立的书斋式个人劳动,而是进入了高度社会化的电视生产项目。在这里,工作系统的指标规定个人写作方向。不要去强求"理想化"的环境,不可能存在"随心所欲"的工作状态,面对现实才能使自己有效工作。作为一个社会项目的参与者,撰稿人只需在能够渗透个性化因素的地方尽力渗透,对于无法渗透的地方也不必耗神强求。

非虚构叙述类电视片制作系统聘用一个撰稿人,无论是长期聘用,还是一次性聘用,在合作期内他都是一个工种的承担者,是工作系统中的一个构成部分。因此,这个工种的承担者与整个工作系统的匹配关系就极为重要。撰稿人个体与工作系统之间的匹配自然包括良好人际交流互动,这个

---

① 布洛克:《美学新解》,滕守尧译,辽宁人民出版社 1987 年版,第 246 页。

毋庸赘言。更重要的匹配是思想倾向、社会价值偏好、创作理念方面的社会化协调。

进入电视片工作系统的撰稿人不必奢望把社会化的电视片项目变成宣传个人思想和价值观的地方。之所以要强调这一点，是因为如果撰稿人在文稿中流露与项目订制方设定指向相背反的内容，就可能造成摄制过程的阻滞；如果撰稿人在文稿中表达播出方不认同的内容，就可能会造成播出障碍。终端的播出方能够播出什么，决定着前端能够写什么和拍什么。撰稿人不能因个人"执拗"而造成项目夭折和社会资源的浪费。

非虚构叙述类电视片制作是社会系统化生产过程，尤其是来自社会"订制"的电视片，其制作方投入了数量可观的社会资源，包括人力、物力、财力，希望获得政治、经济、文化等不同方面的回报。这是一种风险性很大的项目经营，所以帮助项目降低各种风险是撰稿人的职责之一。不能因撰稿人的个人价值偏好而让社会项目承担政治风险和经济风险。

撰稿人如果不能透彻理解这些问题，就是缺乏正确的角色认知，缺乏职业工作的社会意识。作为社会化项目参与者的撰稿人，必须学会对创作个性的理性抑制。既有充沛的创作能力，又懂得社会化工作的理性抑制的撰稿人，是极为宝贵的智力资源。

每个撰稿人自然都希望写出个性化内容，但至少在现存秩序中，撰稿人的写作不会是一个高度个性化的创作。在这里，撰稿人的个人创作价值必须溶解在一个高度社会化的项目中才能实现。这时他就只能把个性化内容控制在现存秩序容许的陈述方式之下。这个现存秩序并不是一个抽象存在，它就存在于具体的电视运作体制中，体现在投资方的审稿人，以及一个电视台的台长、频道总监、部门主任、制片人，甚至是摄制组的一个剧务人员身上。离开这个体制，他们每个人都是有血有肉通情达理的普通人。但是进入体制后，他们都必须承担起自己的社会角色，执行体制需要，承载现存秩序。撰稿人与这些人之间的工作性互动，其实就是在与现存体制互动。体制对撰稿人的制约是在这些工作互动中实现的。在这个互动中，体制把自己的意志和要求注入文稿，促使撰稿工作成为一种高度社会化的写作。

撰稿人不要试图在一部片子里把自己的所见所思讲完，这既不可能，也不需要。"才不可使尽"。撰稿人可以把自己在每个项目里想说而没有说完的心思留存起来，让每一次撰稿阅历都成为新知的积累机会，以有用于未来。

一个电视片撰稿人开始为电视写作之日，对上述问题如果缺少明敏意识，会严重迟滞自己的职业成熟速度。

第三章 撰稿人的跨角色意识

第一节 撰稿人职能的多元关联性

一、撰稿人的策划职能

一个非虚构叙述类电视片的制作是一个包含着投入和产出两个部分的产业"项目"。这种项目由于运作主体多元化,所以运作模式也必然多样化。

电视台自制纪实片项目是一种运作模式。项目来源可以是上级派下来的宣传任务,可以是台领导的工作安排,当然也可以是台里业务人员的自发创意。社会上的影视公司到社会上"揽活儿",承接电视台、企业、政府职能部门以及各种社会实体所要制作的纪实片,也是一种常见模式。还有社会上的自由电视工作者去游说一切可能投资非虚构叙述类电视片的单位或个人(一般个人投资的很少,但也不是没有),等等。

这些不同的运作模式中,基本都有一个共同点:需要一个策划案,其实也就是一个电视片项目操作的可行性报告。一个富有说服力的策划案经常对于决定立项、获取投资,乃至争取播出机会具有重要意义,有时甚至是决定性因素。

这种策划案的最主要部分是这个非虚构叙述类电视片的内容设计与阐述。策划案必须把片子内容的社会价值、制作播出的意义,以及这些内容的电视化获取的操作路径,说得证据充分,道理深刻,令人信服。这才能够打动决策者拍板投资,或者让已经下了决心的决策者更加坚信自己的决策,并更清楚怎样能够更好地实现项目。

这样的策划案由谁来写最合适呢？一般来说就是撰稿人。

在非虚构叙述类电视片的具体制作实践中，撰稿人经常是项目最早的创意提出者之一。撰稿人的项目创意来自于对项目社会价值和文化内涵的深入理解。如果他同时还能够想清楚，这个项目谁是恰当的订制者，哪些社会资源可以是项目实施的支持性因素，终端产品谁喜欢看，如何争取在电视台播出等一系列事务性问题，那就更好。撰稿人就是项目可行性的重要论证者，乃至是可行性方案的执笔者。事实上，撰稿人经常会承担策划人的角色，是项目的重要"谋士"。

撰稿人注重发挥自己的策划能力，项目管理者努力提高撰稿人在创意和策划阶段的参与深度和活跃程度，对于项目推进具有重要意义。

当今中国影视业的市场化程度在不断提高，市场化生存是大家的基本生存方式。影视制作公司要生存和发展，就必须到市场上去开发和争取项目，其中就经常包括非虚构叙述类电视片项目。争取这类项目的重要方法之一，是给潜在的或者已经"接上头儿"的订制方递交项目策划案。为此，公司甚至会"养"一些专职的文案人员，致力于撰写项目策划案。流行在项目竞争场上的策划案文本大多印制精美，PPT 设计炫目时尚，在形式方面做足了工夫。但实质内容却大都空洞简陋，言之无物；选题范围局限性很大，社会视野狭窄；主题阐释角度雷同，思想贫乏等，很难看到让人眼前一亮的选题阐述。论述文字基本都是从网上搜来后加以搅拌的杂烩。如果还能够有些按自己理解而写就的部分，那也经常是词不达意，章法混乱，甚至不乏别字病句。这类策划案的最终命运当然是被人草草一翻，随手遗弃了。无论是潜在的项目投资人还是播出片子的审查者，对这样的东西当然都会毫无兴趣。这种劣质策划案提供了一个启示，如果影视公司用合适的撰稿人来撰写项目策划案，或者把自己的文案人员培养得具有合格撰稿人的素质，情形可能会好得多。归根结底，在非虚构叙述类电视片运作实践中，出于办公室文员之手的策划案跟出于深入理解项目内容的撰稿人之手的策划案相比，在文化内涵和市场说服力方面，是有着巨大差异的。

总而言之，在当代产业化运作的非虚构叙述类电视片生产系统中，撰稿人是在项目启动前就应该深度介入的策划者，他通过对项目语义内容以及其他相关事务的评估和论证,增加项目实施的可靠性。

撰稿人为项目提供的策划案当然因不同的运作模式和不同的具体内容而千差万别。

有些纪实片的选材领域与百姓生活的关系直接而密切,易于被大众理解和喜欢;有些选材领域则距离大众常识远些,会有不同程度的陌生感,不容易找到大众兴趣点。为非虚构叙述类电视片的特定选材领域寻找"超行业"话语,确立社会化主题,形成大众传播兴趣点,是撰稿人及所有主创人员永远的工作难点。身兼策划职能的撰稿人有责任把这类难点论证为"亮点"。

正因为撰稿人与策划的职能具有密切关联,所以在项目的酝酿和论证阶段,撰稿人要像策划人一样思考和工作。

二、撰稿人与制片人职能的关联

撰稿人在开机之前准备的预设文案,可以让项目决策者、制片人、编导、摄像师等相关人员看到片子明确的主题、清晰的分集结构、基本厘定的拍摄题材范围,以及摄制组前往拍摄的地理位置、应采访人物等等。这样的预设文案是拍摄工作的基本依据,并贯穿电视片制作过程的始终。由于非虚构叙述类电视片的预设文案具有统贯制作全程的轴心作用,那么项目决策者和管理者就更应该让撰稿人对项目具有全局认知,对项目的各个相关社会领域和具体工作的相关方面有深入了解,以使文案的内容设计与项目的各方面操作事务的诉求都有合适的对应关系。这也就要求撰稿人具有"制片人意识"。

不难理解,项目的事务性操作与项目内容密切相关,制片人所特别关心的制作周期、拍摄路线、人员配置、制作费用预算等在相当程度上都要依据片子的内容来确定。如果文案思想不清,题材范围含糊,拍摄对象模糊,那么电视片的制作进程也一定会混乱拖沓,做很多无用功,伤财耗时,甚至还会导致返工补拍等。这样的教训在实际工作中实在是太多了。但是,不少项目决策者和作为项目具体管理者的制片人却很少从文案准备不足方面反思原因。这实际上还是对非虚构叙述类电视片制作规律缺乏认识,未抓住工作要点造成的。这个要点就是抓住撰稿工作,让撰稿人深入了解制片工作,使文案中的内容设计与制片工作的各环节恰当配合。

例如,撰稿人要对项目的人力配置、经费额度和时间周期获得必要了解,据此才能合理设计脚本容量。内容设计的拍摄深度和广度都只能与这些约束性条件相吻合,工作才能有效展开。也就是说,撰稿人需要从制片人的角度来考虑文案与运作等相关方面的衔接,以保证项目的可操作性。这才能使自己的文本设计对于实际操作而言是"靠谱"的,不至于进入不切实际的玄想。从这个意义上说,预设文案所涵纳的既是作品内容,也包括操作事务。

还是以《丝路——新中国大纺织六十年》为例。

该片总体控制在 21 集,每集长度 30 分钟。大纺织业的经营领域千头万绪,要在这样体量的一部片子里说全说细,是完全不可能的。这就出现一个"选择"的问题。在一个业务领域广泛的大行业中,选择哪些领域、事件和人物进入本片呢?对各工作领域按照其在全行业中的相对重要性、拍摄难易度和社会关注度等多方面考量,加以排序,就是"入选"的依据。这属于内容问题,也是制片人以及项目决策者管理项目、平衡全局的问题。

拍摄多集电视片如果由一个编导从头拍到尾,那将是一个难以接受的漫长制作周期。它必然是由多位编导共同参与,多个摄制组齐头并进来完成。而这样的多组齐推,事先准备一个总体思想明确,分集内容清晰、拍摄路径确切的预设文案,从制片操作角度看是必需的。

笔者在行业领导和专家的指导下,按照主题方向,规划出各集的分主题和题材范围。同时,笔者还要按照自己对行业的已有理解和对制片规律的认知,从各集具体内容和制片工作效率相结合的原则出发,设计各集的实拍地点和摄制组行程路线。总之既要不遗漏必需的可纪录题材,又能够节约制片经费和时间,考虑很多制片实际工作的需求。也就是尽可能为制片人的工作着想,考虑哪些拍摄地点既有行业代表性,也在摄制工作方面容易获得配合,并且拍摄路线能够最短,经费使用最省。

有了这样的预设文案之后,拍摄的事务性工作也就有了基本依据。例如,摄制工作人员配置、拍摄路线规划、大致拍摄工作周期等,也都可以如序安排,陆续展开了。这是预设文案对制片工作的主要配合作用。

纪实片对于撰稿人和编导等主创人员来说是"作品",可对于制片人来说,它是按投入—产出的计划"做"出来的"产品",并以购买商和终端消费者认可为目标,努力把这个产品"卖"出去。

电视片主创人员的为难之处就在这里:一方面是行业片的订制方希望全面展示自己的工作领域和诸多成就,并渴望拿到电视台播出,以扩大行业影响;另一方面是电视台不肯把播出机会给予收视率较低的行业片。

在这些强有力的社会约束面前,撰稿人一方面要充分理解订制方,努力表达订制方的制片愿望,充分表现行业内容。另一方面也必须充分考虑电视台的播出标准,因为不"达标"就不能获得播出机会。而对于一个以大众传播为目的的电视片而言,播出机会就是社会生命。不播出会使得一切投入付诸东流。

这时策划案的撰写者(撰稿人)就需要以足够的说服力让订制方的决策人意识到,这样的项目对自己的实体或者行业,确实有重要意义。但仅有这一点最多只能用于行业内部交流,还不能成为一个让社会瞩目的大众传播项目。过去许多行业片不被电视台接纳,就是因为其表达内容过于局限在行业内,对行业予以社会化阐述的思想高度和视野广度不够。行业片必须超越行业思维,在行业现象的纪录中阐发其更广泛的社会价值和意义,才有可能让完成片顺利进入大众传播渠道。

行业片的这种社会意义和传播学价值通常不是行业内的决策人能够周全意识到的。需要撰稿人(包括其他策划者)给予全面解读。这时,以撰稿人为主笔的诸多论证者就是一个桥梁,能够使行业的有限内容通向广泛的社会关联,获得普遍的社会意义和兴趣。这时候,撰稿人就需要综合各方诉求,为电视片寻求一个各方都能接受的平衡点,从撰稿方面尽量减少制片人寻求播出机会的压力。

在完成片中,《丝路——新中国大纺织六十年》的那些社会文化类专集,以及行业专集之中的超行业阐释,都使得片子内容更为丰富与厚实。这些努力的结果有助于对项目进行超行业的推展。

《丝路——新中国大纺织六十年》21集"长片"中的12集,于2012年9月在中央电视台播出。选播各集主要都是视野较宽的超行业内容,社会关注和文化关怀较多的那些部分。

撰稿人与制片人的职能具有密切关联,在整个项目的运作期,撰稿人如果能够为制片工作深入务实地处处着想，就能有助于提高制片环节的工作成效。

制片人只有认清撰稿人工种角色的综合性，才能用好这个工种，让这个工种发挥应有的作用。

三、撰稿人与编导职能的关联

撰稿人作为主创人员之一，他在深入关注订制方和播出方诉求的同时，还要在设计前期拍摄文案和写作剪辑用脚本的时候，充分考虑编导进行影像摄取与编辑组合的直接需求。否则，无论文本中包含的内容设计多么周到，也都会由于在编导那里无法予以电视化实现，而成为一堆与电视作品无关的文字。于是，这对撰稿人提出一个最重要的问题——编导意识。撰稿人需要按照电视化表达的规律，充分考虑影像实现的可行性，进行电视表现所要求的"形象思维"。

笔者在撰写电视片《丝路——新中国大纺织六十年》的预设文案时，既要充分考虑订制方和播出方的诉求与标准，也必须全面为编导着想，为电视化创作的实际需要奠定语义基础。每个分集的预设文案哪怕做不到具体人物、事件情节和地点场景都详尽罗列，也必须使各集思想角度、主题、题材规划清晰明确。为此，笔者不仅阅读大量文字资料，采访若干行业专家，还多次前往具有代表性的纺织服装产业带实地采访。

即使编导在实际拍摄中对预设文案的许多具体设计和规划多有删舍，预设文案中的基本内容也可以成为编导在前期拍摄和后期剪辑时的有用参照。

对于《丝路——新中国大纺织六十年》21集的长度来说，总撰稿人无力进入所有拍摄现场，做不到为每一集都写出详尽的剪辑用脚本，而只能提供力图接近拍摄实际需要的预设文案。各集编导根据预设文案的基本设计，进入采访拍摄，广泛进行现场发现和发掘，为电视片剪辑准备尽可能丰富的影像纪实素材。编导完成前期拍摄采访之后，自己再根据现场实拍所得，写出剪辑用脚本初稿，由总撰稿对编导的稿本予以"文章方面"的技术性加工，梳理调整，增删修订，强化主题角度的阐发，也同时加强各集内容之间的呼应协调。如此等等。这样的合作是直接的无缝衔接。撰稿人必须时时处处考虑编导创作的实际需要。

即使对于正在进行时的纪实题材，预设文案也应该充分考虑电视表达的需要,尽可能列举实拍地点及其中的重点拍摄对象,提示重点采访人物和事件的基本类型,阐发这一切的主题内涵,使编导在实拍中得以引申和加强故事的主题方向,注重现象摄取角度的选取,为相关材料的搜集提供尽可能多的线索。

正因为撰稿人的工作与编导的职能密切关联,所以在项目的内容设计、预设文案准备和剪辑用脚本的写作中,撰稿人都要处处考虑编导实际拍摄和剪辑工作的需要,让文本为电视化实现提供最大便利和无限可能性。

撰稿工作是细致而务实的,文案中必须包含着让编导信服的可操作性,而完全不同于常规策划会上的文人大话,不同于“头脑风暴”中那些“管说不管做”的泛泛之论。

撰稿人如果有机会实际承担编导工作的话,那将是宝贵的经验积累机会。这会使他能够更加真切地体会编导工作的特点,养成“编导意识”,使自己的撰稿工作能够更好地适应编导工作的需要。当然,有机会兼任编导工作的撰稿人的专业能力准备应当足以把这当作一个独立工种来完成,而不是“玩票儿”。

撰稿人所承担的策划职能,与制片人和编导工作的实质性关联,天然地决定了这个工种的跨角色特点,也使得他必须养成工作中的跨角色意识。当然,撰稿人的跨角色意识不意味着张扬的“越位”行事,更不意味着对其他工种的越俎代庖。

第二节   撰稿人的观众意识

所有用于大众传播领域的作品都希望得到大众的喜欢。电视片的所有参与创作者都要有“观众意识”,即要从观众的认知特点和喜好倾向方面考虑创作问题,努力让观众对自己的作品喜闻乐见。

撰稿人是非虚构叙述类电视片的主创人员之一,“观众意识”必然是其创作的主要出发点。但从这个出发点到效果终点,并非简单的直线到达,而是需要一些过渡性环节。

非虚构叙述类电视片的制作工作本质上是文化服务。在这个意义上,非虚构叙述类电视片的投资订制方就是甲方,是接受服务的“第一客户”,是审查权的拥有者。撰稿人作为非虚构叙述类电视片内容设计的"第一环节",当然首先要考虑"第一客户"的要求。在脚本文案设计中,只要是制作规律许可范围之内的"第一客户"要求,撰稿人都有义务充分考虑,并力图实现之。这是不言而喻的。

亿万观众是非虚构叙述类电视片制作者们的"第二客户",也是"终极客户",决定着电视片制作工作的终极存在意义。这个"第二客户"对"第一客户"也具有极大影响力。"第一客户"之所以要投入电视片的制作,就是希望通过这个作品扩大投资方自己对"终极客户"的影响。所以,"第一客户"是极为在意"第二客户"的,尽管两个"客户"的直接诉求并不一致。说到底,非虚构叙述类电视片制作方和订制方(第一客户)这两个群体都把"第二客户"作为终极目标人群来服务。因此,撰稿人必然要为满足第二客户的观赏需求而殚思竭虑。

还是以《丝路——新中国大纺织六十年》为例。为了把相对于大众传播而言视域狭窄的行业色彩降到最低,达到吸引大众观赏的目的,该片从脚本文案设计开始,就要力图把行业内容转化为大众看点,把行业关注点变成大众生活的注目点。避免行业成果和技术介绍偏多,减少行业概念的频繁使用,不断强调行业事务与大众生活的密切相关性,形象描述行业贡献的社会性,力图展开行业内容的文化含义。如此等等。这样才能够符合观众认知特点,调动观众的观赏兴趣。

例如,《丝路——新中国大纺织六十年》中的《色彩人间》一集,笔者就是从上述理念出发,撰写拍摄前的预设文案:

> 1984年,长春电影制片厂推出电影《街上流行红裙子》。影片讲述一名来自乡下的棉纺厂女工阿香买来一条漂亮的红绸裙。劳模陶星儿很喜欢这件红裙子,悄悄往自己身上比试。阿香发现陶星儿穿起红裙十分漂亮,便把裙子借给她穿,并且邀她同去逛公园。车间班长对红裙十分看不惯,认为肩臂处裸露面积较大。陶星儿便悄悄为这件红裙加上领子和袖笼,结果被女伴们七手八脚扯掉了。在同伴们的怂恿下,陶星儿终于勇敢穿起原样的红裙,与女伴们一起走入公园,走入人群中,体会自己舒展的青春美,感到心神格外舒展欢快。

影片表现了改革开放初期,年轻人爱美,又受到环境限制的矛盾心情。而时代条件终于让他们鼓起勇气,大胆表达美的追求。由于影片细腻反映了那个时期的社会真实心态,在当时大受欢迎。

新中国成立以来,中国社会发生了诸多变化,服装样式风格也随之演化不断。

1949年新中国建立,由于根本政治制度的变革,社会着装意识迅速发生巨大改变。长袍马褂和旗袍陡然消失。中山装及其改良型成为留下的服装样式。因为当时的国家领导人多喜欢穿改良版式的中山装,所以外国人常常把它叫"毛式服装"。

当时,新中国的政治、经济、军事和文化无不以苏联为模式,苏联服装风格竟然也广泛影响城镇居民的着装选择。"列宁装"作为一种流行样式迅速出现,并广泛普及开来。在中国人留存半个多世纪的家庭影集中,还可以看到白衬衫配"布拉吉"的姑娘,穿着"乌克兰式"衬衫的小伙子,以及被列宁装打扮得潇洒干练的中年人。

这种自发的服装现象源于新的时代氛围。1949年之前,中国城市服装风格受欧美影响较大;1949年之后,受苏俄影响较大。这都表明中国近百年来时装潮流与世界影响密切化的趋势。只是影响中国服装风尚的世界风源不同而已。政治经济的强势风源在哪里,时尚的风源就在哪里。

服装是一种语言,是一个社会符号系统,它以形象直观的方式折射着社会政治、经济及文化的历史变迁。

20世纪50年代,国内有一段相对平静的建设期。国家曾关注和倡导过服装改革,试图建立新中国自己的服饰文化体系,弘扬民族服饰文化,以之美化人民生活。1956年1月,《中国青年》杂志的编者发出呼吁:"姑娘们,穿起花衣服来吧!"当时北京组办了大型的新式裙衣设计作品展览会,组织业余模特试穿拍摄,并出版了新中国第一册《中国服装》专刊。轻工业部还在中央工艺美术学院首次开办全国高等服装教育;新中国的服装产品甚至去参加国际博览会,参展服装也是考虑时尚需求而研制设计的。

　　但总的说来，1953 年实现"票证经济"后，中国形成了朴素、实用、色彩和样式较为单调的总体着装风格。

　　在那些革命气氛很浓的年代，服装也作为革命精神风貌的表达，呈现出鲜明的意识形态特征，与政治生活中的革命话语、革命行为范式等同一致。"文革"十年，这个趋势被推到了极端。服装成为张扬政治态度的"表情"，如同清代初年换装剃发表达臣服。连穿什么衣服都不能自己做主的时代，何来舒展的人性存在。

　　十年"文革"时期，最时尚的装束莫过于穿一身不带领章、帽徽的草绿旧军装，扎上棕色武装带，胸前佩戴毛泽东像章，胸前斜挎草绿色帆布挎包，胳膊上佩戴着红卫兵袖章，脚蹬一双草绿色解放鞋。这种服装时尚完全超越了年龄、性别、职业。即便得不到这样的"标准配置"，穿一件军便服也是好的。服装市场大量出售草绿色上衣和裤子。这一时期的服装在原有的艰苦朴素、勤俭节约的风尚中，又增添了浓烈的革命化、军事化色彩。其实这也是一种服装时尚，符合服装时尚的社会流行规律。

　　曾经有外国观察者这样描述上个世纪六七十年代的中国：满街的人都穿颜色和式样相似的服装，从背影上分不出性别，也看不出年龄。

　　1978 年的改革开放也带来了着装解放。那时的个体户们把沿海城市的各种新潮服装扛到内地。此前的单调服装格局被迅速突破，人们在物质条件允许的情况下，尽可能穿得新颖一些。但是，原有的模式也不是一夜之间就能消除的。流行的喇叭裤被当街剪开的事并非特例。裁缝为年轻人做牛仔裤还须偷偷摸摸在家做，不敢公开揽活。因为还有人想从生产的源头采取遏制行动。

　　流行和反流行在那个乍暖还寒的时候有力较量着，这是开放与反开放在一个特定领域里的较量。

　　随着改革开放的强有力推进，人们对待新事物、新观念变得更加宽容。多变、时髦、表现人体美的服装迅速得到人们的普遍认可，新的社会生活潮流势不可挡。

　　改革开放年代的服装行业走在了许多行业的前面。本土服装产量迅速增长,色彩缤纷的外国服饰涌入中国市场。在思想解放与国民经济发展的前提下,风格多样、颜色绚丽多彩,成为新时期服装流行的特点。

1982年,在国家纺织部的业务管辖范围内,甚至成立了中国流行色协会。这是改革开放初期较早成立的少数协会之一。

从民间社会到政府部门的服装美感意识觉醒,让人们相信:服装是活跃社会的颜色,是生动的时代表情。

到20世纪80年代末,一位访华的波兰记者深有感触地写道:"几年或十几年前,北京是一个灰色的城市,有人甚至称它为'世界的农村',人们穿着既单调又一律……如今穿着入时、欧式打扮的姑娘,使北京的街道有了一种令人应接不暇的特殊美感。"

改革开放越是深化,服装的多样性和新颖度越是增长。蝙蝠衫、各式各样的连衣裙、牛仔裤、健美裤、板裤、萝卜裤,直到吊带装、超短裙、露脐装等。着装的禁区越来越少,流行风尚的更新也越来越快。现代服装审美理念普遍而深刻地融入了现代社会生活。现代着装观和服饰形象上清晰体现着也充实着中国人的现代社会生活方式和现代思维方式。

"流行"和"时尚"这两个字眼越来越多地出现在人们生活的各个领域中。人们一谈到流行和时尚,常常第一反应就是服装。从心理学角度认识,"流行"反映着人们对新意的普遍化追求,潮流折射着人们寻求改变与自我更新的巨大渴望和激情。

流行是社会在一个时期内被广泛认可、普遍热衷的行为方式,是对于某种倾慕对象的群体性表达。流行趋势在个体周围形成一个具有近乎催眠作用的"心理暗示场",具有无形而强劲的约束力。流行不是有形的组织规范,而是一种自发追捧的大概率发生行为,被流行所波及的社会成员对"流行范儿"会感受到一种由羡慕而产生的强烈的跟从感和归属欲望,不进入这种跟从和归属状态会有失落感、自卑感、孤立感,甚至沮丧感,由此导致一致性的仿效行为与心态。

在众多的现代文化体系当中,服装文化是一种极具大众流行感的文化体系,具有很强的大众传播性。

如果说20世纪80年代的流行是以集体式的风潮为主流,那么90年代则全面开启了强调自我意识的年代。

着装既是一种个人行为,也是一种社会行为。在强调自我意识的年代,着装被更多地看作个人行为的倾向。对服饰追求的价值观念是"个人本位",以自我为中心,对服装穿着的动机是着重"自我表现"。所以90年代的人们敢于标新立异,我行我素,讲究穿着个性的表露。当代青年特别强调服装的个性指数。个性是第一位,绝不允许自己跟别人撞衫。"我的服装我做主"。当然,在每个人都追求"个性化"的时候,"个性化"本身也就"大众化"了。这时候,越是个性的,也就越是"通俗"的。

人们通过服装的创造、变革,表现个性的解放和自由的愿望,表现对美的追求。人们依据个人爱好和习惯,选择适合的服装来美化自己和装点生活。服装从功能型向装饰型发展。

服饰作为社会生活中兼具物质和精神内涵的特殊消费品,从来都没有超然于社会政治、经济和大文化之外。

在老照相馆的业务档案里,可以翻看自1949年以来的民众服装演变历程,它是一部别样的影像档案,折射出社会政治、经济、民俗、伦理、社会风尚、价值观念以及社会心理等方面的变化,反映着中国民众不同时期的生活方式、审美意趣以及对时尚的不同理解和追求。服饰能够很直观地表现一个国家的重大社会变化。

也是在改革开放年代,各种国际名牌时装逐步为工薪阶层所能承受,寻常百姓也在注重国际时尚。而今,世界时装舞台与中国时装几乎同步发展,同步流行。中国时装以自己的方式,给中国人展演着最具色彩感受力的全球化大潮。

T台上服装式样的轮换代表着时代的变迁。那一件件活色生香的服装是一个个充满活力的字符,鲜活纪录着时代风尚。

30多年的改革开放,一些纪录时代的服饰符号渐渐消失,另一些更具表现力的服饰语汇靓丽登场。这当中蕴含着社会中每个生命个体自由选择范围的日益扩大化，是每个服装时尚潮流参与者的自主选择，让服装时尚的"历史洪流"强劲流淌，活力无限。这个历史进程构成了"人间色彩"的滚滚长河。在这个"色彩的历史"中折射出当代中国人感受自我、享有人生的"心路历程"。假如在选择自己的"第二张文化皮肤"时都不能自己做主，又如何能够感受自我，享有人生？时尚解放中包含着人的解放！

服装满足着人们的物质需求，也承载着社会的精神表达。服装是社会内容的形体姿态和心灵面貌。美丽的服装是时代的微笑。单调暗淡的服装正表明时代的压抑和忧郁。时代通过服装来表达自己的"心情"。美国学者赫洛克在所著《服装心理学》中写道："民众的衣着是当时思想意识的具体化。"

服装审美观的解放，时装多元化的实现，创造了色彩绚烂的人间，增进了民生福祉与社会活力。新世纪的服装创新如同一轴风色无边、色彩绚烂的画卷，每一位服装设计者和穿着者，都希望挥洒出属于自己的精彩。

服装是装点人间的流动色彩，是描绘历史的无边画布。

这样的社会化色彩是视觉激活剂，是心灵感应剂；是人性温度，是人性话语；是美感的韵调，是艺术文化，是世界语言。

对于纺织服装业而言，这样的"色彩"是活力无限的生产力。

（完）

上述《色彩人间》一集的文稿只是拍摄前的预设文案。编导做完前期拍摄之后，根据自己实际拍摄到的事件和人物，加上搜集到的各种影像素材，再写成该集的剪辑用脚本。这个剪辑用的脚本同预设文案有很大差异。后者增加了大量的现场拍摄素材、正在进行时的故事、现场采访到的人物，有了一个电视化的叙述线，而不仅仅是语义逻辑。但两个文本在观众意识的取向上是完全一致的。

《色彩人间》的预设文案意在阐述，服装时尚是时代进步的风向标，是社会精神风貌的彰显，是最为人性化的"色彩"。中国人穿着的演变折射着社会变迁。同时，纺织服装对社会时尚具有引领和充实作用。亿万时尚着装者的时尚个性化服装呈现着众生心灵的万紫千红，让人体会着社会的观念解放度，生活态度的活跃度。特别是在现代中国，这一切表征着时代文化的成长。这些内容都会是广大观众乐于看到的，也是片子必须跟观众交流的行业理念。

预设文案对两个时段进行对比叙述：1949 至 1976 年，精神禁锢和物质匮乏的双重作用导致"人间色彩"的极度单调；改革开放之后的观念解放和物质丰富造成了"人间色彩"的丰富绚烂。

预设文案还设计了几个纪录点，以便拉成情节线：老照相馆和家庭老影集具有"社会形象档案"的特点，能够展示时代服装风格演变；以老裁缝店在不同时代的工作演变，纪录大众时装追求与时代变化之间的关系。

预设文案的这些内容设计基本上就可以把大纺织业的一个行业领域表述为更具有民生色彩的社会文化现象，有助于提高行业内容的大众传播价值。

在现代社会的大信息环境中，大众传播交流的最终选择权在观众手中。亿万观众面对无数种信息接收渠道，偶然碰到了一个电视片，能够交流得起来就看看，交流不起来就"走了"。撰稿人要考虑的是，面对无数信息来源，能否给观众提供值得驻足"围观"的东西：一个有趣事物的有趣描述？一个足以增广见闻的知识点？一个新奇动听的故事？一个老故事的新奇阐释？一套有所启发的思想？一个具有人性质感和温度的感动？

在制片方允许且能够被播出审查通过的前提下，撰稿人总应该多提供一些新概念，新思想，以及各种社会新知。在中国这样拥有数亿电视观众的国家，一个再烂的片子如果由卫星频道播出，也可能被几万人、几十万人，甚至几百万人收看。只要能够传播一点有用的东西，一点新东西，这个"活儿"对社会而言就不算白干。这也应是撰稿人的一点社会情怀。

纪实片的一切努力都是在同一个目的指导下的行动：追求被观众认可。一切投资人、制作人、审片人，无论是出于商业目的、文化目的、意识形态目的，还是对这几种目的的复合追求，都是在追求观众的认可。这是电视工作的"以人为本"。

现在人们对一个产品的称赞常常习惯说，这个东西设计得很"人性化"。这是说它的设计充分考虑了人的接受习惯，与人的生理结构与心理特点很匹配，恰好符合人的要求。其实，撰稿人对片子内容的设计也要充分"人性化"，而且是大众的人性化。当然,如果在追求片子充分"人性化"的过程中,出现撰稿人个体所无法应对的"不可抗力"的阻挡,那就又要另当别论了。

第三节　撰稿人的合作精神

现代电视文化产业是系统化的大生产。一个具体电视片的制作是团队化作业。因此,每个身在其中的工作者都时刻面临合作问题。每个人都需要跨角色意识,在做好本分工作的同时,设身处地去理解合作者的工作,支持合作者的工作,这是有效完成项目的团队保障。跨角色意识是在这里建立合作关系的指导意识之一。这种跨角色意识指导下的合作不是表面一团和气的浮泛帮衬,而是角色化的秉持专业精神的深度配合,其本质是为了做好自己的专项工作,必须专业化地理解并有效帮助他人。

撰稿人作为项目内容的初始设计者之一,从工作起点到全过程,都需要按自己的角色职能,发挥角色作用,给合作者创造专业的工作便利;站在全局角度上,充分理解其他工种的功能,与之顺畅沟通,妥善配合。这就是他的角色化合作精神,而不是"江湖化"地搞好关系。

纪实片是文化项目,其撰稿人合作意识中的最重要元素就是文化包容精神。这是撰稿人专业化合作的内在精神依据。

在项目的内容论证与设计过程中,撰稿人是创作团队诸多创意念头的梳理者和总结者。这时候特别需要文化包容精神,而不能有一元独断的排他倾向。传统专制社会的一元独断习惯在现代仍有根深蒂固的延续,其作为一种思想方法也有广泛衍射。这种思想方法的最大特点就是,总认为自己坚持的观点是唯一正确的,自己的角度是最高明的,自己的价值观是应该被所有人信服和遵从的,自己的话语权是应该凌驾于所有人之上的,容不得不同意见,对争论者总是充满对立情绪,甚至敌意。一个人抱着这样的思想习惯而大谈文化包容精神,只能是表面文章。这是现代文化发展的大敌,也是电视文化生产过程中的大害。

对于电视文化生产的团队工作来说,这种一元独断论的思想方法会阻碍创作思想的自由抒放和多元融合,进而严重破坏合作关系,影响工作效率,甚至降低作品质量。尤其是电视项目团队中话语权较大的人（例如制片人和总编导、总策划之类或更高层人物），如果秉持一元独断论的思想方法，缺少文化价值观方面的包容精神，就更是项目的灾难。

撰稿人摒弃价值一元独断论思想，在创作实践中广收博采，有助于合作意识成长，有助于工作效率和作品质量提高。撰稿人克服一元独断论思想是自己有效承担职业角色的必需。只有这样才能让自己的文本内容更丰富。

实际上，电视片创作在内容探讨过程中不存在某一方必胜的精神征服，而是兼收并蓄，互补共生。这当中最需要避免"一意孤行"。创作群体中总会出现差异化想法，如果人人都固执己见，很可能陷入无休止的扯皮争论。在电视片制作过程中，莫衷一是的顽固争论会严重影响工作效率，甚至涣散人心。常听说"争论是对事不对人"，这是掩饰争论尴尬的虚伪之词。事连着人，事代表人，事就是人。事争就是人争。因事顽争，人与人之间终生嫌隙，最终破坏合作。只有秉持文化包容精神，真诚听取并理解他人，实现理念上的兼容并包，才能实现正常合作。

创作过程中的讨论很需要一种"技术"，那就是"妥协"。"妥协"在中国传统语境中常常带有贬义。实际上，让这个概念保持"中立"色彩更好。简单说，妥协就是理性的"妥善协商"，或者说，妥协就是妥善协商后的有效合作。因此，理性妥协中没有失败者，谁也不应在理性妥协中寻找胜利感或认领失败感。理性妥协是建设性合作路径的寻觅，是走向共识的沟通。这样的妥协不会让思路分歧演化为人际矛盾。当然，如果撰稿人能够在纷争中寻找一个比争论焦点更高的角度或上位概念，来涵盖争论点，"溶解"争论点，这比直接"辩倒"不同意见的持有方会更有效。这是更高层次上的融合与变通。

文本写作的变通意识和变通能力，沉着理性的妥协精神，是撰稿人必需的职业素养。在变通之中既能保有必不可少的若干基本指标，各种诉求也都能够得到实现而化解对立感。这都是加强合作所必需的。

撰稿人在创作上最重要的合作者就是编导。完成片的解说词是"与画面合作的文章"。文章与画面是两种不同的符号系统。最终，两个不同符号系统的合作自然也就是两个不同符号系统的制作者的合作。撰稿人对编导表达的合作精神就是让自己成为编导的倾听者、理解者、无障碍深度沟通者，让文本成为电视化实现的最有力的语义依托,直至二人成为实际创作困难的联手攻克者。

编导遇到创作上的具体困难时,就算撰稿人不能或"不便"从直接操作上伸出援手,至少也可以通过"变通"文本,从"根本上"帮助编导跨越创作障碍。

撰稿人帮助编导克难攻关,实际上也是帮助自己。因为创作上的麻烦最终是二人共同领有的,所以必须齐心合力,共同面对。袖手旁观是最要不得的态度。这种态度最终会放大困难,甚至使之演变成"灾难"。撰稿人为了恪守职责,帮助项目有效推进,值得费心去寻找更多的方法,与形形色色的合作者有效沟通,完成工作。

一个撰稿人从介入项目之日起,心里就要做好一个充分的工作准备:留心一切有关内容的细节和知情人,依靠自己的所知所想,完成片子的整体叙述。因为,撰稿人很有可能会遇到这样的编导,他们首先没有耐心做案头工作,也不习惯阅读;进入拍摄现场,这种编导把画面问题交给了摄像师,模糊笼统地说一个拍摄范围,就让摄像师自己去任意拍摄了;对片子内容涉及的专业知识,这种编导就完全把它们交给了行业专家,让专家在镜头前说完了事。

这样的编导自己既没有拍摄现场事件的系统掌握,也谈不上对于片子主题内涵的细致理解。连拿到的几个现场事件都说不全。最终当然无法提供片子内容的完整的电视化叙述脉络。这时,撰稿人就要"顶得上去"。这不是越俎代庖,而是"合作"的需要。只是撰稿人没必要张扬自己的这些作用,以保证合作的继续。

这种编导的为数不少的存在也是中国电视纪实片处在"初级阶段"的明证。职业人群的整体素质是行业成熟度的最直接体现。

接触电视纪实片项目较多的撰稿人会遇到形形色色的编导:对某种单一模式奉若神明的因循守规者,刚愎自用的"电视艺术家",腹中空空的"权威",知识结构简陋并因而视野狭窄的"工匠",以及只想拿钱走人的江湖人士,不谙行道的新手,如此等等。

当今的撰稿人面对这类编导的概率相当高。如何做好这种条件下的撰稿人,是严峻的职业考验。无论怎样,撰稿人都需要敞开胸襟,真诚合作。这不仅是可能的,而且是必需的。

如果撰稿人侥幸遇到了一个"品学兼优"的编导,那就要特别地积极沟通,认真交流，深度融合，虚心学习。这样的合作机会对于丰富、充实、提高撰稿人写作的"电视感"，具有重要意义。

撰稿人为了恪守职责，帮助项目有效推进，值得费心去寻找更多的方法，完成工作。

不要奢望理想的工作环境。不存在为谁事先准备好的理想环境。每个人都有局限性，我们自己本身就不理想，凭什么总是要求工作环境要符合自己的理想，为什么总是苛求别人迎合自己的理想？

明知道什么都不理想，还能够为理想去劳作，这才是真正的理想拥有者。如果一切都理想了，对理想的追求也就失去价值了。

对于撰稿人而言，从工种的跨角色认知出发，坚持合作精神，与整个项目中其他工种的承担者建立良好的合作关系，提高自己的"合作系数"，是职业素养。更有助于建立良好的创作氛围，保持良好的创作心态，有助于才能的正常发挥。如果整天处在矛盾纷争的工作环境中，很难保持饱满的工作情绪，作品质量肯定会受到影响。因此，不难理解，撰稿人善于合作，特别有助于实现自己的价值。

当然其他工种也需要提高自己的"合作系数"。合作意识是重要的职业素养与个人质量，也是职业生态环境的重要构成部分。

第四章　撰稿人的工作在场性

第一节　撰稿人的在场、在场感和在场状态

这里并不企图讨论玄妙的哲学"在场性"，只是讨论非虚构叙述类电视片撰稿人如何与纪录对象零距离接触，深化感知，以达成纪录结果的真实性和感染力。

纪实片撰稿人的工作"在场"就是指，作为工作主体的撰稿人置身于纪录对象存在的现场，实现主体对客体的亲在性观察。这是工作者与工作对象共存于同一空间中的工作行为。这种"二者共存同一空间"强调直接性的面对，去除二者之间的"蔽障"，让纪录对象在观察者面前无遮蔽呈现，观察者得以直击本相，这种"在场"让作为采访者的撰稿人能够向采访对象发出不需要"转述"的询问，并可以获得不受第三方有形或无形干扰的听取。当然这是"理想化"状态的完满"在场"。现实中的"在场"会有不少折扣。只不过纪实片撰稿人应该力求提高自己"在场"的完满度。

只有这种直接而深切的在场，才能让撰稿人的叙述成为"亲在叙述"，最终是为了把纪实内容真诚传达给观众，以纪实精神感染观众。

撰稿人作为纪实片的内容捕捉者和叙事形式设计者之一，不能虚构和玄想，也不能被自己或他人的"成见"扭曲了本相纪录，必须亲身进入实录对象存在的空间，直接面对真实，获得属于自己的体验、观察和认知，这样才能完成"实录"。这个道理不难明了。

在实际操作中，由于现场构成的复杂性，导致撰稿人（以及其他纪实片主创人员）即使亲身在场，也难以获得对真相的认知。

在撰稿人"在场"的实际采访中，"第三方"经常是一个"热情的陪伴"，一个"习惯性"存在，但确实干扰作用很大。例如，采访一位农民时，有村干部在旁边，就算村干部没有直接阻止农民说话，并且也没有干扰的本意，但这个"第三方"的存在还是会有实际干扰，肯定会使得农民的说法和做法发生微妙变化。而撰稿人这时的观察也就会成为"有遮蔽"的观察。尽管撰稿人进入了现场，但现场中的其他存在因素妨碍了直接采访对象的真实呈现。就如同雾霾的存在让照片的影像出现模糊一样。其实，除了现场中能够直接看到的第三方，可能还有其他隐形的不在现场却干扰力度巨大的第三方、第四方，乃至第 N 方，都有可能成为采访观察的蔽障因素。

此外，哪怕没有显形或隐形的第 N 方干扰，被采访对象本身的利益立场和价值偏好也可能让他做出偏向性陈说。在立场和视角多元化的现代社会，同一个现象、事件或人物，站在不同的利益立场和价值视角去观察，所看到的"真实"是不同的，所做出的现象描述和评价甚至是相互否定的。这些都会成为获取真相的蔽障。因此，撰稿人在现场就不能只听取一面之词，不能只相信单一话语陈述者，而需要倾听"多源"话语，了解不同的立场倾向和角度，要努力让自己站在不同角度，做出多向观察，甚至还需要听取现场之外的多角度话语。任何事物一定有多角度认知的可能性，而我们的习惯认知模式总喜欢说要"抓主要矛盾"，看"主流"。其实换个角度，那些"主流"和"主要矛盾"就可能变得很次要了。

进入现场的撰稿人要善于发现其中的多面性、多层次性和立场的多角度表达。哪怕撰稿人最终的文稿撰写还是秉持自己原有的或工作任务交付时的角度，但多角度的了解与评估会让撰稿人落笔厚重些，表述自有角度时避免一些狭隘和武断，思路少一些粗糙简陋，多些包容，措辞少一些绝对化。而这恰好是大众传播作品所需要的。因为大众社会就是多角度的渊薮。

现场的复杂构成让人们不得不相信，亲身"在场"并不等于就可以任意拿到真实。撰稿人在现场采访时善于解除蔽障或透过蔽障，进入本相世界，这是极为重要的工作能力。

　　为此,现场中的撰稿人应是一个诚恳的发问者,努力不引人注意的观察者,具有设身处地意识和无限耐心的倾听者,而不是一个布道者,不是居高临下的指点者,不是已经无所不知的先知先觉者。如果已经是"全知者",那就不需要进入现场了。以无知者身份出现在采访现场比装作有知者收获更大,而且更有助于撰稿人听到不同声音,了解不同的立场。

　　经验告诉我们,采访者"在场"都不一定拿到真实,更何谈"不在场"。

　　"秀才不出门,便知天下事"的时代过去了。在传统农业时代,社会发展缓慢,经验和知识的更新速度也很低。知识分子坐在屋子里,熟记前人诸多典籍内容,使得间接见闻为主的知识拥有量高于平均数就算大致知道"天下事"了。那时事物发展变化缓慢,所以前辈的所见所记与后人的所读所验之间的差异不会太大,过去时的间接经验和见闻可以长期有效,依靠它们可以应对当时的很多基本问题。

　　在现代社会,社会环境的更新变化持续加速,与这种环境相对应的知识同样快速更新,致使知识和阅历的"有效期"在变短。因此,人们依靠前辈过去时的见闻记载已无法有效认识当下社会环境,也无法形成恰当的对应体验。特别是对于以直接纪录真实现象为工作内容的纪实片撰稿人来说,如果无法亲历现场,不能直击可纪录本体,只靠过去时的他人间接转述来"纪实",纪实片人自己的"纪实"工作就属虚妄。纪实片撰稿人如果不想做一个虚妄之人,不愿做虚妄之事,那就必须尽最大可能,亲身进入纪录现场。

　　撰稿人进入自己的工作现场,与常人一样运用着视、听、触、嗅等各种感官,接纳各种信息,感受事物。与常人不同的是,作为一个具有确定工作目的的专业人士,促使他在场行动的动力不是家常化的好奇心和新鲜感。家常化的好奇心和新鲜感只能带来散乱的关注、短暂的兴趣、廉价的惊愕,或许还有诸多漫不经心。而进入采访现场的撰稿人是在运用经过专业训练的眼睛和头脑,使自己获得现场体验的亲在性,从感觉性观察到思考性理解,形成完整的现场认知。

　　进入现场的撰稿人还有着与常人更为不同的"在场状态"。所谓"在场状态"也就是撰稿人有目的地进入现场的主动探寻精神和工作方式方法。

　　撰稿人的"在场状态"首先是目的化的深入观察。这种目的化深入观察需要依靠理性工具进行。这套理性工具就是撰稿人已有的工作经验和知识结构。

如果只依靠朴素的常识进行现场观察，即使睁大了眼睛，瞪疼了眼珠，能够看清的东西也不会很多。因为这样的朴素观察只能是茫然瞪视，有时连常识的"眼见为实"都很难做到。纪实片绝不仅仅是一场"眼见为实"的现象捕捉。在复杂的现代社会，"眼见为实"这句话正在失去说服力。朴素的眼睛所做到的"眼见为实"可能只是最表面的那一层"实"，多层多面的真实就无力看到了。仅仅"眼见为实"的朴素纪录，就是一次性影像的表面扫描。

撰稿人带着自己的工作目标、社会经验、价值取向与知识结构等观念意识，进入工作现场，就"命定"地拥有一个不可摆脱的自有角度，绝对客观只能是一种"理论假设"。自有角度既然无法摆脱，那就按照这个角度，先以"忠实于自己"的方式来完成工作考察。与此同时，对现场现象和自己的认知结果，还需要做多角度评估。

撰稿人对现场的多角度、多层面认知和思考有助于使自己保持理性精神，并走向更深入的理性求索。而且，这既是知识和阅历的积累，也是为下一个项目的有效准备。撰稿人必须热情主动地积累在场阅历，培养在场记忆，对任何未知的了解都不是多余的。对于撰稿人而言，阅历总是多多益善。

积累阅历的积极主动精神是一种极为重要的具有长远意义的"在场状态"。

我们把撰稿人在现场实际形成的综合性感知、体验与思考，以及最终能够在文本中传达出来的现场亲在体验性感动，统称为在场感。这种在场感是对现场现象的感性体验与理性认知的复合体。文本中传达出来的在场感是造就纪实片魅力的最重要质感。没有写出在场感的文本自然也就是隔靴搔痒的泛泛闲谈。

"在场状态"与"在场感"密切相关。

对于纪实片撰稿人而言，"在场状态"是工作能力的体现，"在场感"是他凭借这种状态所赢取的收获。这种在场感的收获是撰稿人写作内容的第一源泉。撰稿人是纪实性电视作品的创作者，如果对纪实空间没有不同形式的在场，对纪录对象缺少饱满的在场感，那他还能写什么呢？他还有什么可写呢？他就只能成为别人见闻的抄袭者，一个道听途说的转述者，是一个虚幻文字的堆砌者，甚至是谎言的编造者。

撰稿人进入现场，直接看到现场事物本身，并不意味着"真相"就能够自动敞开而获得必要认知。只有撰稿人秉持积极的在场状态，进入现场才有意义，才有可能获得深入体察。如果没有在场状态，就算身体进入了现场，也还是一个"在场的缺席者"。

"在场的缺席者"有两种情形：

1.虽然人在现场，但是对现场没有认知热情，无心于深入体验；

2.虽然人在现场，但是对现场没有介入技术，对现场现象没有观察与理解能力，什么也看不出来，什么也想不明白。

第一种情况是"无心"，第二种情况是"无力"。

有时这两种情形是互为因果的。因为"无心"而不肯努力培育自己的观察与体验能力；因甘心于自己的能力缺乏而对现场日益冷漠，无心参与。结果就永远把自己"定格"为"在场的缺席者"。在纪实片拍摄的实际工作中，不难看到在工作现场戴着墨镜的采访者，以及摆出"大人物"姿态的电视人。他们衣袋中装着自己坐在屋子里"想当然"拟定的几个思路简陋的话题，进入现场后拿出话题，对着挑选出来的采访对象匆匆一问，甚至用自己预想的答案"教会"被采访者说完，上车就跑回宾馆。他们对太阳下自己肤色变化的关心远远大于对采访现场的关心，宁可躺在宾馆里被空调机吹出感冒病，也不愿到原野上感受一下天长地阔。

缺少在场状态的人貌似跑了很多地方，依然是什么都没有见到，什么都没有记住，在场跟没有在场一样。那是工作实效的无穷损失，阅历机会的滚滚丧失，奇妙体验的任意丢弃，生命资源的巨大浪费。当然也很难期望这样的在场者能够给观众提供什么深切的纪实感知。

作为一种工作要求，撰稿人能够在场并获得饱满的在场感，那当然是很理想的。但是有时由于实际条件所限，撰稿人确实无法到达现场，这时作为一种"退而求其次"的办法，可以运用"替代性在场"的工作方式，即由工作团队中的其他合作者（例如编导或摄像）亲临现场，为撰稿人现场拍摄、事后书写，以及讲述自己的亲在感知，并以此作为撰稿人的写作素材。由于纪实片创作具有集体合成性，创作集体中的重要成员的亲历也可以相当于这个集体已经直接接触了纪录现场，尤其影像素材是形象、声音和运动状态的"全相"呈现，撰稿人看取这些影像素材相当于获得了"全相转述"。这对未到现场的撰稿人具有相当直接而生动的认知触动感。所以,这种"替代性在场"的工作方式也可以"相当程度"上弥补撰稿人无法直接进入纪录现场的缺憾。

如果纪实片撰稿人确实没有条件亲身进入一个具体题目的现场,也不意味着他对这个项目就完全没有"近似"直接在场的确切了解。如果撰稿人对于相同类型或实质相通的现场曾有亲身经历,这也可以成为"可代偿"的在场经验,可以把这样的"在场"称之为"异题同型的在场"。实际上,撰稿人相当多的写作素材都是"异题同型的在场"经验所提供的。作为有限个体,撰稿人进入项目全部的"应到现场"是不太可能的,只能深入开挖自己有限的"实到现场"。

通常,撰稿人进入纪录空间,既为自己收集写作素材,也为摄制组寻找确切的纪录对象,确定采访的人物和事件,观察可拍摄事物,收集各种资料,等等。所以,撰稿人先于摄制组到达现场是合乎程序的,至少也应该与摄制组同时到达现场。

国外较完善的纪录片制作体系一般会在项目确立之后和摄制组出发之前,派出"前期调研员"这一角色进行田野调查、联络拍摄地点、寻找纪录对象、确定故事线索等一系列准备性工作。

在中国现有条件下,绝大多数纪实片拍摄都没有这样的前期人员安排。在有些情况下,摄制组会允许撰稿人或编导进行一些有限的前期采访,为预设文案的撰写和摄制组实拍做先期准备,其职能相当于"前期调研员"。但多数片子还是没有这种条件的。这时就只能靠撰稿人运用已有阅历的积累,以"异题同型的在场"经验来准备拍摄前的预设文案。

综上所述,训练纪实片撰稿人的第一要务不是遣词造句能力,不是文章的谋篇布局功夫,而是树立他的在场意识,强化其在场状态的主动精神与习惯,培养其在场感的形成能力。

第二节　撰稿人的历史在场感

我们在讨论纪实片撰稿人"在场"问题的时候会遇到一个极大的困难,那就是他对于历史事件如何"在场"的问题。

在常识领域中,什么是历史呢? 所有"过去的事"都是历史。即使是对于历史学而言,历史时段的定义也并不特别清晰,有古代史、现代史、当代史之说。"当代"都能够成为"史",可知有些"史"距离当下活着的人是很近的,甚至可以说,昨日即史。

对于一个纪实片的写作者而言,他的作品是面对大众的。他的历史时段定义是"常识性"的:昨日即史。过去时的事件已经不可复现地进入"历史"了,哪里还有现场? 那么,纪实片撰稿人的历史在场感还有可能获得吗?

回答是肯定的,而且有大量的成功先例。这就是中国历史上的许多著名怀古诗文。怀古诗文的作者首先是让自己实际进入或想象自己进入历史事件的发生空间。具有恒久性的地理空间和其中明显的地理标志是当时历史事件的"亲历者"。虽然历史上的人和事消失了,但具有恒久性的地理空间及其明显标志物在这个特定空间里造就了时间的连续性,它们以"目击证人"的身份,"证实"那个(那些)历史事件及人物曾经的真实存在,它们是无言的纪录者和叙述者,让晚生于历史事件的作家得以与"历史"出现在同一个空间里,"听取"历史借助于地理空间来自我叙述。

同时,怀古诗文作家是历史文献的充分占有者,他们在进入这个历史空间之前饱读的历史记载和听取的诸多传说,能够印证、填实、补充和激发他进入这个空间后的无限联想。这使得作家恍然间"故国神游":通过想象,亲身进入了历史,获得了真切而丰厚的历史在场感。而与作家同时共存在这个空间里的草木鸟兽等生命物,一同证实着"人事有代谢,往来成古今"。这让作家对历史生发出感慨深厚的认知和联想无边的追怀。对这些怀古诗文作者的历史在场感,我们称之为"追怀型的虚拟在场"。

在唐代作家李华的《吊古战场文》中,我们可以深切感受作者对历史上诸多战争和战争惨痛社会后果的"在场感":

> 浩浩乎平沙无垠,夐不见人。河水萦带,群山纠纷。黯兮惨悴,风悲日曛。蓬断草枯,凛若霜晨。鸟飞不下,兽铤亡群。亭长告予曰:此古战场也,常覆三军。往往鬼哭,天阴则闻。伤心哉! 秦欤汉欤? 将近代欤?

　　吾闻夫齐魏徭戍，荆韩召募。万里奔走，连年暴露。沙草晨牧，河冰夜渡。地阔天长，不知归路。寄身锋刃，腷臆谁愬？秦汉而还，多事四夷。中州耗斁，无世无之。古称戎夏，不抗王师。文教失宣，武臣用奇。奇兵有异于仁义，王道迂阔而莫为。呜呼噫嘻！

　　吾想夫北风振漠，胡兵伺便。主将骄敌，期门受战。野竖旄旗，川回组练。法重心骇，威尊命贱。利镞穿骨，惊沙入面，主客相搏，山川震眩。声析江河，势崩雷电。至若穷阴凝闭，凛冽海隅。积雪没胫，坚冰在须。鸷鸟休巢，征马踟蹰。缯纩无温，堕指裂肤。当此苦寒，天假强胡。凭陵杀气，以相剪屠。径截辎重，横攻士卒。都尉新降，将军复没。尸踣巨港之岸，血满长城之窟。无贵无贱，同为枯骨。可胜言！鼓衰兮力竭，矢尽兮弦绝，白刃交兮宝刀折，两军蹙兮生死决。降矣哉，终身夷狄；战矣哉，暴骨沙砾。鸟无声兮山寂寂，夜正长兮风淅淅。魂魄结兮天沉沉，鬼神聚兮云幂幂。日光寒兮草短，月色苦兮霜白。伤心惨目，有如是耶！

　　吾闻之：牧用赵卒，大破林胡。开地千里，遁逃匈奴。汉倾天下，财殚力痡。任人而已，岂在多乎？周逐猃狁，北至太原。既城朔方，全师而还。饮至策勋，和乐且闲。穆穆棣棣，君臣之间。秦起长城，竟海为关。荼毒生民，万里朱殷。汉击匈奴，虽得阴山，枕骸遍野，功不补患。

　　苍苍蒸民，谁无父母？提携捧负，畏其不寿。谁无兄弟？如足如手。谁无夫妇？如宾如友。生也何恩，杀之何咎？其存其没，家莫闻知。人或有言，将信将疑。悁悁心目，寤寐见之。布奠倾觞，哭望天涯。天地为愁，草木凄悲。吊祭不至，精魂何依？必有凶年，人其流离。呜呼噫嘻！时耶命耶？从古如斯，为之奈何？守在四夷。

　　这篇著名文章的主题指向是对唐玄宗轻率挑动边境战争的抨击。作者极力渲染古战场的诡异荒凉，充分描述士兵在战场上的惨烈境遇和士兵家属的悲伤心情，以此表现出无谓的战争给国家和人民带来的巨大灾难，希望统治者有所醒悟。

《吊古战场文》营造出极为生动形象的历史在场感,作者仿佛就是那些古代战争惨状的目击者,人民灾难的零距离见证人。这种自我设定的历史在场感使得作者能够获得丰富的想象性感受,并以极为生动的形象描述,实现了震撼性的传达,让思想主题更具感染力。

诗词类韵文也同样可以营造这样的历史在场感。如宋代诗人苏东坡《念奴娇·赤壁怀古》:

> 大江东去,浪淘尽,千古风流人物。故垒西边,人道是:三国周郎赤壁。乱石崩云,惊涛裂岸,卷起千堆雪。江山如画,一时多少豪杰。
>
> 遥想公瑾当年,小乔初嫁了,雄姿英发。羽扇纶巾,谈笑间、樯橹灰飞烟灭。故国神游,多情应笑我,早生华发。人间如梦,一樽还酹江月。

苏东坡以大写意的手法勾勒出那个发生重大历史事件的地理空间,然后以追怀式的想象进入历史,让那些历史巨人鲜活地出现在这个恒久存在的地理空间里。哪怕诗人眼前的地理空间只能算"人道是"——是不是历史上的原地还不一定,只是当地传说而已。这也不妨碍诗人"故国神游",自己恍如这些壮阔历史场景的目击者,通过"神游"看到"故国"的那些事儿。"故国神游"是诗人想象性构建自己历史在场感的最诗意表达。这场怀古让诗人深感历史变换,风流苦短,也就更需笑看华发,潇洒诗酒。于月下樽前,坦然面对"人间如梦"。一个常规主题被诗人传达得超迈旷达。

元代诗人萨都剌的《念奴娇·登石头城》,用苏东坡前词的词牌和韵脚,抒写自己在南京城头的怀古幽思,写作上有追步先贤之概:

> 石头城上,望天低吴楚,眼空无物。指点六朝形胜地,惟有青山如壁。蔽日旌旗,连云樯橹,白骨纷如雪。一江南北,消磨多少豪杰。
>
> 寂寞避暑离宫,东风辇路,芳草年年发。落日无人,松径里,鬼火高低明灭。歌舞樽前,繁华镜里,暗换青青发。伤心千古,秦淮一片明月。

萨都剌使用与苏词相似的笔法,营造出自己怀古的历史在场感,也造就了一篇佳作。石头城、青山、大江，都是"前朝旧物"，是富于恒久性的地理空间，这里承载过史诗般的前朝大戏。苏东坡在传说中的赤壁地理空间里，只"游览"了风流壮阔的赤壁之战。萨都剌的"故国神游"是纵览了"六朝"。萨词的主题内涵也是历史变换，人生苦短，但安放这个主题的意境是伤心明月。

明代诗人高启的《登金陵雨花台望大江》一诗，同样在南京的一处制高点上骋目望远，叙史抒怀：

> 大江来从万山中，山势尽与江流东。
>
> 钟山如龙独西上，欲破巨浪乘长风。
>
> 江山相雄不相让，形胜争夸天下壮。
>
> 秦皇空此瘗黄金，佳气葱葱至今王。
>
> 我怀郁塞何由开，酒酣走上城南台。
>
> 坐觉苍茫万古意，远自荒烟落日之中来。
>
> 石头城下涛声怒，武骑千群谁敢渡。
>
> 黄旗入洛竟何祥，铁锁横江未为固。
>
> 前三国，后六朝，草生宫阙何萧萧！
>
> 英雄乘时务割据，几度战血流寒潮。
>
> 我生幸逢圣人起南国，祸乱初平事休息，
>
> 从今四海永为家，不用长江限南北。

高启对自己的历史在场感描述得更为详尽。他在荒烟落日的遥望中升腾起万古苍茫意，"看到了"前三国，后六朝的英雄割据，武骑千群，战血寒潮，甚至还看到了更微观的黄旗入洛，铁锁横江等历史事件。最终的主题很合乎朱元璋的新朝宣传主旋律，诗人庆幸国家祸乱初平，天下统一，以"颂圣"收束全篇。

我们选择唐、宋、元、明四个朝代的四篇怀古名作，表明中国古典文学在怀古这个题材领域具有高度的连续性，从中展示出令人永远敬仰的传统写作经验。这些怀古诗文的不朽感染力证明了中国古典作家在营造历史在场感方面的非凡能力。当然，这些诗文的描述方法都是文学性的，而非实录性的，但这些诗文证明了营造历史在场感的无限可能性。在历史在场感的营造中，今人意念性地在场于历史过程中，历史过程在场于今人的想象中。古今互为引发，互为

充实,二者之间存在着多层面的"对话"。依靠这种历史在场感形成的作品便是古今"互文"的结果。而这种"互文"存在于所有的历史文化叙事中。

传统诗文的无限表现力应能让现代电视纪实片解说词的撰写者明白,作为新型文章的写手,需要向传统诗文学习的东西是无限的,例如在营造历史在场感方面的写作经验。

现代电视纪实片的历史在场感与传统怀古文学的历史在场感并没有本质不同,只是纪实片的历史在场感要求更为确切具体和更有实证性的建构材料。纪实片的基本属性也要求撰稿人广泛收集可靠的资料,通览历史文献,阅读(或听取)亲历者回忆,并进入历史事件发生的地理空间,踏查相关遗迹,乃至仔细观览有关文物等。文化遗迹和历史文物等都是过往的文明向后人传递文化信息的"媒介",是历史的"叙事者"。正是这些符号化的叙事者的无声陈述,才让后人得以了解往昔。

当然,所有这一切遗迹、文物等都是静态的,电视形象思维要求撰稿人以这些静态的符号为"通道",形成丰富的想象和联想,进入动态的历史,形成自己的历史在场感,并以这种历史在场感作为构思动力,把相关的静态东西予以有机整合,搭建起纪实片所要求的叙述模型。

1998年,中央电视台动议拍摄系列电视片《百年百人》,计划从1901年到2000年的这一百年中,每年选一个代表人物,构成20世纪的"世纪记忆",向2000年"千禧年"献礼。最终该片完成了预计拍摄量的约三分之一,以《记忆》系列为名播出。

晏阳初被确定为这个系列中的1930年人物。笔者应邀为《记忆——晏阳初1930》这一集片子撰稿。

1990年,笔者为国务院扶贫办撰写八集电视片《穷则思变》的脚本。当时因为事涉山东贫困地区历史上的农村建设开发问题,期间曾广泛搜集研读过诸多相关资料,其中梁漱溟在山东所开展的"乡村建设运动"材料是重点,并因之旁及20世纪二三十年代全国乡村建设运动的情况,包括晏阳初从平民教育入手的乡村"扶贫开发"。当年乡村建设运动参与者对晏阳初事业的描述让笔者印象极深,也使笔者对当时有限的文字材料一直珍存。这成了撰写晏阳初传记片的"准备性知识"。

晏阳初的百年人生,阅历宏富。重点写 1930 年,所以这个时刻必须要在大历史时代和其人生百年的背景中予以凸显,因此笔者就需要在资料准备方面尽多了解他的人生全程和所处时代的诸多相关情况。

由于 1949 年至 20 世纪 80 年代初,晏阳初在中国大陆几乎是处于被故意遗忘的状态,学界偶有提及,也总是贬评几句,绝无详述。所以 20 世纪 90 年代初在中国大陆出版的三卷本《晏阳初全集》,成为笔者撰稿时需要倾力研读的最主要历史文献。

为写作此片,笔者于 1998 年初秋前往定县,到平教会工作过的主要村镇做前期采访。笔者在定县东亭镇一带(晏阳初乡村建设主要实践区)接触到的 70 岁上下的老者们对晏阳初的所知主要源于父辈的传讲。因为晏阳初最后撤离定县时,这些老者们还只是十岁左右的少年。

在采访过程中,笔者被告知有八旬老者曾经在青年时代直接受到平教会的培训。与满面沧桑的老人晤谈,想象他的双眸曾经映印过晏阳初的容颜,他的双耳曾经直聆晏阳初的笑语,笔者觉得真是找到了"活文献"。感受老人的直陈亲历,让倾听者的"历史在场感"油然而生。

当地中青年们对平教会的事情只是有所耳闻,不知详情。但那些真心关注过这片土地的传奇般的先贤,所有当地人还都具有诚挚的敬仰之心。这是可以明显感受到的。

晏阳初 1929 年到定县开展平民教育工作,1937 年就已离开。因此,到 20 世纪末其当年事业已荡然无存是不难理解的,更何况中间还有一段"选择性遗忘"的岁月。

所有的准备知识、文献研读、旧迹踏查、老人寻访等,都是为了构建笔者动笔所需要的"历史在场感"。

《记忆——晏阳初 1930》解说词

锣鼓声,唢呐声,透着节日的喜庆劲儿,吸引着乡亲们走出家门看热闹。

这是一支来自 1930 年的乡村锣鼓队。走在前头的是

记忆——晏阳初 1930

一群来自大城市的高级知识分子,其中不乏大学教授、留洋博士等。他们最显眼的地方是每人都手提灯笼。在这些灯笼的后面,跟随着吹打乐器的当地农民。

灯笼上没有吉祥图案,而是闪烁着"春夏秋,天地人"这些常用文字。在元宵节的夜里,这些别具一格的灯笼格外醒目。实际上,这些灯笼是平民教育家晏阳初和同事专门设计的大众识字工具。

在20世纪30年代,晏阳初和同事们在自己的实验区里采用一切可行的办法,走乡串村,推进自己的工作。过节时提着识字灯笼游行,是"平民教育运动"推展者们的经常性行动。

定州城内有一处著名的文物古迹——清代贡院,当地又称考棚。1929年,中华平民文化教育促进委员会(平教会)从北平迁到河北定县。从那时起,这里就成了晏阳初和平教会同志们办公的地方。

这些静态的照片纪录着那些动态的岁月。平教会的知识分子们拖老婆带孩子,来到定县。他们本可以在大城市住楼房,坐汽车,但宁愿就这样骑在毛驴上,奔走于尘土飞扬的乡间小道。

当时北京的一些主要报纸报道说,知识分子到农村去,这是中国历史上最壮丽的一页。许多国立大学教授和留洋博士,离开城里舒适的家庭,放弃令人美慕的地位,来定县寻求使乡村恢复活力的途径,的确是壮举。他们要以自己的力量,达成济世教民的目标。

晏阳初济世教民念头的萌芽可以追溯到他的幼年时代。1890年,晏阳初出生在四川省巴中县,从小在当地的私塾读书。晏阳初本人后来回忆说:"我读的古书有限,但它们却悄悄地在我幼小的心目中,埋下一粒微小的火种,要经过一二十年才发现它的存在和意义,就是儒家的民本思想和天下一家的观念。"晏阳初的平民教育运动,无论是在中国或是在海外,都是民本思想的实践,以天下一家为最高宗旨。

1918年6月,晏阳初从美国耶鲁大学毕业的第二天,就主动应征入伍,为欧洲战场上的华工做翻译工作。这些华工是中国政府1917年派往欧洲的,为第一次世界大战的协约国军队从事挖战壕、运伤员等战地服务工作。

当时在欧洲战场服务的华工共有 15 万之多。晏阳初被分到法国一个有 5000 名华工的军营里。在异国他乡,晏阳初深入接触中国的劳苦大众,教他们读书写字。晏阳初深深意识到,这些被称为苦力的人,并不是天生愚笨,他们之所以目不识丁,是因为他们从来没有得到受教育的机会。

晏阳初说:"我去法国原是想教育华工,没想到他们竟教育了我。所以我回国以后,立志不升官,也不发财,把我的终生献给劳苦大众。"

晏阳初于 1920 年回到祖国,马上投身平民教育组织。20 年代末,东北军阀愿意出 800 万银元赞助,请他从政组党,他不为所动;40 年代中,南京政府请他当教育部长,他仍礼貌谢绝。一心一意为他的平民教育事业奔走忙碌。

1922 年,晏阳初发起全国识字运动,号召"除文盲、做新民"。1923 年,在晏阳初的倡导下,中华平民教育促进委员会在北京成立,晏阳初被任命为总干事长。平教会逐步吸引越来越多的知识分子,投身到平民教育之中。

在 20 世纪二三十年代的许多中国知识分子看来,中国 19 世纪中叶之后大半个世纪的国家富强追求进程一直十分缓慢,重要原因之一就是中国农村幅员太大,农民太多,传统农业负担太沉重。

晏阳初也认为,中国的绝大多数人口是农民,而中国农民最苦,并有着"愚、穷、弱、私"的自身不足;中国的经济基础和政治基础在农村,而农村却是产业凋敝,社会政治混乱不堪。晏阳初在《农村建设要义》中指出:"农村不清明,四万万人永不能见天日,中国政治将永是个黑暗政治。"

为了解决农村农民问题,晏阳初和同事们开始向广大乡村推展平民教育。

这首《中华平民教育运动歌》在当时流传很广。晏阳初用当时流行的《苏武牧羊》曲谱,填上新词,昭示了平教会的工作目标,平民教育就是为人民教育平等,让每个人都受教育,才可以平掉天下的不平,以达到天下太平的理想目标。

晏阳初以平民教育为突破口的乡村建设事业，不是搞短期的慈善救济，不是为政府建立"模范样板"工程，而是有着自己预设的宏伟目标。晏阳初在《农村运动的使命》一文中说："它对于民族的衰老，要培养它的新生命；对于民族的堕落，要振拔它的新人格；对于民族的涣散，要促成它的新团结新组织。所以说中国的农村运动，担负着'民族再造'的使命"。正是这种深厚而宏伟的使命感，让晏阳初们开始了百折不挠的扎实苦干。

1926年，晏阳初选择河北定县作为平民教育实验基地。

之所以要选择定县作为平民教育实验基地，主要是考虑到定县的人口、经济水平、社会发育程度等因素，在华北地区乃至当时全中国1800多个县中较有代表性。同时，这里距北平不算远，晏阳初的合作伙伴主要都是来自北平的知识分子，交通相对便利是重要因素。

但即使就这200公里的距离，在当时也属于艰难里程。晏阳初定县事业的重要合作伙伴李景汉，是中华平民教育促进会定县实验区调查部主任。他后来回忆当时从北平到定县的旅途说："从北京到定县，现在只需要三个多小时。而那时的火车没个准钟点，要行相当长的时间，有时要二十四个小时。记得我坐着敞篷车，天还下着雨，浑身湿透。火车走走停停，一天多才到。到定县后离翟城村（当时平教会的办事处设在该村）还有三十里路，当夜宿在定县的旅店里。夜里，我虽然十分疲乏，却翻来覆去睡不着觉，觉得身上奇痒难耐，我换到桌子上去睡，仍是无法入眠。后来我才知道那是臭虫在咬。在去定县之前，我的生活一直比较优越，对农村生活并无体验。来到定县，无异于是一个极大的变化。第二天雇了一辆大车来到翟城村，平教会在那里已开始工作，办公室宿舍设在几间破旧的草房里，条件尽管很艰苦，但是平教会的同仁们情绪都十分高涨。"

1929年到1930年，先后有60多位知识分子举家搬到定县，自然包括晏阳初一家。到1931年，定县已经大约聚集了500多名知识分子来从事平民教育工作。

这张照片上面，右边一位是晏阳初，左边这位是陈志潜。

陈志潜原是北平协和医学院的优等生,后在美国哈佛大学获得医学博士学位。

1928 年,晏阳初到协和医学院发表演讲,目的是寻求乡村平民教育工作的同道。晏阳初在协和医院的演讲中说道:

"农民的健康状况确实可用'东亚病夫'四个字来形容。目前,90%的中国人生活在卫生状况极其落后的环境里,他们根本不知道什么叫作清洁,许多人整年没有洗过一次澡;农闲时,坐在太阳下,脱下衣服来捉虱子,虱子真不少;小儿头上生癣,又臭又脏;妇女怀孕多,生下婴儿多,但死的也多;无论男女老少生了病,没人给医,也没钱求治。你们想一想,人民大众的健康生活如此落后,我们怎能在世界上站得住脚? 优胜劣败,我们如何去和外国人竞争? 我今天来同你们一起讨论,就是希望你们这些受过最好教育的青年医生们,能同国内平民教育运动结合起来,把我们中国大多数人民的生活加以改善,让他们的聪明才智得到发挥,让他们为我们国家的建设增添力量。"

在晏阳初精神感召下,哈佛医学博士陈志潜辞去了中央卫生署官员的职务,举家迁往定县,成为晏阳初事业的勤奋工作者,为当地农民搞新法种痘,推广新法接生,为无医无药的村子培训保健员。

陈志潜(采访):"只要有科学,有知识的人,到定县去,晏先生都是很优待,很关心。但是到定县来的知识分子,更多还是要靠自己,对农民有感情,愿意跟农民在一起,不嫌地方苦,不嫌农民脏。这个问题还是要归根到底,晏先生有一些思想灌输到我们这些知识分子的头脑里去。"

1929 年,美国康奈尔大学农学博士、时任南京大学教授冯锐拜访晏阳初。晏阳初问他:"你身在中国,教的是中国农业,还是西洋农业?"这个直指核心的问题使敏感的农学博士并不轻松地回答道:"我教的恐怕是美国的农业。"

晏阳初向农学教授讲述了农学对中国、对平民教育的意义,并欢迎他来参加定县实验。半年后,农学教授冯锐辞去教职,携家来到定县。他做的一个重要项目就是以外国猪与定县本地猪杂交,选育生成了适合当地喂养的良种猪。仅此一项，每年就为定县养猪农民增收40万元。而当时，一元钱就可以买到40斤白面。

从这时开始，直到20世纪末，定且都是养猪名县。

晏阳初和同事们在那个时代就在求解科技转化为生产力的大问题。

晏阳初跟同事们说，从北平搬到定县，这不仅是从地理上几百里的迁移，而是跨越了几个世纪的，是年代上的迁移。我们要在每个可能的方面，将我们的生活与农村生活相结合。

晏阳初一家住在定县城里的一个小院里。他最小的女儿就是在定县出生的。1930年，晏阳初在与友人通信中写道："现在，我们大多数同事都与他们的家属居住在定县，形成了一个将近两百人的教育社会，我们的教育工作给'回到人民中去'这句话注入了新的生命。"

晏阳初的夫人许亚丽是中国与荷兰的混血儿，1921年婚后就一直追随丈夫，投身平民教育事业，始终是晏阳初的生活伴侣和工作帮手。

但其他家属并非都是丈夫的知音和支持者。她们过惯了大城市的太太生活，一夜之间进入一个连洗澡烧饭都费劲的小县镇过日子，是很不舒服的。于是她们的丈夫就要承受内外双重压力。

这是20世纪30年代的定县南城门，晏阳初就是从这里走进定县，走进定县农民的生活。在以后的岁月里，他始终把定县称为他真正的家乡，把这里的人们称为他的亲友兄弟姐妹。

从1930年开始，随着众多参与者的陆续到来，平教会在定县的机构日渐完善，实验工作全面展开。

晏阳初和同道们在这里的主要工作内容是对农民实施"四大教育"——生计、文艺、卫生和公民教育。以生计教育治穷，培养农民的生产技能，提高农业生产力；以文艺教育治愚，提高农民的知识水平；以卫生教育治弱，提高农民的身体素质；用公民教育治私，培养农民的团结精神、合作能力与公德意识。晏阳初和同道们认为，治愈了传统农民的穷、愚、弱、私这四大顽症，他们才能够成为"新民"。拥有这样的新民，才能够"固本强国"。

　　这些年代久远的照片大多是美国人甘博当年拍摄的。他是晏阳初的朋友。作为社会学者,甘博先生曾游历中国,拍摄了大量纪录中国社会状态的照片和胶片。晏阳初的到来,让诸多定县普通百姓有了被历史关注的机会。当时定县人面对甘博镜头的那份惊惶与好奇,已经成为历史面容的最本真表情。

　　平民学校在很多村子办了起来。平民学校一般在秋冬季节开课,学制4个月。课堂就是在农家院里,或是乡村寺庙。为了便于学习,平教会专门编了一本《平民千字课》,收录1 000多个常用汉字,由于切合实际,很受欢迎。当时商务印书馆还予以出版,总共发行了300万册。

　　在当时的农村,妇女认字者极少。平民学校极力鼓励妇女识字,倡导人人平等学文化的新风尚。

　　当时定县共有472个村子,平教会在这里总共办了470所平民学校。

　　翟城村平民学校是样板校之一。李洛仙老人当年就是平民学校的学生,今天他还清楚地记得当年平教会老师教的农夫歌:

　　穿的粗布衣,

　　吃的家常饭,

　　腰里掖着旱烟袋儿,

　　头戴草帽圈,

　　手拿农作具,

　　日在田野间,

　　受尽劳苦与风寒,

　　功德高大如天,

　　农事完毕积极纳粮捐,

　　将粮税缴纳完,

　　自在且得安然,

　　士工商兵轻视咱,轻视咱,

　　没有农夫谁能活天地间。

一位平教会工作人员回忆,20世纪30年代的定县有三多,风多土多乌鸦多。每到春天,风沙蔽日,到这里需要有吃苦吃土的精神。

晏阳初骑着毛驴,穿越风沙,往返于各个村子。

当时的定县,农人们大多抽旱烟袋。晏阳初原本不抽烟,来定县后有时跟老乡们一起聊天,也装过旱烟袋,吸上几口,还直夸烟味不错。他尽一切努力,寻求着农民的认同。

平教会的社会学专家调查表明,20世纪二三十年代的定县农民,一年中的口粮有一半是地瓜。一个六口之家在冬闲时每天的主要口粮是地瓜7斤左右,小米2斤多,杂粮1.5斤左右,白菜和干萝卜叶子二三斤。把这些东西放在大锅里加水,混合煮成粥,叫作菜粥。有时也放几滴油。数月如此。到农忙时,因为体力消耗大,菜粥里粮食的比例才有所增加。

晏阳初和他的同志们长期到乡下开展工作,住在老乡的家里,一块吃这种菜粥,并付伙食费。晏阳初认为,我们欲化农民,自己须先农民化。我们知道自己不了解农村,才到乡间来,才到农民生活里去找问题,去解决问题。

为了筹集定县乡村建设所需经费,晏阳初曾数次到美国募捐。他奔走美国各州,上下呼吁,反复解释说明,演讲场次数以百计。他把自己的行动比喻为化缘和尚的"沿门托钵"。当时著名的民族工业家卢作孚曾亲眼目睹了晏阳初的募捐活动:他四处奔走,募得几万、十几万、几十万的款项。但他自己却住在小旅馆,自己洗衣服,吃最简单、便宜的饭菜,并且还是保持着在国内的习惯:从不抽烟,不喝酒,甚至不喝茶和咖啡,只喝白开水。

晏阳初和他的平民教育同志们,使用自己从海内外募集来的经费,完全不依靠官府的投入,在这块落后而贫困的土地上,进行改造中国乡村社会的实验。

乡村保健院建立起来了。孩子们在这里接种牛痘,致命的天花大为减少。

电台建起来了。每天放一次播音,向农民讲述生活生产知识。

农场也建起来了。在平教会创办的农场里，农学专家教授们亲自示范，实验优良的农作物品种。秋收时农场还举办农产品展示会，这里的庄稼总是硕果累累，农民们看得心服口服。

在平教会推行的乡村建设中，最突出的一点就是科学简单化，农民科学化。平教会员们从引进培植优良品种、改良农具入手，提高农民的科学意识，改善农民生活。

这段胶片纪录的，就是当时他们帮助农民改良水车的情景。类似的改良，体现在农村生活的各个方面。

亲历过定县乡村建设的农民说："晏阳初在定县的功劳最大了，怎么个最大法呢，从前的麦子长这么高，上头两三个粒子。他带来的新式麦子，穗子大，全弄到定县这边来了。原来的棉花小三瓣，小小一点儿。现在尽那大个的，一长好高，结好多的棉花。这是他在这儿，一般都是改良，都是他拿过来的，什么猪啦，羊啦，鸡啦，各种的蔬菜啦，都是他带过来的。"

平教会的专家们向实验区的所有农民讲授专业的育种知识、科学种田和养殖的方法。在科学观念的带动下，加上农民勤奋细心，收成逐年增加，生活日渐好转。

这组照片纪录了当时平教会在定县演剧的盛况。当时定县很多村子建立了露天剧场。平教会戏剧部主任是著名剧作家熊佛西，他写了很多反映农民生活的话剧。后来有人评价，中国戏剧大众化的第一步，就是从20世纪30年代的定县开始的。

在翟城村曾上演过一出取材农村现实题材的戏剧，讲述地主孔屠户欺负农民王大不识字，把借据改成高利贷合同，企图加重债务，借以霸占王氏兄弟的房产。

孔屠户的欺诈恶行让台下看戏的农民义愤填膺，纷纷对孔屠户喊打痛斥。

台上台下，呼应热烈。

戏剧的结局是，王大醒悟过来，痛打孔屠户。巡警主持正义，逮捕了孔屠户。

该剧告诉农民,不识字就会上当受骗,没文化就要受人欺负。平教会通过直观而通俗的戏剧,向广大农民解释诸多道理,深受农民欢迎,起到了很好的启示教益作用。

定县的戏剧教育实践让戏剧家熊佛西深有感悟,他曾在一篇文章中写道,把戏剧看作消遣品的时代早已过去。真正的戏剧就是大众支配的、大众演出的、大众享受的。

1933 年 12 月 17 日,美国纽约《先驱论坛报》刊登了埃德加·斯诺采访定县的文章,其中生动纪录了定县农村的改观和青年农民的文化进步。文章说,到 1936 年,定县有文化的人已经占了很高的比例。当时全县 40 万人中,有 8 万名男女青年掌握了一定的文化知识,接受了不少新思想,培养起了公共心与合作精神。

这样的结果证明了以平民教育为突破口的乡村建设运动是富于成效的,其前景是美好的。这些成效的社会价值足以支撑晏阳初和同事们年复一年地奔波下去。

然而,当时的中国无力保持一块社会实验基地的平稳持续。1937 年 7 月 7 日,卢沟桥事变爆发,北平随之沦陷。9 月 24 日,日本侵略军攻占定县。晏阳初被迫中断了工作。平教会的同志一部分随晏阳初辗转到湖南四川等地,一部分留在了敌占区。

晏阳初说,平教会同志是以平教工作为生命为宗教的,随时随地都在进行平教工作。这是平教会同志的精神。天地之大,无处不能工作。此处不能做,到别处去做。只要一天生命存在,就要为平民教育工作下去。

八年抗战中,晏阳初仍然坚持自己的平民教育工作。

1943 年,晏阳初与爱因斯坦等被选为"现代具有革命性贡献的世界伟人"之一。

抗战结束后,晏阳初积极劝说当局,甚至到美国国会游说,谋求国内外对乡村建设工作的支持。其努力结果是,1948 年 4 月,美国国会通过援华法案,特别开列"晏阳初条款"。该条款规定:"四亿二千万美元对华经援总额中,须拨付不少于百分之五、不多于百分之十的额度,用于中国农村的建设与复兴。"

在 20 世纪二三十年代，社会各界对中国乡村改良和建设的关注空前高涨。全国有 600 多个民间团体和政府机构，开办了 1000 多处乡村建设实验点。可以说，晏阳初的乡村建设实验是成效最大、影响最广、持续时间最久和最具代表性的。

晏阳初 1950 年因公务赴美，从此长期离开了中国。此后晏阳初继续在南美、非洲和东南亚的发展中国家推进平民教育运动，并担任联合国教科文组织的顾问。

1956 年，在晏阳初帮助下，菲律宾建立了国际乡村改造学院，并运行至今。该学院专门向第三世界国家推广晏阳初的平民教育思想，协助第三世界国家培训平民教育师资。

"我的乡井在四川巴中县。那儿有我多少脚印，踏在山之巅、水之涯。那儿埋葬着父母亲的慈骨，也珍藏着童幼年温馨的记忆。尽管我是四海为家，有时午夜梦回，难免乡思万缕。书声、弦声，以至樟茶鸭、豆豉鱼，都是可怀念的。尽管最近三十多年来，我常用的是英语，偶用母语，乡音未改。记忆中的故乡，随着我环绕天涯。"

这段文字是身在异国的晏阳初老人在离开故国 30 多年之后的乡思之情，深彻心髓，读之令人动容。

1985 年，异域奔走数十年的晏阳初踏上故国土地之后，最想去的地方之一还是那个华北小县，还想走进定县城内东大街那座小四合院。

1985 年 9 月 9 日下午 5 时许，晏阳初从自己 40 多年前住过的定县故居中走出来。他惊讶了：

院外长街上，细雨绵绵，雨中撑着各色雨伞。伞下的孩子、青年、中年、老人，都对他笑脸迎瞻。

没人组织，不需呼唤，一切都像天上的和风细雨一样，自自然然，却又绵绵密密。

一个人，离开了一个地方 40 多年，重来时，无论见没见过他的人，都自然地盼他，迎他，看他，亲他。此情何缘，无需言宣。

在 1987 年晏阳初 97 岁寿诞时,美国总统里根为晏阳初颁发"终止饥饿终身成就奖"。

1990 年 1 月 17 日,晏阳初逝世于美国纽约,享年一百岁。

这位平生给平民教育募集千百万美元经费的世界名人,身后没有个人存款,没有私人不动产。

晏阳初在《农村建设育才院的宗旨与今后的使命》中指出:"耶稣救世,被钉在十字架上;释迦牟尼普救众生,自身受难,唯有这种精神,才能使事业成功。所以,看一个人的事业成功,不要看他的表面,我们要看他背后的原动力。宗教家的精神,就是一个事业成功的原动力。"

晏阳初所说的"宗教家精神",就是使徒献身于神圣信仰那样的精神。他一生就是以这种精神服务于中国,服务于人类。

在晚年的一篇自述文章中,晏阳初做出这样的自我评价:我是中华文化与西方民主科学思想相结合的一个产儿。我确有使命感和救世观。我是革命者,想以教育革除恶习败俗,去旧创新。我愿爱,不愿恨,我愿以仁化敌为友,以爱化苦为乐。

(完)

上述文本在合入完成片时,编导按照实际片长和画面结构的需要,做了一些压缩与改写。大多数脚本与实配到片子里的解说词之间都会有一定差异,因为编导总要根据实际能够获得的画面素材和片子结构需要,对脚本做出某些调整。当然,这些压缩与改写脚本,也表达着编导对"历史文本"与撰稿文本的"理解"。

纪实片撰稿人的历史在场感不同于文学家的历史在场感那样写意和文学化,也不同于学者那样概括与抽象。而是介于二者之间,既需要形象生动的感受性,同时也需要确切具体的实证性。

纪实片撰稿人的历史在场感可以分解为对宏观历史的在场感和对微观历史事件的在场感,宏微并行。例如,撰写晏阳初的传记片,就需要这种宏微兼重的历史在场感。

中国延续数千年的传统农业社会到 19 世纪末 20 世纪初之时,农村旧有的经济制度、生产力体系和社会组织方式已经衰败不堪。中国农村和农业本是当时中国社会的存在基础,但如此凋敝的农村状态使得国本虚弱。长此下去,国将不国。当时有责任心的知识分子都看到了这种实际状况,纷纷从各自的角度投身于中国农村的改造与建设。晏阳初和同道们在定县开展的事业就是当时的一个具体实例。

晏阳初一片的撰稿工作需要对当时的宏观历史状况有基本把握,力求形成宏观历史状况的在场感。当然更需要从历史文献和地理空间上"走进"晏阳初的定县实验区,撰稿人才能够形成微观化的历史在场感,寻求对历史人物与具体事件的贴切感。

只有这样,撰稿人的宏观历史在场感与微观历史在场感才能够密切融合。宏观历史在场感给微观历史在场感提供大参照系之下的框架定位,而微观历史在场感是充实宏观历史在场感的具体内涵,它让大历史获得了具体生动的细节感受性和感染力。

很多纪实片都需要宏微结合的历史在场感,哪怕这些纪实片可能并不是直接写史的。这种历史在场感是撰稿思维的文化根底,是展开构思的起点,让每一个具体的撰稿项目都拥有一套内涵充实的历史文化参照系,这可以在很大程度上矫正思路的偏颇,也能有效抑制撰稿人的超历史妄想与胡说,让撰稿内容更经得起推敲。这种历史在场感甚至具有撰稿方法论的普遍意义,哪怕撰稿人笔下并没有触及历史题材,但它可以帮助撰稿人迅速进入项目的系统化思考,从历史的整体观出发,整理项目思路,展开时间与空间的历史性想象,让具体构思达成细节饱满而富于历史理性意识的状态。

正因为历史在场感如此重要,所以撰稿人就必须要为培养自己的历史在场感打下坚实基础。具体做法包括多读有关历史的好书,既选择那些深入分析概括型的历史书,也多看一些生动故事型的历史书;深入文化遗址,踏查古迹;反复参观各种博物馆;训练时间与空间的历时性想象力,等等。

如果一个撰稿人面对久已消逝的历史都能够营造出自己的在场感,那么他在现实中也就不难深化自己的在场感了。

现实感总因历史感的建立而深邃。

第三节 撰稿人对时代现实的宏观在场感与微观在场感

非虚构叙述类电视片撰稿人是生活于当下的人，因此，对他来说建立对现实的在场感是恒常性的工作需要。

撰稿人的现实在场感是一个复合结构，有宏观现实的在场感，即撰稿人对自己所处时代的宏观现实的参与、关注、认知、体验与思索；也有微观现实的在场感，即撰稿人对具体项目所涉及的现实题材领域和工作考察现场里的活动感受。

撰稿人对宏观现实的关注程度、认知广度、体验与思索深度，在很大程度上决定其职业水准，也直接影响到其所介入的具体项目的工作质量。一个成功的撰稿人如果对自己所处的大时代现实缺少关注、体察不足、思考肤浅，是不可思议的。也许他会在一枝一节、一孔一点上有所精专，但绝对不可能拥有宽阔的社会视野和明敏的现实认识，在把握较大作品时一定会表现出不少局限性。

对撰稿人来说，时代的宏观现实不是一个笼统的存在，而是包含着时代的政治格局、经济形势、民生状况、社会舆论倾向、公众关注点、文化艺术表现形态、生态环境保护水平等。在全球化时代，当然还包括世界因素。撰稿人作为一个知识分子，对这些领域的关注与思考绝不是大而无当的瞎操心，而是应有的社会情怀，也是撰稿人的基本职业素养。更为直接的是，很可能随时"降临"的纪实片项目就与这些宏观领域直接相关。于是，撰稿人此前对这些领域宏观状态的关注，就成为一个工作项目的有效准备。这样的准备能够帮助撰稿人迅速进入工作状态，找到符合现实的主题指向和思想角度，乃至有助于厘定拍摄题材的范围。

保持对时代宏观现实进程的持续关注，培育和拓展广泛的社会关怀意识，建立起扎实而深入的对时代宏观现实的在场感，是撰稿人的基本功之一，也是撰稿人"社会化质量"的重要指标之一。只醉心于身边事物的小感觉，是做不成现实社会的大题目的，并且对小题目的把握也可能失准。

撰稿人对微观现实的在场感事关直接工作素材的获取。撰稿人需要通过微观在场感,深入纪录对象世界,把握现象及其实质,发现并搜集丰富的细节,最终把现场中的生动细节呈现给观众。观众也才能够被细节真实带入现场,形成认知,乃至有所感动。

撰稿人对微观现实的在场感还能够充实宏观现实在场感的内涵,而使其不至于空疏苍白,摆脱大而无当,防止坐而论道。以个性化存在给宏观现实在场感注入务实精神,走向实事求是。

宏观现实的在场感与微观现实的在场感是紧密相关的。前者让撰稿人不与大现实脱节,对大时代保持密切关注和思考,并拥有观察社会的大视野和高角度,对现实具有全局观,在万象纷杂中能够保有相对清晰的思路和方向感。这样的宏观现实在场感能够为微观现实在场感把关定向,提高认知细节的理性水准,能够在与全局的联系中看待具体事物,保证微观现实在场感注重细节而不迷失于现象的杂乱,身处微观现实而不陷落于琐碎凌乱,有助于对细节做透视性认知,较少执迷在一时一事之中。

历史在场感与现实在场感相互之间也具有关联性,二者相互启发,互为深化,互为丰富。例如,对于《晏阳初1930》而言,如果撰稿人对当今中国农村现实具有广泛而深入的了解,就更能够深切评估晏阳初工作的历史价值,理解其农村建设工作操作路径的启示意义。对现实的观察了解是走进历史深处的钥匙。

在第三章所举的例子《丝路》中可以看到,对中国当代纺织业的内涵与价值的认知,只有放在大历史中才能够更加清晰。这个大历史是一个多元历史坐标系,包括中国数千年的古代农耕文明史、1840年鸦片战争以来一个半多世纪的现代化追求史、新中国建立60年多年的国家工业化史,以及改革开放以来的社会全面现代化进程。片子的主题确立、基本题材选取、现实行业的现存价值评估都不可能离开具有复合内涵的宏观历史在场感。

第二章所举《迁徙的人·大风歌》也是同样的例子。中国两千多年的西北边疆史和两千多年的屯田戍边史,新中国初建时期的严峻状况,必然是认识新疆生产建设兵团存在价值的历史坐标系。对于当下中国而言,新疆的资源基地价值和国际地缘政治的战略地位日益突出,历史和现实的双重参照系都在凸显着新疆的重要性。新疆的地位越是突出,建设稳定新疆的局势越是紧迫,新疆生产建设兵团的地位就越显重要。

现实与历史相交融,历史在场感与现实在场感的密切结合,支撑着 21 世纪重讲当年新疆生产建设兵团故事的主题指向,也为充分评估新疆生产建设兵团的现实存在价值提供历史性的思索基础。而且这也是对新疆问题的现实在场感和历史在场感的相互启发和强化。这个实例表明,现实在场感与历史在场感密切相关,互为刺激和充实。

没有充实的历史在场感,很难建立深厚的现实在场感;没有敏锐深邃的现实在场感,也不可能形成富有启示意义的历史在场感。

第五章 撰稿人的知识结构

第一节 撰稿人为什么需要建立知识结构

在职场高度专业化的时代，人们大都从自己的专业出发展开职场活动。非虚构叙述类电视片撰稿人也不例外。

电视片撰稿行当的专业工作是写作。按常识来说，似乎"能写的"大都应该是学文科的。实际上，这个行当里的人也确实大多来自于文科专业，诸如文学、戏剧、影视、新闻、历史、哲学等。

在中国的现行教育体制下，诸多文科专业学生"被认为"在校期间受到的写作训练较多，因此其写作能力至少比理工科强，尽管实际情况并不经常如此。于是，文科专业出身的人被选定为撰稿人的概率相对较高。同时这似乎也在表明，对撰稿工作而言，只要能"写写"就行。广义的文科专业出身者"被认为"大致都站在相近的门槛上，跨入撰稿之门只是一抬腿的事，成为电视片撰稿人的门槛并不高，"上手"并不难。给电脑写程序代码的人员需要高度专业的训练，仅仅沾边的人士无法上手。给电视片撰稿看起来就有很大的"专业宽容度"，基本上能写散文便可上手。而当今已经进入"全民散文化"时代，于是，似乎"全民撰稿"也是可以期待的。电视撰稿好像是只要能够把句子"大致"写通就行，稍有不通之处也没人较真，反正觉得大家看电视不过都一瞥而过，没时间细琢磨，毕竟电视片也只是大众传播。这样想来，电视片撰稿对写作技术标准的要求貌似不高。

实际上，非虚构叙述类电视片撰稿属于相当专业化的职业，专业训练是必备的，专业知识是必需的。虽然电视纪实片行业对撰稿工种并没有量化的准入标准，但行业约定俗成的准入门槛则是必需的。

概而言之，多元知识的融汇组合与并协互动，是加速掌握知识与提高知识使用能力的好方法。

多元知识的融汇组合与并协互动就是知识结构。知识结构不是一个静态框架，而是一个在有机融合与调节中增量增效的动态系统。知识结构的建构途径包括学校教育和自我训练（自学）。

合理的知识结构应是专博相济，广知通识。质量与数量兼备，深度与广度统一，共同构成一个优化的知识系统。这种知识结构中的各部分虽然不会精确到按比例予以量化组合，但精深的单科专项与多元的广收博采互为助力，自如调用，肯定会得到一加一大于二的效果。

在现实中，建立知识结构的努力无处不在。

有些职业活动不是一两项专业知识就能够应对的。为了弥补个人知识面的不足，经常需要把具有不同专业知识背景的人组合起来，形成一个跨专业的知识结构完备的团队，共同完成那些复杂的职业任务。一项事业，一个实体，大都需要由具备不同专业知识的人才组合起来，建立合理的知识结构，才能够有效发展。

个人也是如此。当今社会处于高度专业化的时代，绝大多数智力密集型职业的从业者都受到过一定的专业训练，同时还会注重学习相关领域的各种学科知识，否则他们便难以胜任其职。例如，一个专门行当的工程师，基本上都需要专业训练。同时还需要一些本专业之外的相关技术知识，形成跨学科的知识结构，才能很好完成自己的业务工作。一个专业精深的科学家如果能够拓展知识领域，就常常可以在跨学科的努力中获得突破性成就。艺术领域也是这样，中国古代不少诗画兼通的诗人就善于经营比"纯画家"更为丰富的意境。这些效果都是知识结构使然。

在现代人群中，建立相对丰富的知识结构已经是相当自觉的努力。在大学中可以看到，那些富于独立自主学习精神的学生愿意在自己的本专业之外，去另一个专业领域修第二学位，也有些理工专业的本科生在研究生阶段去考取文科专业。这样的学生虽然是少数,但其主动扩展知识结构的追求极为可嘉。这些自觉丰富知识结构的努力都会成为他们未来成就事业的极好助力。他们通过跨学科学习而充实起来的知识结构会成为拓展视野、丰富学理素养、提高方法论水平、强化工作能力,乃至增加就业选择机会的"硬通货",是标志个人能力的硬指标,也是有益终生的个人"软实力"。

每个专业工作者,不管他是否意识到,他都是以自己的知识结构作为职业立足点,从自己的知识结构出发来完成本职工作的。知识结构的自觉拓展将使其职业生涯大为受益。

非虚构叙述类电视片的撰稿人也不例外,丰富的知识结构对其撰稿工作会有很大帮助。在现实中,文科出身的诸多撰稿人却经常表现出知识结构的种种缺陷。这可以从现存学校教育体系上寻找其原因。

当今中国的文科教育基本上还是在沿用"中世纪"的模式,以一元独断论的思想方法,对学生实行自上而下的单向灌输,不鼓励主动活跃的多向思维。听取这种教育模式里的课堂讲授直如接受催眠,而不是刺激活泼的求知趣味。学生在这种单向灌输中获取的主要是死记硬背以应付考试的知识,得不到现代多元学术方法论的探索性训练。这就很难普遍刺激起学生旺盛的探索欲,很容易让学生们的求知精神陷入僵化与被动,养成收敛式思维习惯,默认思想单一化的合理性。现代教育本应是为年轻人敞开通向知识的无限之门,而今几近画地为牢。

现存高校文科的各专业之间具有很大的"同质性",相互有太多的"同语反复",致使文科的各个科别之间表面看内容各异,"思想方法论"却惊人一致。而且知识更新速度缓慢,对学科研究的社会现实变化缺乏灵活敏锐的互动机制,反应迟钝,思路黏滞。如此中长期学习的后果必然是距离现代学术理性愈发遥远,缺乏介入前沿的活力,很容易在给定的框子中原地踏步,难以形成跨学科学习的主动风气。学生如果在校园形成了这样的习惯,即使离校后进行不同途径的自学,那学习内容也主要是数量上的增长,不容易实现质的突破。这种从学校教育就开始的知识结构残缺和思想方法封闭,直接造成职业工作中的贫血。

凭着这样的知识结构和思维模式充任撰稿工作,也就只能利用文科专业所给予的写作能力,去转述或改装一些老生常谈,宣讲一些以无知为有趣的旧话,或编纂一些只有廉价娱乐价值的"故事"。本来高度人文化的写作变成了丧失灵魂的技术性"码字"和卖乖取巧的"编段子"。

在一些纪实性的栏目类电视节目和纪实片中，主创人员（包括撰稿人、策划人、编导以及有一定创作能力的制片人等）经常会因为知识结构缺失而出现立意偏颇扭曲、理念粗简陈旧、论说残缺武断等问题。例如，有关家庭问题的题材常会受到纪实性节目制作者的偏爱。在这类电视作品中总是或明或暗地传达一个观念：家庭是讲情、讲爱、讲奉献的地方，而不是讲理讲法的地方。实际上，这类电视作品的主创人员如果有相对完备的知识结构，对于法学、社会学等具有一些基础性理解，就可以避免传播这类偏颇的认知。中国社会正处于自古以来最大规模、最大冲击力度的转型期，家庭观念与家庭结构也都处于这种转型期中。从传统家庭向现代家庭的转变已经在全面展开。如果说传统家庭是一个家长制下的"无限责任实体"，那么现代家庭就已经在转向权利义务对等的"有限责任实体"。在这个过程中，家庭在讲情、讲爱、讲奉献的同时，已经在渐进而务实地讲理、讲法，讲求各方权利和义务的平等界定。尽管这一切是在温情脉脉的形式之下展开的，但毕竟已经在讲了，而且讲的力度和深度一直在与时俱进。面对现实的纪实片（或纪实题材栏目）创作者对此不能看不见，更不能看不懂。简单宣讲家庭内感情取代一切，绝对无条件地讲情、讲爱、讲奉献，是鼓吹伦理蒙昧主义，这不是应有的现代社会道德。传统家庭制度和理念在现代的不适，倒是纪实电视应该正视和深入挖掘的。例如，由男权中心传统遗留下来的丈夫强权化的家暴，家长制传统造成的父母对子女命运的包办安排，以及由此衍生的父母对子女的无限度付出，此外还有个体对家族的依附传统所造成的年轻人放弃个体独立的无度啃老，等等。其实这些都是传统家庭缺少权利和义务对等界定的有害遗留。这些家庭问题是应该真实纪录并以多学科视角解剖的。有纪录而无解剖性的视角，只能是散漫的无主题絮说，与街头巷尾的闲妇饶舌并无本质不同，哪怕其中包含着热泪滚滚的道德"劝世文"。

在类似的电视纪实节目中，还能够看到在许多眼泪汪汪的"真实故事"中包装并传播着"家庭至上"的观念和极致化的"家庭中心"论主张。其实，无前提地鼓吹这样的理念，会导致公民意识的削弱，社会关怀精神的衰减，浓化社会的自私倾向，使人只想闭门专注小家小业。现代学理研究表明，国家、民族、社会、家庭等集合性人类主体,都有自己的适宜功能,各自拥有相应的权利内涵和权利界限,合理存在于应有位置上,并各自秉持适度的互动关系。无条件地鼓吹某个主体的"至上"或"中心",都是要出问题的。作为大众传播作品的电视纪实节目,应该以一种理性精神传播健全的道理。试想,如果无条件的"家庭至上"或"家庭中心"观念完全笼罩人间,并成为行为准则,那么社会与国家的组建都将难以实现,家庭最终也将难以成立。类似的"至上论"或"中心论"是任何时代与任何民族都难以贯彻施行的。而我们的电视纪实节目策划人、制作人、撰稿人一直长时间地、热情洋溢地宣讲着这些似是而非的东西,实属自我迷误,并向社会传播迷误。这种思想意识的残缺当然源于知识结构的残缺。

　　处于从传统型社会向现代型社会过渡的中国,社会体制在宏观和微观上都在不断演化,生产生活体系的内涵日益丰富,利益关系和人际互动方式错综复杂。身处这样的社会,个体与集体的社会角色都已经多重化与多样化,并且身份处于"不断切换"的过程中。无论对个体进行解读,还是对群体进行概括,显然都需要学术理性的启迪和引领。可惜的是,最具直面现实特点的纪实片创作却明显缺乏这方面的努力。即使偶尔一见,也大都表达得不够到位。这直接反映出纪实片制作者和审查者不具备这种社会视野和学理思考能力。这主要是知识结构不足,缺乏学术眼光使然,而不完全是宣传口径的限制。纪实片人应该有一个经常性的自问:真给我很宽的口径,我对可纪录世界有多少发掘发现的能力,我能够说出多少值得说的东西? 我为自己积累过多少具有原创性文化潜力的知识资本?

　　在本书第一章里,我们谈到"微观纪录片"注重个案纪录,对纪录对象予以细致而连贯的微观描述,力求原生形态的周详呈现。目前,"微观纪录片"的偏爱题材经常是少数民族传统的生产生活方式,都市凡人好事,社会角落里的小人物命运等。可是,这类片子多数给人的感觉是讲得貌似深沉,但实际很肤浅;貌似很细腻,但理念很模糊;片段的描述很铺展,社会观方面的角度却很片面。这种情况的出现常常是因为社会科学知识结构缺陷。如果多一点这方面的准备知识,作品质量应会有所提高的。

　　自然科学常识的不足也同样带来很大问题。这可以把美国 *Discovery Channel*(通常译为《探索》频道)播出的纪录片拿来作对比。因为国内纪录片人一直把其纪录片奉为圭臬。

《探索》频道自 1985 年起在美国播出，至今已是具有世界文化影响的电视频道，从运营体制到制作方法都堪称典范。《探索》频道的纪实片也讲究娱乐性，也讲故事，甚至也作场面和规模宏伟的"宏大叙事"。不管它以什么方式叙述，其作品的科学与文化含量都很高，这不同于廉价的"浅乐"，不同于"娱乐至上"的傻乐，那种浅乐与傻乐的娱乐性纪实片是让人乐完之后，就风过水无痕了，在观众心里留不下什么有长久价值的东西。文化品质与科学精神是《探索》频道的品牌灵魂。在这里，把自由求知变成至上的乐趣，这是真正的"寓教于乐"，引领观众深入洞察人类与自然世界的内在奥秘，成为其乐无穷的教育。

在这里，人们看到了极富科学精神的探索和由无穷探索热情推动的人间科学。这些纪录片人从探索的观念到探索的技术操作，都是被深厚的科学精神和科学知识武装起来的。

不得不承认，虽然中国的一些纪录片人貌似对《探索》频道的作品程式亦步亦趋，但那种科学精神和科学知识结构确实还没有学来。2014 年年初，中国主流媒体播出了一部拥有"自主知识产权"的关于一座中国名山的片子，基本上就是人文地理纪录片的常见路数，其中一个段落引人注目。该段落颇为细致地描述这座山上的野生石蛙怎样肉味鲜美，富含营养，当地人如何捕捉，甚至连捕捉方法都完整呈现——灯闪网扑，手到擒来。小生命在直立掠食者的掌中惊恐挣扎。捕捉的结局当然是对这些小生命活剐扒皮，油锅鲜炸。片子还赞叹一番入口如何美味。这为当前中国纪录片的"庖厨热"也增添了小小一笔。

在《探索》频道的片子中，所看到的是人对动物世界的无侵害的深入探索，人与动物的友好互动，富于平等精神的认知研究与讲述，对野生动物的观察都充满着人性温度和人文情怀的科学精神。而在中国式的仿《探索》频道片子中，对野生动物多是故作亲昵却距离感很强的表面纪录，当然有时还会流露出情不自禁的占有欲和"食用欲"。

在《探索》频道有关自然界与动物的片子中，都表现出对大自然充满科学精神和冒险精神的倾心求知欲，以严谨操作技术武装起来的深入其中和全身心投入；中国同类纪录片多是躲在镜头后面的观察，配以文艺青年式的"美文描述"。理解方式倒很善于使用"移情思维"，对动植物进行一些拟人化比喻，例如蝴蝶情侣的爱情,猴子家庭的天伦之乐等。说得再多些再深入些似乎就常感无力了。

中国纪录片与《探索》频道片子的主要差距不在于拍摄周期和资金,而在于科学意识、充满科学精神的操作能力和自然伦理的情怀。

中国纪录片中科学题材类的好作品严重偏少,而人文地理类纪录片中也普遍暴露出自然科学常识不足所造成的缺陷。这与创作队伍的自然科学素养较低有直接关系。

当今是科技时代,科学素养是知识结构中的必需组成部分,科学理性是基本思想方法。在很多电视拍摄领域,如果没有科学常识,工作起来是很吃力的,并且这个缺陷在寻找选题时就会阻碍撰稿人乃至选题审批者的眼界。缺少科学素养的撰稿人在参与科学内容较多的选题时会懵懵懂懂,难以设定丰富的话题,甚至听取一些行业常识话题都很费劲;在写作中阐述相关内容也极为吃力,与科技专家进行初级对话的能力都严重缺乏;甚至拿到专家采访的谈话纪录也无力准确截取,专家语言安放不到稿子的准确位置上。上述情形在纪实片领域绝不罕见。

另外,中国现行的纪录片投资机制对科学类选题也严重缺乏热情,这与投资的决策人缺乏科学素养和科学兴趣同样有直接关系。

2006 年 7 月 5 日,中国新闻网转载《学习时报》文章,称国家行政学院综合教研部自 2004 年初开始,经过两年的调查、统计与分析研究,首次得到了中国地厅级公务员科学素养状况的基本数据。结论显示,中国地厅级公务员具备基本科学素养的比例为 8.2%。

2007 年国家行政学院综合教研部研究员程萍的《中国县处级公务员科学素质调查报告》结果显示,52.4% 的县处级官员有迷信观念,甚至相信超自然力和超自然现象,盲从于神秘主义。还有不少官员追随各类大师,在自家阴阳宅和公共工程建设中都迷信风水等。这都是缺乏科学意识的重要体现。

至于因缺乏科学素养而认知偏差、决策失误的事情更比比皆是。2014 年 6 月 15 日《京华时报》载,湘地某镇 300 多儿童血铅超标(简称"超铅"),疑与附近工厂排污有关,记者就此采访镇长,镇长告之曰:"小孩在学校读书,那个圆珠笔、铅笔,用铅笔的时候在嘴里咬,也可以形成超铅"。这位公务员把重金属铅和现代铅笔芯的石墨"铅"混为一谈了。公务员队伍的科技素质也可见一斑。

这个生动的例子也表明,在科技时代,如果科技素质欠缺较多,连自辩自保都会"吃力"。这位镇长颇具"科技含量"的辩词被多家媒体转载,一时传为贻笑天下的新闻,也被有心人解读为"丑闻"。

2010年11月25日,中国科协召开新闻发布会,发布第八次中国公民科学素养调查结果。调查结果显示,到2010年,中国具备基本科学素养的公民比例是3.27%。这显示中国人整体科学素养偏低,在与欧盟15国、美日等国的同类内容比较时发现,中国人对科学知识的了解排名倒数第一。

目前还没有传媒文化领域从业人员科学素养的普遍调查,但上述三个调查数据是很有力的参照。传媒文化领域从业人员的科学素养不会比公务员队伍更高。如果说公务员队伍中有相当部分人士是学习自然科学专业出身,不全是文科生,那么传媒文化领域从业人员中的自然科学教育背景人士比例一定小于公务员队伍,其主要人员构成是中国现行教育模式培养出来的文科生。

近些年国内拍摄了不少人文地理题材的大篇幅纪录片,但知识结构的不足明显拉低了这些片子的文化含量,致使其基本立意都没有超出普通文学游记的水平,做不出电视纪录片独有的探索与发现。有些纪录片人是很排斥"文学化"叙事的,但由于自身知识结构简陋,缺少文化准备和科学精神,发现性的观察力和探索性的行动力严重不足,最终还是不得不从中世纪游记的"文学范儿"中寻求一些获取题材的方法。这致使多年来人文地理题材的纪实片大多带几分中世纪流连山水、玩味田园、感怀乡愁类的腔调。而且模仿者的文化造诣到不了中世纪文人的程度,这就使得片子在某些旨趣上看来像是一个中世纪游记的劣质做旧赝品,连高仿都达不到。摄录工具虽然是货真价实的现代高科技,但审美精神却是伪古典浪漫主义的。

可惜的是,当只有符合这种口味的片子才能够拿上播出线的时候,大家也只有这样写和这样拍了。

就纪实片这种电视文化作品类型的本体性质而言,它不应被当成"美文"来做("电视散文"和"电视诗"那些尝试性的电视作品又当别论)。电视纪实片是在现代电子摄录技术体系的基础上,从努力获取真实本相的原则出发,以科学理性为思维方式,对客观世界予以认知的记载方式。而"美文"是通过唯美表达感知对象,以实现高度主观的心灵内涵抒发。二者之间的工作对象、工作方式与表述目的是完全不同的。

中国纪实片的当务之急不是引进外国形式当模本，也不是审美趣味复古，而是要呼唤"赛先生"（科学）来当老师。五四先驱对"赛先生"的呼唤，对中国纪实片领域而言，至今都不过时。中国现代知识分子的"科学精神贫血"依然是普遍现象，无论文理科出身。

自然科学方面的准备性知识不足，是中国纪实片的贫血病灶。社会科学知识准备不足，同样处处示短。在一些非虚构叙述类电视片选题策划会或作品研讨会上，经常可以听到一个说法：我们的片子一定要注重人的命运，要有人的故事；一定要抓住情感主线，一定要以情感人，诸如此类。一般说来，这没有什么不对。但有些片子所面对的不是人物命运主题，显然不适于以情感人。如果依然是这样的几句话，是这样的高度和角度，显然是由严重的知识贫乏所致，难出新意，而只能不断地自我重复。

应该注意的问题是，即便是命运和情感类选题，也是具有特定社会内涵的，纪录者也需要探究这些命运和情感的发生与嬗变的社会历史条件。即使是去纪录那些貌似人人都能够看懂的命运与情感类题材，撰稿人也要比普通看客看得更为周详和深入，既有直观的具象层面，还要透视到更深的社会和历史层面。这仅仅靠着朴素的移情、同情、感慨、悲悯等"情感工具"是不够的。也就是说，即使是纪录人心相通的命运和人情，也需要使用"经过训练的眼睛"，需要有知识结构武装起来的眼睛。"大白眼"是不够用的，不管里面包含多少泪水。

在结构复杂的当代社会里，没有社会科学知识结构的文字生产者容易陷入盲目。没有学理性知识结构指导的"纯纪录"经常成为爬行的纪录、近视的纪录、碎片化的纪录、细腻而肤浅的纪录。

撰稿人面对复杂的现实，要想做出内涵丰富而深刻的纪实片脚本文案，如果没有相应学科基本知识垫底，就什么也看不明白，想不清楚，文字也写不到"点儿"上。那就只能表面化地讲几个故事，请有关领域的专家来做几句"采访点评"，也就算做完了一期栏目性节目或完成一集片子。这类片子在今天的中国电视屏幕上颇不少见。这当然有很多原因，但以撰稿人为起点的主创人员的知识结构严重残缺，是其重要原因之一。

当面对一个社会内容丰富的纪实片项目时，撰稿人以及整个主创队伍若以感性化的文艺方式和常识思维去创作,显然是难以奏效的。从确认主题指向开始,就需要借助学理思想和学术意识,确定思想角度,深化观察,强化对表现对象的解读能力。用学理意识透视观察对象,并以之统领素材,才有可能架构起一个纪实片的合理叙述模型。

丰富的知识结构至少可以具有如下功能:

提高撰稿人的理性水准;

支撑电视撰稿人的思想高度;

强化撰稿人准确捕捉纪录现象的能力;

为撰稿人提供观察角度和深度。

甚至,知识结构相对完善的撰稿人还能够帮助项目节约大量人力、财力和时间的支出。例如,让制片方少开很多次言不及义的策划会,从而节省不少会议费;让摄制组少跑很多冤枉路,节省不少制作费等。这是纪实片制作界至今还没有充分意识到的问题。

第二节　撰稿人需要建立什么样的知识结构

如果说多数职业都主要是面对一个相对确定的工作领域和业务内容,那么纪实片撰稿人的具体对应领域就比较多变了。上一个项目写的是水利内容,下一个项目或许就碰到畜牧业,再下一个项目可能是非物质文化遗产。撰稿人的写作对应领域基本上是无边际的。这是一个巨大的挑战。如果猝然面对一个完全陌生的纪录对象,仅靠文笔是无力应对的,文笔写不出执笔者自己都不懂的事。较好的写作能力当然也是撰稿人知识结构的重要构成部分,但撰稿人仅有码字的文笔功夫是远远不够的。

纪实片撰稿人需要建立一个怎样的知识结构,才能够相对有效地应对几乎是漫无边际的题材领域呢?

撰稿人极为需要社会学、经济学、政治学、历史学,乃至生态学等学科的基础知识作为根底,以及一些必要的人类学知识等。这些都不仅仅是浅尝辄止的"知道",而应是系统化掌握后能够相对熟练地应用。

一、社会学

社会学是研究社会结构形态、组合成分及其运行变化的学科。社会学使用调查和统计等实证方法，对社会行为、社群结构、个体角色、阶层形成、家庭关系、民族构成、城乡演化、社区建构、婚姻内涵、宗教功能等领域予以系统考察，以认知社会运行规律。因此，其研究工作与经济学、政治学、人类学、心理学等学科的关系极为密切。当今中国正处于社会转型期，社会内涵纷杂多变。撰稿人特别需要社会学知识，以提高自己认识和分析社会现实的理性能力。

二、经济学

狭义的经济学是研究物质产品和服务性产品的生产、分配以及消费的科学。时至今日，经济学在社会科学各领域的影响力不断扩张。经济学的分析方法作为一种普遍方法论，还被应用到政府管理、卫生与教育投入、公共选举、法律援助，甚至战争推演等诸多方面。经济学甚至已经涉及历史变迁、政治制度沿革与社会结构演化等方面。当今中国以经济建设为中心，太多的社会领域与经济密切相关。撰稿人若不了解一些经济学知识，就很可能看不懂一些社会现象。

三、政治学

这里所说的政治学不是传统的政治哲学或政治宣传教育，而是指作为现代学术的政治科学，是研究个人与团体的政治行为、国家政治体制、社会权力转移和权力资源分配等领域的社会学科。现代政治学越来越注重学术研究与现实的联系，致力于寻求解决社会政治问题的新方法和现实路径。最近一个半多世纪以来，中国政治体制一直处于持续演化状态，社会政治变动剧烈。这些政治变动与民族命运息息相关。当今中国又处在政治改革深化期，一个以中国社会为纪录对象的撰稿人，如果完全不懂现代政治学常识，他是否能够思考或写作离不开政治的中国社会现象，这显然会成为问题。

四、历史学

对当今的每一个中国人而言,历史学的学习是早有基础的,大家在中学时代就已经开始学习历史课。在日常的阅览中,有关历史的各种读物很多,有关历史的电影和电视剧也不少。对中国人而言,历史无处不在。但这不意味着大家都懂历史学。

什么是历史学?有多种定义,我们采用最简单的说法:研究历史的学问就是历史学。

不同的人对历史学有不同的需求。对于纪实片撰稿人而言,历史学能够提供广远的联想空间和类比材料,丰富自己的思想资源,培育解读事实内涵的能力,深化对当代社会的理解;历史学也可以帮助撰稿人给可纪录对象以深长的时间参照系,有助于给小事件确立其在大历史中的定位。

同时,撰稿人在熟悉通史的基础上,多掌握一些农业史、水利史、科技史、交通史、工业史、政治制度史等专史方面的知识,可能具有更为实际的工作意义。

历史学是"百学之母"。

对于一个非虚构叙述类电视片撰稿人而言,只要条件允许,在历史学上面花多大工夫都是值得的。从通史到专史,务求精熟而广博,活学活用,培养历史的解读和阐释能力。

现在常见一些"歪批"历史与"恶搞"历史的做法。其实这就是因为无力找到解读历史的有效思想资源,自己又没有能力对历史做出有价值的解读,却实在渴望显示一下自己新颖的思想,希求以此哗众而引人注意。于是只能采用"歪批"与"恶搞"的办法,把几句现代俏皮话套入历史;在俗念恶意中矮化历史巨人,使之与自己"等高",以弱化自己的渺小感;丑化历史现象,把历史的价值内涵邪恶化,迎合低级趣味。这些都是无力对历史做出有效解读,又急于自我表现的噱头。这很像一个顽劣的孩子,没有能力用自己的纯真童趣或可爱才智引起大人注意,于是只能用恶作剧的办法来显示自己的存在。一个有能力适度认知并解读历史的人,都不会走恶搞或歪批之路。这肯定不是有益的历史研习之道。一个真心学习的人显然无法靠这种方法对历史学知识做有效积累。一个长期用恶作剧方法填充自己成长历程的孩子会怎样,早已被无数事实所证明。

当今不少历史人文类的纪录片都很喜欢从那些没有充分实证依据的历史传闻中寻求噱头,设置悬念,进而任意推断,妄猜历史;并喜欢使用最早、最大、唯一之类极端化的词语,讲述历史故事,以求耸人听闻。这些做法对观众的历史认知有着极为不良的引导作用。其实这都是片子制作者无知于历史的表现。而这恰好是负有大众传播责任的纪实片人所应该避免的。

五、生态学

生态学是研究生物体本身、生物体之间,以及生物体与周围环境相互关系的科学。生态学强调生态的系统性。生态系统的理念是把一定时间和空间中并存的生物与非生物理解为一个互为关联的统一整体。正是从这个理念出发,地球才被看成一个"生态地球"。生态地球上的所有生物与地球环境息息相关。如今,生态学已经作为一种文明价值观或思想立场,主张人类与自然生态系统和谐相处,不要无限索取,不可凌驾于自然之上。生态学作为一种国家发展理念,坚持国家发展模式的科学性,在保证自然生态完善与可承载的基础上,统筹经济与社会的平衡发展,既注重当下需求,也郑重考虑后果;作为一种全球共识,主张全人类采取公平、合作的方式,面对生态危机、资源耗竭、全球气候变化等决定人类命运的重大问题,以共同选择一条生态文明化的生存之路。因此,如今生态学已经成为"显学",它是与各个社会学科结合最为广泛和密切的自然科学学科之一。在生态学范畴内认识地球,保护生态,指导社会与经济发展,已经成为不可缺少的社会理念,是现代公民意识的文化基础,是引导生态文明建设的重要理论准备。

中国为近30多年的高速经济发展,付出了沉重的环境代价。生态环境问题引发的社会矛盾不断暴露。资料表明,中国因环境问题诱发的群体性事件数量呈现出逐年增加的趋势,自1996年以来,这类事件一直保持年均近30％的增速。仅从2005年算起,引起较大舆论关注的就有以下案例:2005年4月,浙江东阳市"4.10"环保事件;2007年6月,福建厦门化工项目引发众多村民不满事件;2008年8月,云南丽江兴泉村水污染引发村民抵制事件;2009年11月,广东番禺兴建垃圾焚烧厂引发群众抵制事件;2011 年 8 月,辽宁大连化工项目引发群众抵制事件;2011 年 9 月,浙江海宁丽晶能源公司污染环境引发群众抵制事件;2011 年 12 月福建海门华电项目污染引发群众堵路事件;2012 年 4 月,天津一化工项目开工引发市民"集体散步",表达自己的不同看法;2012 年 7 月,四川什邡环保事件和江苏启东环保事件;2013 年 5 月 4 日,近 3 000 名昆明市民手持标语,聚集在昆明市中心的南屏广场,质疑即将在昆明安宁新建的 PX(对二甲苯)化工项目;2014 年 5 月 10 日,杭州市余杭区民众因反对垃圾焚烧项目选址,发生规模性聚集。可以预料,类似的严重"生态事件"清单会随着时间流逝而越拉越长。单纯生态问题和环境保护诉求很容易演化成为群体性事件。生态问题对社会政治的影响越来越大,以至于出现了专门的"生态政治学"的学理诉求。中国非虚构叙述类电视片不能不深入关注生态领域,因生态问题引发的社会现象纷繁复杂,其中包含着影响广泛而深远的时代问题。

有关生态与环保题材的纪实片正在成为政府部门、企业和诸多社会实体的热门"订货"。这个领域不能成为纪实片撰稿人的知识盲点。

1990 年,笔者应邀为国务院扶贫开发领导小组办公室撰写八集纪实片《穷则思变》(每集 45 分钟)的解说词,其中一个重要内容就是描述环境恶劣是如何导致极度贫困的,以及探讨贫困地区经济开发中应如何妥善保护环境。该片解说词于 1992 年由中国国际广播出版社出版。2002 年,笔者应邀为水利部撰写有关长江水利的片子的解说词,长江上游生态植被保护也是重要一笔。次年为国家林业局撰写"退耕还林"纪实片,全片都是生态保护问题。2005 年笔者介入纪录片《森林之歌》的策划与撰写。在 2009 年至 2011 年连续三年里,国家林业局、世界自然基金会(WWF)每年都与中央电视台联合制作一部电视片,宣传"国际湿地日"及其主题。这三部片子都由笔者做前期采访与撰稿。2015 年,上述单位宣传"国际湿地日"的电视片亦由笔者撰写。此外,笔者还直接参与其他一些生态保护与建设方面的大小纪实片,如 2013 年中央电视台与三北防护林管理局联合摄制的四集纪实片《绿染三北》等。

这些直接经历让笔者感到,生态学知识对于纪实片撰稿工作的意义十分重大。

六、文化人类学

人类学有很多分支,这里只谈文化人类学。文化人类学是研究一定环境条件下的人类文化实体(如传统聚落中的群体、现代社会中的团体、民族种群等)的形成过程、文化性质及其类型、延续和变迁的学科。文化人类学很关注人类实体在文化上的自我复制和传续、关注文化存在模式的形成对环境条件的依存以及与环境的互动,在平等视野中比较研究各文化模式之间的相互差异,力图由此认识人类文化的基本内涵与演变规律。人类学进入现场的"田野考察"途径,深入周详的实地观察方法,尊重真实的客观立场,都是纪录片特别值得学习的方法论原则。

影视纪录片久有钟爱文化人类学的传统。这个传统以长期的实绩积累证明着学术理性对于纪录片的意义。

早在电影刚刚进入工具性应用的时代,人类学家就把它当作文化人类学研究的资料纪录手段,开展以影像语汇书写民族志的专业工作。这就是最早在文化人类学原理和工作方法论指导下拍摄的"纪录片"。这些人类学家的学术案例式的纪录片成为早期人类学纪录片的经典,后来甚至出现了"影视人类学"这样的专业工作领域。

2013年年初,中央电视台资深编导周塬(周小力)邀请笔者为他的系列纪实片《海之南》撰稿。当他详细讲述了拍摄目的、基本内容构想,并提供了他所搜集的大量资料之后,笔者建议周导用文化人类学的视角来指导材料分析、现场拍摄和解说词撰稿工作。周导本人对文化人类学也有很好的了解。经过多次交流,我们达成深度共识。这个沟通过程其实也表明编导知识结构的重要性。如果周导本人没有这个知识储备,深度交流也就失去了理性基础。最终,全片基本上以文化人类学的视角对海南民族生产生活纪实题材予以梳理描述。当然这个纪实片不是人类学田野考察报告。

由于笔者在20世纪90年代初之后的20多年里,为拍片前往海南十余次,深入其城乡及少数民族聚居地,对海南有所了解,加上周导提供了大量详细的前采资料,因此该片稿子从开始就按照剪辑用的解说词文本撰写。该片于2013

年12月在中央电视台播出。由于具体工作原因,撰稿署名有所变动,但这并不妨碍它作为人类学知识介入纪实片的例子。

笔者为纪实片《海之南》所撰《海南滋味》一集的部分原文如下:

《海之南》之
《海南滋味》

1992年,考古学家们在海南三亚落笔洞发现了一处原始文化遗址,时间处于旧石器时代至新石器时代的过渡阶段,距今大约1万年。

遗址中发现了智人牙齿化石、石制品与大量动物化石,其中贝壳数量达7万多个,上面多有焙烤痕迹,表明当时的先民已经能够用火,习惯于熟食。

落笔洞里7万多个烟熏火燎的贝壳十分引人注目。那是1万年前的海鲜烧烤。

那个时代居住在洞穴里的先民要解决的第一件大事就是吃什么。解决了这件大事才能够保证自身生存与种群繁衍。在这样的文明阶段,食物只能是就地取材。他们的食谱写在身后的山间和眼前的大海上。

对于1万年前的三亚落笔洞人来说,他们获取食物的范围就是自己脚力所能够达到的最大半径之内。他们在这个范围里能够拿到手的可食用资源,决定着他们族群人口的数量,决定着他们在这里居住多长时间,甚至决定每个人的寿命。

他们从陆地山野上猎捕到各种动物,采集来野果野菜,还从附近的浅海里捕捞到鱼和贝壳类海鲜。洞穴里的遗留物证明,他们的食谱是宽广的。他们的"饮食文化"是自己所处环境直接塑造的。

万千年前,地球各地的先民想办法寻找一切可吃之物,无论荤素,致使人类在原始时代就把自己培养成食谱最丰富的杂食动物。这是人类在进化过程中的最高策略和最大成功。食谱越狭窄的动物适应性越差,越容易濒危。而人类超强的开拓食谱能力,终于把自己养活成超越一切动物的最强大种群。

三亚落笔洞人获取食物的策略和食物加工技术传统,一直在这个大岛上延续并进化。

火是人类所用的第一种最重要的食物加工手段，火的使用大大拓展了人类的食谱。火让人类把许多不可吃的东西变得可吃，把一些不好吃的食物变得好吃。先民用火来烧熟食物，这是烹饪文化的萌芽。直到人类高度文明化之后，火候还是烹饪的核心技术。烹饪就是食物加工术。食物加工是先民文明进化的重要努力方向。烹饪是拉动文明进化的有力纤绳。

每天下午，海边的渔民们开始准备第二天捕鱼的工作。麦家夫妇要在下午出海前，把饭菜都准备好，吃过这顿，可能要在海里忙活到凌晨才能回来。对于在近海打鱼的人来说，下午这顿饭很重要。

这天，麦家主妇要为家人们准备的菜是"椰子鸡盅"，也就是椰子炖鸡汤。

"椰子鸡盅"的主料当然是鸡肉。这鸡就是散养在田间地头、房前屋后的鸡。鸡们把随时看到的蚂蚱、蚯蚓、草籽、野菜等，当成顺口零食。这些东西都含有人类难以入口或肠胃不能转化的各种营养。但鸡们的肠胃能够转化。所以，鸡们食用这些零食，人再来吃鸡。鸡是人拓展营养来源的工具。

做这道菜要选用最新鲜的椰子，当然就是做菜前几分钟从树上直接摘下来的。

在海南，人人都是爬树的好手。哪怕是长到几十米高也没有一个树杈的椰树，海南人照样徒手攀援，轻松到顶。海南的很多食材都长在树上，只有爬上树才能够找到吃的。所以，本地人的重要取食技能自然是爬树。这是生存环境赋予本土人群的生存本能。这让世居平原的人惊叹佩服。在平地上就能够找到足够吃食的人，不需要学习爬树觅食。

在中国，可以生长椰子的地方固然不少，但因为气候等原因，海南椰树结出的椰果公认为风味独特，肉厚汁甜，是得天独厚的可食资源。所以海南岛素有"椰岛"之称。

制作海南"椰子鸡盅"必须以椰壳为容器，把鸡肉、椰肉和略作淡化的椰汁放入椰壳,酌加佐料,温火煨煮宜时,便可肉嫩汤鲜,汤色乳白,滋味清新柔美,绵软细腻,回味悠长。

这样的一道菜全部是就地取材。从树上长的,到野地里面敛的,家里养的,是一条因地制宜的食物链。整个椰果是最大限度利用,整只鸡的食用是最低限度抛损。这些做法是传承悠久的食物资源利用策略,这道菜是具有深厚本土依据的饮食文化佳作。

说到底,饮食文化是食物链的打造手段,是食谱拓展的加工技术体系。

关于海南"椰子鸡盅"的由来曾有一个说法:历史上,很多海南男人远赴南洋谋生。离家时,妻子总要为夫君做一顿好吃食。她们摘下家中庭院树上最好的椰果,选出家中最肥嫩的鸡肉,做出"椰子鸡盅"。那鲜美淳厚的美味饱含着妻子的满怀深情,也让丈夫留下对家乡和亲人的无限眷念。而今时光虽然早就斗转星移,这种烹饪佳作也普遍流传开来,甚至进入大饭店。

天下名菜大都是从最底层的民间原创而成,随后其基本原理被很多大店名厨所采纳,才形成了诸多名贵的招牌菜。例如海南名菜文昌鸡。

20世纪初,文昌县人伍毓葵开办饭店,把一味民间菜肴文昌鸡打造成大店名菜,给所有吃过的人留下深刻印象。特别是被文昌人当成家乡美食的代表。哪怕是其中有人远赴南洋谋生,家乡的文昌鸡还是让他们念念不忘。

很多华侨回到家乡,都会找到这家老字号,都要找文昌鸡饭。他们要在这个家乡名菜中吃出乡情,吃回当年岁月。

人类对于食物及其味道的记忆特别长远而复杂,尤其是青少年时代所吃食物的形象记忆和味感回忆特别持久而亲切。青少年是最容易感受饥饿的人生时光。那时经常吃的食物,永生都不会忘记。所以对于游子来说,家乡饭才最好吃。

远行人吃到家乡饭,实际上是在吃回忆,吃乡情,反刍深埋心底的亲切时光。物质层面的东西由于渗入太多的心灵因素,而变得滋味丰厚。这是别人吃不出来的滋味。人在旅途吃到的那些家乡美食会带着你重新回到在家乡食用时的环境、天气、风景，想起当时的分享者，在味觉世界复制出回家的感觉。

长大后远行中吃到的家乡风味特别美好，是因为它以味觉与心理的双重记忆被体验，美好的时光与美好的滋味同时涌荡在舌底与心头。海南人无论走多远，走多久，都不会忘记自己的海南滋味。

如今沿江饭店是海外华侨来海南吃文昌鸡的首选之地，每年的清明节时店里最热闹，因为华侨都要回来祭祖，他们总要来吃上一口文昌鸡。平常日子里也几乎每天都有东南亚的旅游团队到饭店用餐，许多海外乡亲还打包将文昌鸡带回去，给家人和亲朋好友品尝。

海南文昌鸡的一大特点是"鲜"。海南常年气候较高。在没有冷藏技术的悠久岁月里，绝大多数就地取材的食物都不能在高温下久放。再加上食材可以随采随用，不必陈放，自然也就形成了以"鲜"为上的饮食习惯。这同样是环境造就的饮食策略。

"鲜"有两个含义，一是食材新鲜，不可久放；另一个是，用新鲜食材烹饪而形成的鲜美味道。在中国年均气温较高的地方，都有烹饪"尚鲜"的普遍习惯，而以海南为最。

"鲜"成为海南菜一大特色。海南菜肴以"清""白"手法烹饪居多，只有"清"可以保持海南食材原味、真味，突出原料之鲜与香。

……

代代相传的地方美食，是地方文化的独特载体，细品一道美食，可以体味出这方水土上的人们所特有的人生态度、价值取向等。

海南最"通俗"的地方风味小吃当属海南米粉了。北方的面条是由小麦碾粉做成；南方的米粉则是由大米磨面制作。中国南方的稻作区里，几乎都可见到米粉。但海南制作米粉之用心尽力，求新出奇，是很出众的。

每一个大城小镇都有数不清的米粉店，每个米粉店都有自主创新的愿望和实践，不少店也确实摸索出了自己的做粉秘方，形成了独特风味。海南不少县市都有自己的招牌米粉。例如抱罗粉、陵水酸粉、后安粉、儋州米烂、塔洋粑炒，便是以地望命名。

2012 年海南评选出了十大小吃：海南粉和抱罗粉竟然勇夺冠亚军。

抱罗粉其实就是抱罗镇的米粉，但制作工艺有所创新，配料与汤汁也做了改变，由此形成特有风味。

凌晨 2 时，文昌市抱罗镇的夜色湿润而略带凉意。符老伯一家这时已经起床。

符老伯家是以卖抱罗粉为生的。抱罗镇上经营抱罗粉的模式多是小院前面是铺面，用来卖抱罗粉；小院后面是一个手工小作坊，用来生产抱罗粉，前店后场，自产自销。符老伯家也这样，从生产抱罗粉到最后销售抱罗粉，全都是自家人动手。符老伯和老伴儿、大女儿、儿媳妇、孙子、孙媳妇，大家各司其职，流水作业来完成泡米、磨浆、熬浆、煮粉、洗粉、压干粉、装筐、做配料、柜台售卖等。

一天的日程大概是这样安排的：凌晨两点起床，一直忙到中午，才能有片刻休息；下午，要收拾铺面，清洗用具，然后浸泡大米，开始下一轮生产流程。一年 365 天，除了大年初一不做抱罗粉，其余的日子，无论刮风下雨，都要这样干活。符老伯家制作抱罗粉的技艺是世代相传的，从他爷爷的爷爷就开始了。

符老伯全家每天要生产约 200 斤抱罗粉。浸泡这道工序在头天做，清水中泡米 15 个小时，发酵好。其余的工序必须当天完成。即使当天生产出来的抱罗粉，如果到中午还卖不完的话，就要倒掉。因为过了中午，粉条就要变酸。正因为这样，抱罗粉作坊每天的劳作都很紧张。当然，不管预算得多么严密精确，供求量的差异总会出现，倒掉东西的事时有发生。但是，符老伯家宁可损失收入，也不能损失质量和信誉，产品的味道中直接散发着做人的味道。

就是千百个符老伯这样的家庭米粉作坊，支撑着海南人日常的"米粉生活"。

米粉本身基本无味，但可以合流五味，搭配百料。海南米粉因各地有不同的做法，习惯使用不同的配料而滋味多变。

滋味丰富的海南米粉养育着每个海南人的百味人生。千百万海南人就是母亲用手里的米粉碗养大的。海南人儿时走在街头,最具诱惑力的就是可以加入各种调料的米粉。此后不管走到哪里,海南米粉以天生的细腻柔韧,缠绵着每个食用者的人生记忆。

那些弥漫在幽巷里的美食气味,那些萦绕在乡村里的饮食风俗,在每个游子心中百转千回,诱导他们去寻寻觅觅。这些内心最熟悉的美食飘香里,有家的味道,根的感觉。这就是为什么"吃"这样一种最物质化的行为,有时会让人心头震颤,泪眼回眸。

……

【注:本书用稿删除了人物同期采访。由于片长所限,完成片对文本有所删减,段落顺序和词序句式也做了些许调整。】

最近几年来,关于地方美食的纪录片竞相播出。美食作为纪录片题材的热度看来还会持续一阵子。以饮食消费强化娱乐的主题当然可以是纪实片的主题指向之一。当今时代是以消费为最高娱乐的时代,一切都在被"消费"着。消费主义已经成为一种"普世意识形态"。在这样的时代氛围里,美食的确是个"以消费强化娱乐"的加味好题材,按照既消费又娱乐的主题指向走,显然也很符合"普遍的时代性需求"。这当然会带来不错的收视率。

由于知识结构的简陋和思想开发能力的不足,随着这类片子的自我延续和大面积跟风,其题材的自我重复感也越来越重。这显示出的不是创作力的旺盛,而是开发主题能力的贫乏。除了很文艺范儿的乡愁和亲情的装饰之外,这类片子大都在极尽细致地描述食材的产地风貌和材质特色、烹饪术的传承和操作精妙等,以至于离开了纪实叙事的本意而变成了特色烹饪术的秀场集锦。这当然都是可以描述和渲染的,但却再也无力做出更多阐发了。如果在思想视野和主题开掘方面缺乏继续拓展和更新,这类片子的最终形态就只能一直以精致的纪实形式,重复那些特色烹饪示范教程加地方美食欣赏了。

实际上,美食可说的内涵远不止于此。文化人类学也许可以成为对美食类纪录片进行深度开掘的重要学理指引之一。中国当代纪录片使用文化人类学的田野考察方式,拍成过多部好片,甚至获得了国际奖项。那些成功的先例证明了学理意识和学术方法介入中国特色纪录片的有效性。有些电视人拒斥纪实片的学理性介入,真实原因是非不为也,是不能也。

纪实片撰稿人需要掌握的多学科知识,当然远不限于上述简单罗列的 6 个领域。根据实际需要和每个人的具体情况,这个多学科的需要是无限的。例如,对哲学的了解与运用,就一直是许多文化艺术人士的热爱。组建知识结构时列入哲学,就是情理之中的事。

过去曾经有一个相当普遍的认识,认为哲学对其他诸多学科具有总体性的指导作用,似乎学好哲学就可以获得唯一正确的认识论,普遍适用的方法论,对其他学科的学习就可以获得居高临下的地位,只需把哲学的世界观和方法论"下放"进去,就可以轻松解决那些具体学科的问题了。

在人类的学术水准还处于相当粗糙幼稚的阶段时,理性成果较少,经验材料有限,分类能力不足,各学科独立的方法论体系还没有产生,诸多学术学科也无力做出明晰确切的区分。许多学科都萌芽性地隐含在哲学中。例如,在古典时期,处于幼稚状态的逻辑学、伦理学、心理学,甚至天文学、炼金术等,都隐含在哲学中。这时候,学会了哲学,的确就算是掌握了"百科之源",哲学家甚至被看成先知般的"万能学者"。西方的"哲学崇拜"就是在那些时代的蒙昧状态中形成的。这后来固化为一个传统。这个传统的一个重要习惯就是推崇哲学对其他学科的统领性地位,认为哲学可以成为保证其他学科研究方向正确性的绝对前提,迷信于掌握了哲学就可以指导其他一切学科,甚至可以替代对其他学科的具体研究,就可以明了世界本源问题,并解决人的根本认识问题。西方这种"哲学崇拜"的传统几乎一直延续到西方古典哲学的终结期,并以某种意识形态化的变种形式,向东方传播。

在学术理性高度成熟的现代,哲学早就失去了它对其他学科的"总体性指导地位"。或者说,被现代学术理性武装起来的现代人,已经或应该放弃西方的"哲学崇拜"传统,这个地位的丧失早就开始了。英国社会学家汤普森写道:"随着 18、19 世纪实证科学的兴起,哲学就不再自命不凡地要为世界万象提供合理解释。哲学所自诩的独立性及其自足性也由此毁之殆尽。从此以后,哲学只有通过与自然科学、语言科学和社会科学联合才能继续探究合理性的主题。"(〔英〕约翰·B·汤普森:《意识形态理论研究》,社会科学文献出版社 2013 年版,第 327 页)

直到 20 世纪中叶，西方学术都在坚持各具体学科对哲学统治身份的"祛魅"（Disenchantment），消解其"绝对知识之源"的神圣性，致力于"从哲学王的头上摘下桂冠"（法国社会学家布尔迪厄语。转引自〔法〕弗朗索瓦·多斯：《解构主义史》，金城出版社 2012 年版，第 84 页）认为哲学是百学之王，可以为天下所有学科立法，并以之宰制天下人思想，这是中世纪水平的哲学野心。认清哲学只是无数学科中的一个普通学科，哲学不可能成为其他学科的理论前提，对哲学的学习不能替代或居高临下地指导其他学科的学习，哲学学习对于其他学科的理解只是平等地相互丰富和相互启示。人类学术发展到当今时代，任何哲学都已经失去了对其他学科的"高屋建瓴"地位或"科学之王"身份。除非你宁愿身在 21 世纪，而在思想上还死守中世纪的"哲学崇拜"传统。

对哲学的学习有了"冷静"的认识，不是希望用它来完成懒汉式的"学一当百"，而是让哲学的学习回归合理位置，发挥合理作用。

哲学是古老的学科，几千年间积累了大量经典。这可能会让一些年轻人望而却步，其实不必"怕"。

就以西方哲学为例。从古希腊哲学到西方现代哲学这两千多年中，在各阶段选取几本具有代表性的名著，大致"浏览"一番，知道一下脉络，就可以作为一种入门阶段的适宜水准了。让 20 岁左右的人"弄懂"每一本这样的经典，很可能是一个"少慢差费"的办法。在这个人生阶段，不要在这个领域计较"一本一卷"的得失。这时没有弄懂，完全不必装懂，这一点儿都不丢人。即使是学习哲学专业的成年人，谁又敢说自己真懂了柏拉图、康德、黑格尔呢？年轻学生待到人生阅历渐长、准备知识渐多时再来深究哲学，也不迟。

需要了解的倒是，西方哲学大致到 19 世纪下半叶进入了转折期，也就是西方古典哲学的"终结期"。其哲学基本问题在这个时代发生了全面性"转换"。职业哲学家和哲学爱好者们对于那些"既不能证实，也不能证伪"的玄远的"哲学基本问题"不再多花心思。传统哲学体系本身也发生了裂变，哲学家陆续进入相对更加具体的哲学对象领域。哲学所关注的问题域、哲学思维方式和哲学话语方式等都发生了转折性变化。例如，从玄奥而空洞的古代本体论思辨走向了近现代的认识论探讨。而且一些古典哲学的思辨概念被"下放"到人文学术或实证科学领域去细化并印证，比如康德的"先验理性"，就在皮亚杰的结构主义心理学和乔姆斯基的"转换生成语法"理论中获得了不同形式的"落脚点"。还有越来越多的现代西方哲学家热衷于哲学化的生存状态感与人生价值论分析,如存在主义等。这也使得现代西方哲学与人间现实和"人的问题"更为逼近。从这个意义上说,在西方现代哲学(而不是古典哲学)方面多花些工夫,似乎更切近于实用,更有启发于实际。

从建立与丰富知识结构的角度来看,哲学当然是相当重要的学术领域。但必须是先思索,后信仰;重视实证与实用,远离空洞的意识形态哲学和神秘主义哲学。无自然科学知识基础的文史专业人士相对容易接受神秘主义。犹如现代受教育程度较低的人仍然比较容易相信超自然力,相对容易参与邪教。虽然神秘主义哲学并不等于邪教。

从学习哲学方法论的角度说,适当阅读一些"科学哲学"的著作,是有用的。尤其是那些自然科学家出身的科学哲学学者撰写的著作。这样既可以接触自然科学,又能够学习哲学方法论。

纪实片撰稿人学一点哲学,无疑是充实知识结构的必需。

不少非虚构叙述类电视片都以不同学科的理念作为自己的主题支撑和题材发掘工具。多年来,有些"像样"的非虚构类内容的大型电视片常是"多学科介入"来完成的,有不同学科的专家作为顾问、策划人,或接受出镜采访,充实片子的思想内涵。这都是多学科介入纪实片领域的显例。

电视片撰稿人如果能够认真了解多学科的学术成果,并灵活运用于自己的实际撰稿,当有可观收获。至少有一定程度的多学科准备知识,在借助各学科专家的智力资源时,能够较好领会多学科语言,也会增加一些富于启发性的视角,为文本增加更为充实的内涵,提高电视作品的思想品质。

从事思想性工作的人当然要有思想资源。持有低质量的思想资源,那就只能拿出低质量的工作成果;如果没有思想资源,那就只能胡思乱想,乃至在实际工作中走投无路,或者在崎岖的路径上颠簸劳碌,最终撞墙。不仅纪实片制作如此,其他有文化或有科技含量的工作也是如此。

丰富的知识结构就是撰稿人的思想资源。

使用怎样的思想资源就进行怎样的工作。

思想资源直接决定工作路径和工作成果。

在电视撰稿领域,努力丰富自己的知识结构,占有更多思想资源,就是为了提高工作质量和效率。也就是,学以致用是硬道理。知识结构的积累不是拿来作为"侃大山"资料而炫耀的,而是为了有益于具体操作,解决实际问题的。知识结构有时会直接决定撰稿人能够赢得多少事业机会,提高撰稿人在电视应用文写作市场上的地位、声望和职业形象。

第三节　撰稿人如何搭建知识结构

中国现行教育制度从小学就开始严格按照应试教育模式,规范学生的学习行为和课程设置,使得学子只关注课本知识,极度依赖课堂讲授,以应对考试。学子对课外知识的好奇心被严重抑制,甚至课外阅读都会被学校和家长共同禁止。这样的中小学学习经历使得学生视野狭窄,缺乏自由探索新知的独立性。

进入高教阶段,大学里依然贯彻应试教育模式,把学生严格限制在固定学科中。中小学时代的学习习惯在大学时代没有得到纠正,而是进一步强化,致使大学生对本专业教科书之外的知识依然相当冷漠,导致知识结构的简陋单调。在这种体制下,学生个人在课程学习之外,以自觉独立的方式,建立跨学科知识结构的追求就显得十分必要,可以弥补学历教育存在的某些不足,以更好地适应社会需要。因为社会现实对具有跨学科知识结构的人才表现出日益强烈的实际需求。

对于希望掌握电视片撰稿技能的在校学生而言,独立自主地建立跨学科的知识结构,应是重要的学习目标,并需要做出明确的计划。

这首先是时间安排。

现代知识领域精细地划分为若干学科。学生在完成课内学习的基础上,每一个学期可以集中课外时间和精力,专读一个学科。每两周读完一本基础性的专门学科著作,应该不是一个很难的任务。一个学期时间能够读十多本,这就可以粗知一个学科的基础知识系统了。

4年大学共8个学期,一个学期攻一门学科,就可以对自己专业之外的8个学科有一个相对系统的常识性了解了。这不是一个过高的期望,而是一个步骤清晰的可行之路。

为建立跨学科知识结构而展开广泛的课程外阅读，不会耽误课程学习，只会增进课内学习效率。一个在学术眼界上日益拓展的学生还会被那一点功课难倒吗？

如果希望获得社会科学领域的跨专业知识，在课余时间的阅读方面就不能太任性。首先就要摆脱"休闲阅读"。漫无目的的"休闲阅读"是学习障碍和对时间的浪费。春天看一本言情书，秋天看一本武侠书，冬天看一本星座与性格研究，这是一种常见的"碎片式"阅读。最终在记忆中也就只剩下一些碎片式记忆。按照这种碎片式阅读的方式搞下去，就算看一辈子书，也还是满脑子碎片。

碎片式阅读形成的碎片式记忆是最容易散失的。只有编织成网的知识结构才能稳固拥有，才会读而能用。因此，即使想读一读"休闲书"，也要选择与学习计划相关的类别，把它们归入知识结构的建设计划中，让选择性阅读的"闲书"中所包含的内容也成为恒久性知识结构中的有效组成部分。让"软书"成为"硬书"的溶解、补充、追记与巩固。这是一种"关联性阅读"。在一个相对集中的时段内，专注于内容关系密切的关联性阅读，是巩固知识结构的可行方法。

关联性阅读就是选择阅读的多本书之间都有内容方面的相关性，某些相关知识点在不同的书中得到反复讲述，并且以不同的角度，不同的叙述方式，不断提示，强化记忆，相互补充，深化理解，丰富认知。这样，所得知识就可能积淀在自己恒久性的网状知识结构中，不容易散失了。

一个人当然可以无休止地看"闲书"。这也是"读书人"的自由。如果你是中世纪的富贵闲人，当然可以这样安然地长期"闲读"下去。同时还需要明白，现在的不少"闲书"其实是"烂书"。在任性的阅读中被烂书占有时间和精力是巨大浪费。这是阅读领域的"温水煮青蛙"，长此下去，"精神的跳跃能力"也就丧失了，最后是默默把自己"煮烂"。

为了有效读书，当然需要找到好书，习惯于接触好书是一个好习惯。当一个人有了相应的知识储备之后，自己就具有了选择性阅读的能力，对"烂书"也看不上眼了，自然会持之以恒地看"好书"，这就会把看好书作为恒久而规则的精神"自健"活动。

当今流行的网上浏览式阅读是增广见闻的重要途径，但很容易诱导人习惯于"碎片化泛读"。这种泛读的结果是处处蜻蜓点水,"结算"下来是用处不多。对于这种网上的碎片化泛读应该有一个时间限度,按比例分配。一个有专业成长愿望的人,还是要进入学术专著的系统进行深入阅读。

初读那些从未接触过的学术著作,一个最大的顾虑是怕没有人讲解,怕可能会看不懂。

实际上,依据现代学术规范撰写的基础性学术著作并不难接受。它们都以循序渐进的叙述规程,从初始概念的阐发起步,逐级展开逻辑化陈述,最终把整个学理系统清晰呈献给阅读者。这其中包含着知识的"可让渡原则",即保证通过规范的著述性讲解逻辑,使知识可以让具有正常思维能力的"无知者"逐渐理解,直至习得和运用。这种通过阅读而实现的"让渡",是知识体系的传递方式,也是知识体系建构合理性的自我检验方式。能够通过规范的书面陈述而正确转移给别人,使得别人能够接受并重复性使用,这样的知识才算是经受了验证。其实,所有规范的现代学术著作的撰写都在坚持知识的"可让渡规则"。这保证了知识的正确传播和积累。当然这也就方便了自学,而不必总是依赖面对面的讲解传授。

在现代人类接受知识的所有途经中,学历教育中的课堂讲授是获取知识的有限方式之一,也是很初级化的方式,哪怕是大学里的课堂讲授。没有哪个专家一辈子靠课堂里听别人传讲来提高自己。独立自主的研读是最重要的求知方式。所有技能精湛的专业人士只是通过学历教育中的课堂讲授,完成几个有限专业的初级入门,此后的能力加深和拓展都是自己独立研读的事。

一个只会依赖课堂讲授获取新知的人就像一个迟迟不能断奶的孩子,学生对课堂的讲授依赖相当于孩子的哺乳依恋。求知的"课堂哺乳期"过长,对"课堂知识哺乳"的依赖过大,会严重影响独立求知精神的成长。离开学校,走向社会,强制性实现了"课堂断奶",终止了"讲授依赖"。那些没有"课堂喂奶"就不会吸取新知的孩子,由于没有形成独立吸取新知的习惯和能力,就基本停止了系统的新知学习。而在校没有形成顽固性"讲授依赖"的学生,离开学校之后,正好走向自主阅读,深化自学,就能够保证自己的知识结构一直处于持续性自主更新和系统充实的进程中。一个想要掌握电视片撰稿能力的人,尤其需要如此。

现代社会是知识社会,处身其中的每个人即使完成在校的学历教育之后,离开学校后也要继续学习。对每个人而言,教育早就变成了终身教育,知识结构的更新与创新是与生命同在的永续过程。英国著名社会学家鲍曼在系统描述了现代社会的"流动性"之后指出:"在流动的现代环境下,教育与学习(若想拥有任何用处)必须是持续的,并且也确实是终身的。舍此再也想不出其他种类的教育与(或)学习;……我们需要终身教育给我们带来选择。但是,为了挽救使选择成为可能,并且使我们有权利做出选择的环境,我们更需要终身教育。"(鲍曼:《流动的年代》,江苏人民出版社 2012 年版,第 128、138 页)一个从学历教育过程中走出来的人,走上社会之后其实都需要继续丰富自己的知识结构,克服应试教育可能造成的"积习",超越狭隘的本专业束缚,建立起按学科、有计划进行学术阅读的习惯。

学术阅读决定文化视野;学术准备决定思考质量和思想高度。

只有无知者才会相信不学而知。

丰富的知识结构是由诸多知识要素组合而成的系统。这个系统存在于人的记忆中,以备随时调用,发挥功能。这样的知识结构通常包含三个方面:

1. 扎实的主项专业知识。这是个人知识结构的根本。这个主项专业可能是单数,也可能是复数。个人知识结构的建立总是以自己学有所长的主项专业知识为中心的。主项专业是建立知识结构的"自组织中心",以此谋求"滚雪球"式的知识积聚,以实现知识结构永不停息的动态增长。

这个"永不停息"不是泛泛之词。有不少人离开大学校门就停止了自觉充实知识结构的努力,在知识增长方面就停下来了。除非是实务迫使,否则他们就不想触碰任何专业性书籍。这实际上是知识成长的"早衰"。这种情形尤以文科生为甚。

"永不停息"的知识结构充实是让职业生涯常葆青春的源动力,也是职业尊严的基石。在知识社会,没有合理的知识结构作为主要支撑,就无法获得基本的职业尊严。而职业尊严是现代社会人的最重要尊严之一。

处于知识结构核心地位的主项专业,可以是在学历教育过程中建立起来之后予以长久稳固的,也可以是远离学历教育时代所学专业,而另外自学确立的。对于漫长的"终身教育"而言,大学学历教育的时间毕竟是相对短暂的。四年的专业学习显然不一定(也不应该)框住此后 40 年的专业钻研方向。

一个人即便不再以高校学习期间掌握的专业作为主项专业,也不意味着"荒废"。因为那个学历教育给予的专业并没有被真正抛弃,它依然存在于学习者的知识结构中,发挥着或隐或显的作用。没有什么知识会是"白学"的。"改行"并不一定就是专业的损失。

2. 广博的辅助性知识。对主项专业邻近的知识领域主动了解,自觉拓宽,熟悉深化,乃至模块化拓展,使之有助于主项专业知识的巩固,使得主项专业知识得到其他相关专业良性辅助,共同提高知识的精专深度和占有总量,保持不断充实的状态。

3. 主辅知识领域互动增效。加强主项专业与辅助项专业知识的联合性实际应用,以提高处置实际问题的效率。丰富知识结构的努力最终是为了处置实际问题,有效完成实际工作。而且处置实际问题更是扩展、充实和巩固知识结构的绝佳途径,也是对知识结构的最直接而有力的检验。同时,丰富的知识结构让有知者能够更为敏锐地感受现实,切近现实,深入行业前沿,而不会沉睡于象牙塔。

电视片撰稿人丰富知识结构的途径,包括持续而有计划的跨学科研读,不断参与实践工作,还包括增长广泛的空间阅历,深入广阔天地,熟记山川地貌、民俗风情、城乡生产生活场景等。培养自己的形象记忆力,扩大自己的形象记忆库。尽可能多走多看,万事留心。这是笔下言之有物的根本保证。

纪实片业界有一个说法,每做一个项目,自己就必须做一番"恶补",就是在最短的时间内,以最快的速度翻阅大量相关资料,尽可能做一些力所能及的知识准备。大家普遍如此,必须如此,也应该如此。实践证明,这种临阵磨枪是有一定效果的。因此,每做一个项目都是知识结构拓展的一次机会。

如果此前就有长期自觉的知识结构建设准备,这时的"恶补"就会更有效率,更加从容而扎实。这进一步验证了一句老话:机会总是青睐有准备的头脑。

建立丰富的知识结构就是打造"有准备的头脑"。

说到底,大众传播事业是文化普及性事业。如果传播者自己就无知,那就只能是拿着功效巨大的传播工具去传播无边无际的无知。后果是非常可怕的!

试看当下炽烈的"转基因问题大讨论"。打开网上相关争论的留言,全是激烈对立的情绪性攻击言辞,很少看到冷静理性的分析,心平气和的提示,更看不到相互给对方推荐一些值得分享的科学论文或专著。可以相信,争论双方都是希望中国人少受伤害,都是希望中国过得好些。在共同的目的下却弄得势同水火,这是否属于对相关科学专业的无知,笔者不敢断言。但这至少属于对"科学精神"的无知。孔夫子曾言:"吾尝终日所思,不如须臾之所学也。"同样可以说:"终日所争,不如须臾之所学也。"

中国传媒人应该在这个事件中获得很多启示,其中之一就是对建立"知识结构"重要性的启示。

下　编

撰写电视片解说词文本的技术策略

第六章　撰稿前的具体准备

第一节　作为项目认知的前期资料阅读

非虚构叙述类电视片的专业制作人士(包括撰稿人、编导等)的电视片选题大致有自主选题和订制选题两种情形。自主选题是自己确定选题,自己独立制作;订制选题是别人确定了选题之后,电视专业人士接受聘用,参与制作。

如果这个电视专业人士没有独立投资能力,或自己不拥有独立制作实体,那么做自主选题的可能性趋近于零。哪怕他自己想出来一个好题目,一般也只能是作为个人创意,提交给有投入和制作能力的实体,争取认可与投入。这依然不属于电视专业制作人士个人的自主选题。

电视专业人士和纪实片产业制作实体还是面对订制型选题的机会较多。订制类选题制作是纪实片社会化大生产体系中的常规模式:社会需求方确定自己需要的纪实片选题,给电视专业制作实体"下订单"。制作实体按照订单选题,组织实施制作,撰稿人受聘参与其中。

当然也有纪实片播出单位,例如电视台或网络新媒体等,确定选题,实施制作。撰稿人在其中承担自己的工种职能。

类似上述情形,不管谁在主持制作,对参与制作的撰稿人而言,都属于订制选题。

这些订制型选题的内容有些是撰稿人接触过的,有些则可能是相当陌生的。即便是有所接触的内容,大多也不至于熟悉到上手就能写。因此,准备工作是必需的。

首先会是订制方给撰稿人概要介绍项目情况,表达诉求,言明作品艺术标准等。这些是可以迅速完成的。哪怕订制方的想法以后还会多次重复和改动,也都属于常规程序。

撰稿人自己需要投入精力所做的第一项重要准备工作,是阅读订制方提供的相关文字材料。虽然订制方一般不会提供很多材料,但这些材料毕竟代表了订制方的某些关注点和重视方面,需要撰稿人仔细揣摩。

在目前的社会阅读环境下,撰稿人为项目寻找文字资料的主要来源大多是网络。网络资料的搜集和阅读肯定很重要,但这些资料基本上是普及性水平的、常识性的,甚至有些是粗略而不够准确的。所以,撰稿人不能完全依靠网络资料,还需要查找一些专业的论文和专著。

按照通常的工作心理,人们总是喜欢接触自己熟悉的,至少是知道一些的东西,在已知的基础上做加法似乎更便捷。但在纪实片的前期资料准备中,撰稿人应该特别在意寻找那些自己不熟悉的,没听说过的,深入阅读那些自己不感兴趣的资料。因为那会拓展视野,消灭盲点,有助于扩大即将撰写的文本内容的含量,也会增加未来完成片的新鲜度与可看性。

撰稿人在为项目进行资料阅读时,总是会面临一个巨大的矛盾:貌似有用的资料太多而阅读资料的时间不会太长。在当下的产业化运作中,慢工出细活的"创作"方式已经被限时完成的"赶活儿"制作方式所取代。紧迫的订货周期要求电视制作系统内的各工种必须以进度为重要指标,快速配合,流水线式作业。这使得前期文字材料阅读时间很难宽裕。因此,这时靠的就是平时的积累加上临时的快速突击,撰稿人和项目中的其他主创人员都不可避免地要对选题相关知识进行"恶补"。这时,如果对相关学术领域的基础理论和基本概念具有比较系统的认知,拥有较为扎实的相关准备性知识,对项目内文字材料的阅读效率会大为增加。也就是说,以往的知识积累会成为"恶补"的强劲加速器。

这时候就会让人想起知识结构的意义。前期资料的寻找与筛选效率、理解和掌握运用能力,正好取决于撰稿人已有的知识结构。如果撰稿人已经具有了丰富而扎实的知识结构,他查找和选择有用资料的速度一定会更快,理解得一定会更加准确,并善于运用。

撰稿人搜寻和选择有用资料的眼力、阅读理解速度和资料运用能力,属于"内功"。这只能是由长期积累练成的,而不会源于临阵磨枪。"内功"的形成没有什么捷径或诀窍。人的知识无法瞬间扩大——在人脑中迅速植入存储大量知识的生物芯片是科幻式的后话。现阶段,人的知识"内功"修习不会是朝夕之功。恰好是这种"内功"决定着撰稿人前期准备阶段的工作效率,当然更决定着预设文案的撰写质量。

在订制类选题的市场化竞争中,经常性的情况是,上午制片人或编导突然给撰稿人打电话,说下午有一个订制方想约谈一个项目,"务务虚",听听想法。而订制方在初次接触中所听到的主创人员想法,会在很大程度上影响他对承制方的选择。像这样的"猝然迎战",经常是思考时间只有一两个小时,不可能有更多资料阅读时间,这时候撰稿人只能拼"内功"。这也是一种"项目思维"特点与启动方式,甚至是常见方式。撰稿人在市场化生存中,很少会有四平八稳,按部就班"上项目"的幸运。至少在目前的生产状态下是这样。从中可以看到,撰稿人的知识储备甚至有力影响着订单的接取。有能力的撰稿人是帮助承制方拿下订单的有力谈判成员。这也经常是撰稿人在撰稿工作开始前的一种挑战性"准备"。撰稿人介入这种谈判会使自己撰写的文本更具有市场生命力。

此外,撰稿人如果在前期准备阶段看到一些影像资料,当然也很重要,甚至是幸运的。因为大多数项目的影像资料都很少,甚至完全没有。如果能够在预设文案的准备阶段看到一些相关的影像资料,会很有助于启发电视形象思维,给文案的写作增加不少生动性。

在撰稿人获取各种资料的时候,其他各工种的工作人员也有必要适当接触相关资料。特别是编导和制片人,这两个工种至少应该把主要资料都看过。当然多数情况下,不能在资料阅读量上把制片人或编导与撰稿人等量齐观。

项目主创人员在各自都对相关文字材料具有相当掌握之后,应该不断进行摄制组的内部讨论,这是集体创作思路的深度动员和统一认识的方式,有助于此后各工种之间的工作协调。因为最终的电视作品毕竟是集体智慧的结晶。

资料阅读与掌握是项目认知与思考的开启。这种开启显然不单是撰稿人一个工种的必需,而是创作集体的必需。只是撰稿人应该是资料阅读量的第一人,有义务把选择出来的主要资料提供给自己的创作集体,大家传看共商。

第二节　作为项目深化思考的前期专家采访

在摄制组主创人员阅读了一定数量的相关资料之后,就可以陆续展开专家采访。在对相关领域一无所知的情况下去采访专家,是对专家的不尊重和对专家资源的浪费,也是采访者对自己时间的浪费。撰稿人要在熟悉一定数量的资料之后再去采访专家,是因为在阅读文字材料时,特别是在阅读相关论文和专著时,撰稿人已经能够了解到,哪些专家对项目相关领域研究有素,采访哪些专家可以更有收获。

在对专家进行采访前,撰稿人大量阅读了相关文字资料,加上自己原本已有的知识结构,才有能力设计"靠谱"的采访话题。因为接受采访的专家有时会在电话里先问一下需要谈些什么话题,甚至要求把话题事先发过去看看,以便做些准备。这些都体现出专家的认真负责。如果作为采访者的撰稿人或摄制组的其他主创人员,在电话或电邮里告知话题时显得很外行,说得"不着四六",会让专家感到来访者毫无文化基础,粗陋不学,对自己要干的活儿还处于十分无知的状态,这会直接影响专家接受采访的热情,甚至导致专家拒绝采访。这种情形并不少见。因为珍惜光阴的专家们会感到,不值得为这样愚蠢的来访者浪费时间。

值得强调的是,采访那些撰稿人直接阅读过其论文或著作的专家会有助于展开沟通。因为在采访前阅读过该专家的著述,并在采访时体现出来,这是对专家的尊重,会迅速赢得采访对象的好感,让采访马上建立起"互信基础",迅速找到贴切的话题,与专家展开有效对话,理解专家话语的价值,把专家对项目的内容贡献最大化。否则,采访者就会听不懂专家在说什么,也无法跟专家进行哪怕是初级意义上的对话,只能懵懵懂懂地貌似在听,而实际上什么也没有听进去。

撰稿人在采访专家前有较为丰富的准备知识,既可以设计出让专家有"谈兴"的话题,也可以在面对面采访中跟进话题、追问话题,随机应变地扩展话题、衍生话题、转换话题。准备性知识的丰富会让采访者在与专家交流中显得颇善谈吐,而不像无知者那样只会"吐痰"。

在采访者具有了一定的"倾听和对话"能力的基础上采访专家,也会使得采访者对专家拥有一点"评价和选择"的能力。至少是"评价"专家的说法有多少可以用于片子,对专家访谈内容采取怎样的用法。

我们经常看到,不少赫赫有名的"大片子",去采访的都是国内外的大专家,可是截取到片子里的就那么三言两语,而且那些大专家说的都是普通人也能够说出来的"平常话",根本体现不出专家对片子的"思想"点睛作用,也看不到专家深化分析的见地。不难理解,一定不是这些专家说得不好,而是撰稿人或编导没有能力选出那些该用的精彩部分。

包括撰稿人在内的摄制组人员采访专家可以对专家形成"观感",由此初选出能够接受出镜采访的专家。由于各种各样的原因,并不是每一位专家都适合于直接"出镜"。选对"出镜"专家,片子会增色不少。

撰稿人在采访专家时,一方面要虚心听取专家自己关于相关领域的见闻描述和思想观点的阐述;另一方面,如果可能,撰稿人很有必要向专家请教不同学术立场的观点。在知道了不同学术立场的持有者之后,撰稿人也有必要"循迹而去",登门求教,听取不同的学理观点,这会对片子的丰富性有很大作用。

在实际采访工作中,只要与一位专家建立起良好沟通,撰稿人就可以通过连锁"推介",找到相关领域的专家群体,包括不同观点的专家。

采访专家比较有效的方法基本上还是一对一的直接采访,而不是"大帮哄"的策划会。

对于多位专家到场的策划会,难免相互观望,出言谨慎,诚恐言多有失,自然所说也多泛泛之词。没有哪个专家会在这样的会上把自己真正的研究心得和正在研究的前沿问题谈出来,不同观点最多也只会点到为止。这样的会议谈话对片子的实质性贡献其实极为有限,而且在这种多位专家参与的策划会上,每个人说上十几二十分钟,加上中间的客气介绍和起承转合等程序,一上午或一下午就过去了,谁也没有谈透谈深。

而在人人忙碌的当下社会,让专家们坐下来整天开会也不现实,更何况把多位专家的参会时间协调一致,召集同来,这本身就是一件难事。多位专家到场的策划会使得大家支付了很高的协调成本,但实质效果却不成比例。对专家进行一对一的直接采访,则效率更高,效果更好。

　　需要采访的专家可以有多种类型,可以是书斋里或实验室里的研究型专家,也可以是在社会工作第一线的实践型专家。实践型专家可以把相关领域的实践状况及其理性思考传达出来,为片子提供新的视野和内容。

　　在选择被采访专家时,电视界有一个倾向是,力求找到最有名的专家去采访,其实不必这样做。因为最有名的很可能是最忙碌的,这就导致采访时间"难凑",联系和预约的时间成本过高,要等很长时间。而且即便得到允可,采访的受重视程度和访谈时间可能都难以保证,也许只能听到几句泛泛之言。

　　更值得注意的是,电视界采访者都追着寻找最有名的专家,使得一段时间里,多部片子转来转去,出镜接受采访的总是相同的那么几个人和那么几句话,重复感过强,了无新意。面对业界追求采访名家的诸多弊端,还不如换个思路,不去追寻最有名的,而去寻找最有用的。

　　怎样找到那些对片子最有用的专家呢?还是需要片子主创人员的判断力。判断力如何获得呢?还是要打造那个足以支撑自己判断力的知识结构。大家之所以一窝蜂去找名家采访,一方面是想扯大旗装点自己,借助名家来拉动一点收视率;另一方面是自己缺少判断力,只好听人家说谁最有名,就赶紧追随过去。结果常常是费力不少,好处不多。其实大多属于"矮人看戏何曾见,都是随人说短长"一类。

　　在资料阅读阶段就留心寻觅对片子最有用的专家,是一种有效的工作方法。这其实并不复杂,就是看哪位专家的文章把相关领域的问题说得透彻周详,他的思路能够给片子的创作思路提供多少启发,而不是去听大众传媒把哪个专家炒得有多热。纪实片固然需要植入吸引社会广泛关注的元素,并重视收视率,但纪实片本身毕竟不是凑热闹,所以不必在选择被采访专家时也凑热闹。

　　不同的纪实片对专家类型也需要有所侧重。例如,有些人文地理类纪实片应特别注重采访一些拍摄点所在地的本土文史专家。即使片子是"国家级大项目",也不可轻视当地文史专家,虽然他们可能只是"小邑名家",甚至在小邑中也籍籍无名,但只要他们有独到之知,可以提供特有素材,他们在片子里就应该与"国家级专家"平起平坐。或者哪怕他们只提供了现象性材料,而没有做出深入的分析揭示,只要他们的见闻现象是翔实而独到的,就值得纳入片子的阐释系统。当地文史专家的价值在于告诉项目主创人员,本土那些值得拍摄的现象都在哪里,当地文史专家是这些有价值现象的提供者。而对这些有内涵的现象进行意义化阐释,那是撰稿人和编导的事。现象总是质朴地生长着,它们的意义化存在可以在阐释中延展。

纪实片制作过程中采访专家的主要意义在于,借助社会上的高端智力资源,在尽可能短的时间内突破项目团队的知识局限,为作品提供学理角度,提升主题高度,扩大素材视野,充实作品的科学与文化内涵。

第三节　撰稿人前期实地采访

撰稿人在文稿撰写之前如果能够进入拍摄区域,开展前期实地采访,是极有价值的准备工作。

在订制选题的实际操作中,由于投资方对拍摄时间周期的极力压缩,摄制经费尽量节约,经常会省略撰稿人前期实地采访这道工序。这也是撰稿人乃至承制方(乙方)无力决定的事。有时,承制方也会出于同样的原因而省掉这个工作环节。

撰稿人前期实地采访的时间和经费虽然是一笔支出,但所占不多。撰稿人前期实地采访能够使文本内容设计更为确切和丰富,并会使摄制组实地拍摄路线得到更为合理地选择安排,找到的实际拍摄对象更为准确。而没有撰稿人事先的"田野考察",会让多人构成的摄制组,搬着设备到处绕路摸索,漫无边际地寻找拍摄对象和故事。这样的时间和旅费支出就大多了。相比较而言,撰稿人前期独自实地采访的支出毕竟是很少的,其收效可谓是"磨刀不误砍柴工"。

在现存的制片实践中,还是有少部分选题是允许撰稿人进行前期实地采访的。这就涉及撰稿人该如何进行自己的前期实地采访的问题。

首先,也是最重要的,撰稿人必须准备一种"好心态",让自己做一个"彻底的现实主义者",专注而不挑剔地面对现实。不要指望这种前期采访工作进程会按部就班,不要苛求一切准备会及时就绪,不要认为有人应该为你提供一切必要条件。至少在现存环境中,必须放弃一切理想状态的想象,才能心态平和地工作。哪怕你干的是国家级项目,名义上有庞大的官方体制可以借助,那也不要存任何奢望。

　　你会遇到一些采访工作的接待者,他与你素不相识,却尽心尽力帮助你提供相应的工作条件。哪怕接触时间很短,你们也会建立一种友情式的关系。甚至有些无法采访到的必要内容,他也会帮你寻找替代办法,予以补救。

　　如果足够幸运,你还会碰到身在官府的"儒吏",他会充分理解并帮助你的工作,坦诚讲述那些你所需要的内容,不带有任何功利目的;你也会遇到诚挚的本土文史专家或爱好者,他会不厌其烦地讲述他所知道的一切,只因为他喜欢。

　　你也会面对这样的工作境况,你要进入的现场看起来一切都正大堂皇,就是有人不愿对你开放。哪怕这个现场中没有什么需要掩饰和保密,但也要履行很多上报和审批程序,最终允许看的那部分仍然只是一角。哪怕你的身份得到了从上到下的证明,你的项目完全是正面描述,至少有助于提高地方良性知名度,结果依然很可能是你要见的人见不到,你要看的事看不全,或见到了人却没有说出具有实质性内容的事;你不需要见的人或不必听的事,会被"热情"推荐过来,而这些东西恰好都与本片创作主题无关甚至相悖。这些采访工作的"接待者"似乎内心里都有一个原则:既然你的采访活动是借助本土"体制"安排的,那就必须先满足了本土"体制"的需求,再捎带支持一下你的工作需求。如果我在其中没有好处,凭什么理你——当然这也很符合市场经济原则。这是中国社会开放度的另一个侧面。

　　假如遇到这样的采访工作状况,心理上不必有什么不适。这个过程也同样值得深入观察。其间他人的许多无心之言,都应该转化为采访者的有意之得。世事洞明皆学问。这当中的一切体验都是重要的采访收获,有助于了解社会。

　　采访工作的顺与不顺,是概率性事件。这一切都是采访工作应有的组成部分,要点在于你自己的性格弹性与适应力。

　　进入实地采访的撰稿人,应该勇于面对一切困难。不管遇到什么障碍,都应该耐心挺下去。一切干扰都不能影响你心气平和地寻觅,这就是工作。撰稿人必须经得起一切冷漠、敷衍、推诿,甚至刁难。所有这一切都应该成为必要的观察对象。当你能够冷静观察别人对你的冷漠、敷衍、推诿,甚至刁难时,这些东西还会对你构成心理负担吗?

　　如果进入现实的撰稿人像一个少不经事的小资文青,太过清高和挑三拣四,这个活趁早不要干了,而且也根本没有必要走出书斋门。纪实片撰稿人这个职业基本上不属于书斋。只是写稿子那一小段时间里需要"借用"一下书斋。或者没有项目的时候,坐下来读书,需要书斋。这时,你是读书人,不是撰稿人。为人家做采访、写稿子的时候,你是撰稿人,你面对的是现实的"江湖"。这也才是纪实所面对的"实"。

近年来,主流播出领域以普通劳动大众为主角的大片子越来越少了。不少主流片子里面貌似多有大众身影,但点缀性作用居多,主要是临时拉来当作某些主题的佐证。通常项目工作计划不会给撰稿人更多的大众人物采访时间,采访大众也变成"快餐"式的了。这就需要快速介入。快速接近大众不难,只要他第一眼看到你的衣装"不装",说话时你对他的工作和生活"不外行",你的话题思路跟他的思路"不拧",你可以直接盘腿坐在他家的土院子里或田头的裸土上,随手抱起他的满脸鼻涕嘎巴的孩子真实亲切,甚至拿起他干活的家什还能比划几下子,用他的杯子喝水不擦杯口,坐在他的小摊旁说得出他的货有多好,价钱高低,关心"城管"何时出现,他就会觉得你离他近,对脾气,看着顺眼。这时假如身边又没有监控的第三人,那他就可以放开了聊。即使你的口音跟他不同都没关系。反正这年头大家的口音也都"串了"。当然,聊的内容如何进一步"考据",那是你自己的事。

进入实地采访的撰稿人应该是拥有无限好奇心的探寻者、冷静的观察者、诚恳的发问者、谦虚的求教者、对现场所有人(即使是现场内的对立各方或争议方)都持有"同感共情"精神的倾听者,以这些身份接近一切可能接近的人,走近事实,为随之而来的实际拍摄捕捉尽可能丰富的素材。这一切是职责所在。

在为了节省时间和经费而安排节奏高度紧张的城市采访中,公务员或白领的采访当然就照办公室和写字楼的游戏规则来。

对于参与前期实地采访工作的撰稿人而言,给多少时间做多少事。这也同样需要一份理解和从容的心态。作"订制选题"是不能奢望长期体验生活的。如何在最短的时间里,捞到最多的实地采访到的有效素材,是撰稿人特别重要的基本功。

这一切阅历有一个最重要的意义——在这个时代,你脚踏实地地在场!无处不在地在场!

对于项目而言,既然是为了确定的选题进行前期实地采访,那么以下问题就需要特别清楚:第一,实地采访秉持主题性和目的性,一切采访都围绕主题,都指向一个工作目的,范围不能散乱,思路务必清晰;第二,在明确的主题范围和目的规定下,一定不要忘记超目的范围的采访拓展,这很可能带来项目内外都有用的意外之得;第三,在实地采访中善于以学理化角度观察并选择可以纳入片子的实地现象。这些现象的捕捉和理解将是撰写拍摄用的预设文案的重要组成部分;第四,为随之而来的摄制组拍摄工作选择目标人物,以及备选的目标人物,当然还需要挖掘围绕目标人物可以展开的诸多故事线索;第五,留心一切有助于凸显主题的现场新奇点和可镜头化场景,予以准确纪录整理,提供给摄制组,作为拍摄参考。

撰稿人完成了上述指标的实地采访,并以此为基础,撰写出拍摄用的预设文案,其对实际拍摄的吻合度会明显提高。

当然,不同选题有不同的实地采访方式。对于地理文史类选题,实地采访方式一般也会更"文化"一些。

2013 年 7 月,北京一家影视制作公司邀请笔者为九华山撰写一部三集的纪录片。该公司同九华山方面(甲方)已经建立了较好的沟通关系,有了合作意向。但由于一直没有一个令甲方满意的文本,实质性的合作就一直无法落实。

为了项目推进,影视制作公司希望笔者能够尽快写出一个可用的文本,并为此安排了前期实地采访。

采访过程很短暂,当然也有诸多事务性的琐碎环节,但对脚本撰写工作极有助益。笔者结束实地采访,走完最后一段山路时,曾写下一首纪行的小诗:

访僧九华山大觉寺寮房

悄离尘海避炎光,岭首松竹出世凉。

蛛缀千丝营废殿,茗芬三界度虚窗。

闲翻古偈品溪语,漫赏蔬蜂评蜜香。

僧话低昂蝉唱和,无声星月入山房。

小诗本身并没有特别意义,它只是纪录了笔者"出离红尘"炎光,融入"清凉世界"的感受,以及与采访"目标人物"的深入沟通。这八句话算是前期采访过程纪要。实际上也就是在描述前期采访工作的"在场感"。

实地采访结束后 3 周,笔者完成了初稿。甲方看后比较满意,提了一些枝节性的修改意见。笔者按照这些意见修改后,甲方甚为满意,马上与北京的影视公司签约。恰当的文本对于争取立项的实质性作用在此有所体现。

作为承制方的影视公司随后拿着这个文本去联系电视台播出,也顺利得到了播出方的接纳。该片定于 2014 年底前在中央电视台播出。这也表现出,合适的文本对于片子争取播出机会的价值。

以下是三集纪录片《九华山》的第一集《万法归山》的解说词:

> 在 4 亿~6 亿年前,九华山一带还是扬子海的滨海区或浅海地带。在 1 亿年前的燕山造山运动期,地质构造运动强烈,使九华山片区急剧抬升,由此形成了独特景观:群岭竞秀,险峰插云,怪石嵯峨,幽谷深邃,并由此孕育出瀑泉飞涌,植被丰茂,鸟兽麇集。

> 这样的造化优异之山自然成为上古先民崇拜的对象,甚至幻想其中有神仙居住。

> 九华山原名九子山。在历史传说中,九华山里是真有山神的,而且风姿绰约,明艳动人,称为"九子山神"。这样美丽的女性山神形象,正是九华山奇秀风格的象征。

> 唐代高僧金地藏独坐九华山修行时,曾被毒蛇咬伤,生命垂危。美丽善良的九子山神赶来救治,并且道歉说:"我的小儿很无知,伤到了您。我愿意开出一眼山泉,以方便您取水,作为补过。"话刚说完,就有一口清泉当面涌出。金地藏此后便不用辛辛苦苦,爬山取水了。这眼清泉就是九华山上至今犹在的龙女泉。

> 在这个动人的传说里,山神的小儿子化作毒蛇,侵害外来的佛教传播者。而对于金地藏的修为认知渐深的山神表达了歉意,并对金地藏的苦修生活予以实际帮助。这是九华山的山神崇拜与外来佛教文化的戏剧性链接,象征着本土文化对外来文化从疑惧排斥到接纳善待的过程。

在中国的神话文化中,山是神的居住地。登山乃至在山上长期居住,是与神沟通、向神学习的绝佳方式。在金文中,"仙"字的"人旁"在山字上面。到隶书出现后,"仙"字是"山旁加人"。总之,仙就是山上人,山中人。自古以来,中国修行的人必须上山。深山修行是人成为仙的最佳途径。

据九华山旧志记载:九华山在汉代被称为陵阳山。早期道家代表人物窦子明在西汉元封年间(公元前110年—公元前105年)为陵阳县令,人称"陵阳子明"。窦子明在任陵阳县令期间,以黄老无为之术治理县政。常入九华山中修炼"神仙术"。西汉文学家刘向(约公元前77年—公元前5年)在《列仙传》中说,窦子明在九华山修行了百余年。传说修成之后乘白龙飞升。这正是人上山而修行成仙的故事。九华山也因窦子明的进住修行而与道家结缘。后来其他宗教的修行者也陆续进驻。

中国各家宗教都喜欢选择山岳作为自己的聚居地,这个习惯本是来自于历史上的山岳崇拜。

《尚书·大传》说:巍峨的大山生长草木,繁衍鸟兽。无私供给人间以无限材用。而且还能够出云雨,通天地。"阴阳和合,雨露之泽,万物以成,百姓以飨",上古的经典记载了古人崇拜山岳的理由。

《国语·周语》还说,国家兴盛的时候,山上就会降临祥瑞。山成为国家安宁的依据。

在上古的国家礼法中,对山岳的祭祀和封禅是国家政治的最高仪式。伟大的山是国家权威和正统地位的象征。在中国的山岳崇拜传统中,山不是用来征服的,而是用来供奉和祭祀的。

有山必有神。《礼记·祭法》说:"山林川谷丘陵,能出云,为风雨。见怪物,皆曰神。"山里有云雾风雨产生,很神秘。那里面见到的怪物,便都被先民称为神了。山岳崇拜的神格化方式就是设定山神。山岳崇拜与山神崇拜是合二而一的。而山神崇拜也属于一种信仰。

在历史的文化演进中,古老的山岳崇拜与信仰崇拜也逐渐合二而一,把山当成信仰圣地,而信仰者前赴后继地上山修行。这成为中国山岳崇拜又一个重要表现形式。洞天福地大都在山中。道教有自己的四大名山，佛家也有自己的四大名山。这便是著名的例子。

九华山既是山岳崇拜传统的礼敬对象，也必然成为宗教栖居的佳选。道教是中国本土宗教，首先入驻九华山。道教以土生土长的优势，把九华山列入道教的"七十二福地"之内。

继西汉窦子明之后，三国时，道教人物赵广信，从东吴来到九华山，采药炼丹。相传炼成的仙丹就取名为"九华丹"。

到晋代，九华山迎来了道教丹鼎派创始人葛洪。他深爱这里远避尘嚣，山蕴灵气，就在这里立鼎炼丹。现在九华山真人峰、宝陀岩等处的葛仙洞、丹井，均为葛洪留下的遗址。

在葛洪炼丹于九华山的晋代，天竺僧人杯渡也来到九华山，搭建起茅庵，开始自己的山中修行岁月。其实，并没有人知道这位天竺僧人的真实姓名，只是因为他习惯使用一只木制的杯子涉渡江河，所以称为杯渡。杯渡的茅庵旧址被后人视为九华山佛教的第一块圣地。高僧杯渡使用的渡水木杯应是一只大木盆，只是传说把它神化为一只小木杯。犹如达摩"一苇渡江"的苇，应是一捆芦苇，而不是一片苇叶或一根芦秆。

自杯渡和尚进山开始，道教与佛教在九华山就历史性地相逢了。九华山从此开始佛道兼容的历史。

九华山上的修行岁月与人间沧桑一直密切相关。

当唐王朝立国之后，开国皇帝把自己的家族世系上推到老子李聃，连皇帝都认为自己是道教始祖的后裔，道教当然因之大盛。唐开元年间（713年－741年），九华山云门峰下建成道教大庙，称开元观。今九华山的观冲即是唐代开元观遗址。

九华山凤栖峰下有一块巨大岩石，岩旁生长着茂盛的桃树林。十分神奇的是，这里的桃花会呈现绿色。巨石便被称为碧桃岩。

相传在九华山修炼的唐代乾宁年间著名道士赵知微和弟子，在凤栖峰下修行时，遍植桃树，盛开的花朵碧绿如玉。桃树果实成熟时，任凭掉落深涧，漂流而去。山民从涧里捞食甘甜如蜜的碧桃，都说这是仙家赐给的"仙果"。涧溪因此得名为"浮桃涧"。今天的桃林便是赵道士手植桃树的后裔。

九华山小花台原名会仙峰,峰顶石柱如人群罗立,参差有致。相传还是这位赵知微在中秋登峰赏月,宴请群仙。南宋诗人陈岩专门写诗,描述赵知微在这个地方宴乐群仙:"仙袂飘飘拂翠巅,知微来此宴群仙。人间风雨山间月,始信仙家别有天。"

九华山关于道教的传说如此优美,正是道教在此兴盛的表现。

唐代道士赵知微还在九华山开坛授教,徒众甚多,并在九华山凤凰岭创建延华观,在九华山沙弥峰设炉炼丹。朝廷屡次征召,赵知微坐山不出。皇帝特赐予"碧云星冠,青霞羽衣"。

在九华山道教日益走向繁盛期的唐代开元年间,一位朝鲜半岛的新罗国高僧来到皖南池州一带。

这个时期,新罗国的佛教十分兴旺。君王提倡,民间崇信。入唐求法的新罗高僧络绎不绝。有短期留学的,有长期留住的。当时的中国以自己丰沛的文化原创成果,对周边国家形成巨大而持久的吸引力。新罗僧众们从朝鲜半岛南部乘船,至中国吴越地区登陆,一部分北上长安,寻访名师;还有一部分就沿长江西行,求法名山,在皖江流域活动。

当时,九华山周边的池州一带在文化上有得天独厚的幸运。整个南朝时期,这一带的佛教文化一直很繁荣。

特别是南朝的萧梁时期,池州一带是南梁昭明太子萧统的封地。昭明太子在自己的封地上扶持农桑,重文兴学。同时崇信佛教,信仰氛围十分浓郁。

池州文化之邦的底蕴和佛教氛围,让一位新罗僧人流连忘返。新罗属于汉文化圈。中华文化的深入影响,天下佛教是一家的信仰体系,使这位新罗僧人能够自然融入皖江文化区。

新罗僧人俗家姓金,法号地藏。通称金地藏。唐代开元末期(约719年),他选择驻锡池州九华山。

金地藏选择九华山修行,实际上也是受到了中国传统山岳崇拜意识的深刻影响。

金地藏初到时的九华山本来就人烟稀少,而金地藏更是选择了深山更深处的山洞居住。只有深山采药者和猎人,才偶尔会见到这位山洞里的修行者。山民不知其名,直呼为"洞僧"。此时此刻,在同一座山中,还有道观的存在。只是僧道之间还没有交往。

后来,苦修的金地藏被九华山的乡绅们发现,他才开始与山区社会逐渐沟通,并与九华山中的道士建立起交情。金地藏曾招请道士汲泉烹茗,以茶会友。这个"道侣相会"之处被取名煎茶峰。宋人陈岩《九华山诗集》中记载:金地藏曾经携道士在山岩间一同打坐入定,共同修持。他希望佛道融洽共处,友善相待。煎茶峰成为昭示九华山佛道相容的圣迹。一山而和谐容纳二教,显示出九华山的博大包容。

即使九华山佛教极大兴盛后,也并没有终结九华山道教的存在。九华山道教经唐宋的繁荣,明清的传承,直到 20 世纪都有延续。

明清时期,九华山区先后出现云峰堂、玄夷堂、九华正院等道教宫观,一些古老的岩洞,如太极洞、古仙洞、伏虎洞等处,均有道人聚居。

九华山上有一个"灵官护法"的传说。言道韦陀本是佛教的护法神,九华山辟为地藏菩萨道场后,他自然来执行护法职责。可是,一日失手犯了杀戒。地藏菩萨执行惩处,把他斥退,并请道教大神王灵官来为九华山护法。如今九华山的"灵官殿"就位于十王殿东南侧。其实,道教中的灵官取代了佛教中的韦陀,来做地藏道场的护法神,正源于九华山佛道融合的传统。

九华山佛道融合的特点多有表征。拜经台的大雄宝殿既供奉大佛塑像,又供奉玉皇大帝等道教神像,都体现九华山佛道兼容的风格。

九华山不仅有道教的宫观,佛教的寺院,还有儒学的书院。儒学以九华山为据守和传播之处,也始于唐代。

唐代元和二年(807 年),青阳县士子费冠卿得中进士,居长安待授官职。后因母亲病逝,回乡守孝三年。此后便不再外出游宦,长期隐居九华山五老峰下,过着清苦的隐士生活。长庆二年(822 年),唐穆宗诏征费冠卿入长安,想要任命他为右拾遗。费冠卿辞不应诏,仍安心在九华山中过自己的耕读生活。这位读四书五经，应举进士的读书人，当然属于儒生。他在自己的隐居生活中，也坚持自己的儒家立身之道。

费冠卿去世后，人们把他隐居的旧宅辟为"费拾遗书院"。就是这位隐居九华山的儒士费冠卿，写下了关于金地藏在九华山修行历程的第一手文献记载。

唐代九华山见于文献记载的书院将近十处，有十数位儒家学者在九华山隐居读书，或聚徒讲学。九华山碧云峰和香林峰等处，都是唐代书院的奠基之处。

唐代天宝年间，李白在九华山与友人高霁、韦权舆（字仲堪）共同谱写《改九子山为九华山联句》，李白留下名句："妙有分二气，灵山开九华。"九华山由此得名。李白还曾乘舟至秋浦江面，遥望九华山，想起友人青阳县令韦仲堪，特赠诗《望九华赠青阳韦仲堪》一首："昔在九江上，遥望九华峰。天河挂绿水，秀出九芙蓉。我欲一挥手，谁人可相从？君为东道主，于此卧云松。"相传李白曾一度卜居九华山东崖龙女泉侧读书。

南宋嘉熙初年，青阳县令蔡元龙进入九华山，寻访李白遗迹，在化城寺东侧始创太白书堂。宋代在九华山建成的书院不只这一所。

著名的《岳阳楼记》是滕子京嘱咐范仲淹写下的。这位《岳阳楼记》创作的策划人滕子京，曾在九华山隐居，并筑书院于云外峰下，称"九华山书院"，后更名"谏堂山书堂"。后世称为滕子京书院。

当宋代的儒家学者在九华山钻研儒学的时候，九华山寺院里的高僧竟然在做"以儒入佛"的工作。

南宋时代的高僧宗杲因为反对奸相秦桧的投降政策，受到迫害。他曾长期在九华山传法弘道，赢得九华僧众的无限敬仰，被尊为"定光佛"。在金人大举南侵的现实下，宗杲在九华山大力宣扬儒家的忠君爱国思想，将佛教的"菩提心"比之于儒家的"忠义心"，认为"菩提心则忠义心也，名异而体同"，这有力促进了儒家思想观念向佛教的渗透。他的弘法爱国举动影响深远，后世许多高僧大德在国难当头之际，都做出"爱国读经"的选择。

明代高僧智旭也曾久居九华山华严庵,自称"地藏之孤臣",长期有意识地从事儒佛会通的工作。他说:"以禅入儒,是为诱儒知禅"。他把禅学导入儒学,诱导儒学来了解禅学。这种文化努力是非常值得尊敬的。智旭自称"身为释子,喜研孔颜心法示人"。作为和尚的智旭,却喜欢教别人孔子和颜回的"心法"。这确是趣事,也是中国思想史上的大事。智旭甚至认为,儒家的圣人都是菩萨化现。智旭著有《周易禅解》《四书藕益解》等佛学著作,提出"儒以孝为百行之本,佛以孝为至道之宗"。他认为儒家与佛教都推崇孝道,表明二者的深度相通。这与他久居九华山,深受这里地藏孝文化影响有密切关系。

明代大哲学家王阳明是深研佛学的大儒,曾先后两次来九华山。正德十四年(1519年)王阳明上九华山的那一次,居停时间长达月余。山居期间,王阳明登览天柱、列仙、翠微、云外等远近诸峰,凭吊了诸多前贤遗迹。他认为"一生好入名山游"的李白对九华山描写不多,诗也过于"潦草",就写诗评价道:"从来题诗李白好,渠于此山亦潦草"。王阳明自己为九华山留诗50余首,算是写了个淋漓透彻。

王阳明还写下了著名的《九华山赋》,除了对九华山风光极尽赞美,更书写了自己游览的开怀舒畅。掬取清澈的金沙泉水,饮尝钵盂峰顶的朝露("掬金沙之清潦,饮钵盂之朝露"),让他深感惬意。甚至想常住九华山:"九华之矫矫兮,吾将於此巢兮",以此避开尘世嘈杂:"避乎群喙之呶呶","共太虚而逍遥"。

王阳明以自己精深的学术造诣,与九华山诸多名僧高道,谈经说法。在游东崖时,他还学金地藏的样子,经常在峰顶巨岩上端坐("尽日岩头坐落花")。九华山"宴坐岩"因此名传天下。

王阳明到东岩宴坐,常与山中名为周经的和尚下棋。明武宗听信谗言,曾派锦衣卫跟踪侦查王阳明的行动。锦衣卫回京报告说,王阳明总在东岩打坐或下棋,看不出谋反之意。皇帝听后笑道:"此道学人也。"就此放心下来,又叫王阳明做官去了。

宴坐岩至今还留有王阳明当年下棋的石桌、石凳。附近的两块黑色石头,传说为监视王阳明的锦衣卫侦查员所坐,故名锦衣石。

王阳明在宴坐岩为周经和尚题写摩崖偈文:"不向少林面壁,却来九华看山,锡杖打翻老虎,只履踏破巉岩。这个泼皮和尚,如何容在世间,呵呵!会得时予你一棒;会不得,且放在黑漆桶里偷闲。"偈文用洒脱活泼的笔法,生动描绘出和尚友人的自在通脱,折射出一代大儒与名山高僧的相知相乐。偈文题写时间是明正德庚辰(1520 年)农历三月八日。字迹虽已漫漶,仍是九华山儒家与佛家相亲的见证。

王阳明山居时就住在化城寺。山中的僧人们都争着拿上宣纸,请王阳明写字题诗。为了满足大家的要求,有时候王阳明会写得通宵达旦,但他竟然乐此不倦。当时的九华山寺院因此留下了一代大儒的许多墨宝。

当时远近学子听说王阳明先生在九华山,都上山聚会,恭听讲学。先生走后,学生们在化城寺与肉身宝殿之间的山上,建起阳明书院一座,以作纪念。正堂书曰"勉志"。后门写有"仰止"二字。王阳明先生让后学们有"高山仰止"之感。后学们愿励志勉学,追步圣贤。

明代嘉靖十三年(1534 年),池州知府邀请湛若水来九华山讲学。地方官吏士绅筹资,在化城寺东构筑讲堂斋舍,并确定讲堂名称为"甘泉书院"。

湛若水当时是与王阳明齐名的大儒,居官 30 多年,历任礼部尚书、吏部尚书、兵部尚书。肃正清廉,颇有政绩。一生热心捐助书院,得到他资助的书院将近 30 所,遍布半个中国,对当时教育有突出贡献。90 岁时,湛若水还让人抬着棺材,出门讲学,其杰出的学术及人格影响遍及天下。

嘉靖十五年(1536 年)农历八月二十三,已年高 71 岁的湛若水率众多学生,来到九华山讲学。在九华山期间,他先后游览了化城寺、阳明书院、金地藏塔等景点。作文三篇,吟诗十余首,其中《望九华》诗云:"多年梦与九华通,到眼山山似梦中。已见九华同面目,九华疑与此心同。"表达了这位大学者对九华山曾经抱有的向往之情,更有登临后的亲切之感。

王阳明、湛若水这样的超级大儒相继讲学于九华山，留迹九华山，使这里的学风为之一振。自此有双华精舍、凤台精舍、南台精舍、还素精舍等书院，相继建立在阳明书院和甘泉书院周围，聚集起大批儒家学子。九华山儒学呈现空前盛况。本地儒学文化发展在明代达到鼎盛。

直至明代末期，理学家施达（1573 年－1636 年）还在泰昌元年（1620 年）举家隐居九华山天柱峰，建"天柱书堂"，收徒讲学，江南之士登门求学者甚众。施达在九华山中著书立说，以度岁月，长达 17 年。

清代，九华山还建有东崖天籁轩、云波书院等。

从唐到清的一千多年里，九华山见于文献记载的书院有数十所。这在天下所有名山中都是极为罕见的。九华山成为皖江儒学经久不衰的重镇。

九华山儒家与佛教文化的互渗和融汇，不仅体现于书院与寺院共存，甚至还表达于神明的供奉。

九华山半霄亭旁有一座土地祠，里面供奉的土地神竟然是唐代大儒韩愈。韩愈曾经奋力辟佛。主张对佛教"人其人，火其书，庐其居"。也就是烧经书，毁寺庙，逼和尚尼姑还俗。这态度之激烈，不比 20 世纪 60 年代的红卫兵差。当时唐朝皇帝迎请佛舍利入宫，韩愈写下言辞激烈的《谏迎佛骨表》，予以阻止。直截了当地把佛骨称为"枯朽之骨，凶秽之馀"，认定佛家是夷狄之法，乱国之道。对于这样一位坚定的辟佛斗士，佛教圣地九华山竟然把他当作本方土地神来供奉，充分说明了九华山佛教对于儒家的包容态度。

收入《九华山大辞典》的 400 多首咏九华山诗文，多有著名诗人之作，如刘禹锡、梅尧臣、王安石、苏辙、袁枚、康有为等。他们咏颂秀美壮丽的九华山水，表达对九华山的热爱与崇仰，这是山岳崇拜古老文化传统的文学化表达；他们也在诗文中阐释着自己对佛道哲理的体悟，抒发着儒家知识分子对于佛道教圣地的赞美，表现着儒道释三家的审美精神融合。

九华山以独特的地理位置和文化积淀，形成了博大宽宏的包容精神,在这里实现了儒道释三教的共存并流。九华山的这个文化特点,在佛教四大名山中是独树一帜的。九华山不仅是佛教圣地,也是中华文明博大精深的渊薮,形成了独具风采的"九华山文化"。那些名山盛事就是九华山文化的经典体现。

九华山的人间标高,不依赖于它的地理学刻度,而是源于它在历史地平线上的文化海拔。

(完)

笔者依据实地采访中的所见所闻所感,加上相关资料的阅读,建构了一个可作实际拍摄翔实依据的脚本。如果没有这样一次前期实地采访,即便可以凭借文字资料写出一个解说词文本,其在实拍过程中的可用性和内容饱满程度也一定不如有实地采访阅历的文本好。

在纪实片创作过程中,提供必要条件,允许撰稿人做好相对扎实的前期准备工作,对于整个项目的顺利推进,确实有"磨刀不误砍柴工"的效用。

但在电视纪实片行业的运作现实中,常常会看到这样的情形:负责纪实片项目运作的有关人士突然找到撰稿人,言明聘用意图,也签订劳务合同,也预付稿酬,要求当然也很紧迫,一部多集的片子,约定写作时间,或三五天一集,或七八天一集。写作条件是,文字材料有限,可访谈专家难找,知情者介绍也没有,前期实地采访更不安排。意思是直接落笔就写。仿佛撰稿人就应该是什么东西都能够倒出来的宝葫芦。制片方到期拿到稿子之后,接下来就是"高度失望"——觉得稿子完全不是想象中那样"好用",甚至完全不可用。然后只能是返工重来,或者另请高明。原本很着急的项目,为赶进度而不顾文本写作的实际需要,最终还是在准备文本阶段就窝工拖期。这会让工作进程更加匆忙,进而导致作品粗率,影响顺利播出,损害制作方市场声誉。

纪实片(包括专题片、论证片等)的本性是直接纪实,撰稿人无法对自己没有看到的东西给予"纪实"。他坐在写字桌前,看不到纪实现场那些不停演进的事件场景,那些充满故事的生动人物,那千姿百态的鲜活细节;对于自己没有直接观察的东西也给不出看法和观点。这时让撰稿人写出一个可用于实际拍摄依据的底本,实际上是一个很外行的要求。而在实际操作中,类似的要求却经常出现，撰稿人达不到这类要求，就被认为是水平不行。这恰好表明了这个行业自身不够成熟，没有形成符合操作实际的程序和规范；这同样也是项目运作者不懂得纪实片脚本创作规律的表现。所有这些都属于"初级阶段"现象。

在现实操作状况允许的情况下，把撰稿人前期准备工作环节当作必有的工作程序予以实施，是项目顺利推进的奠基性条件。

而对于撰稿人来说，除非你自己的业务阅历丰富到足以应对猝然面临的陌生题材项目，否则，贸然接受没有前期准备的项目是有风险的。保险的办法是不接这个"活儿"，这是对甲乙双方都负责。

第七章 主题的工具性意义

第一节 非虚构叙述类电视片主题元素的实际来源

对于从中国现存教育体系中走出来的学生而言,"主题"这个词太过熟悉了。从上初中开始,语文课堂上教的每一篇课文,老师都努力讲解课文的主题,要求学生必须理解主题,还要求学生自己总结课文的主题。对了,主题也叫"主题思想",或者"中心思想"。

据说,"主题"一词原本是一个音乐术语,指的是一支乐曲中最具主导地位的那段旋律——主旋律。

在中国古代文论中,对主题的称呼是"意""立意""主脑";也叫"旨""主旨""题旨""意旨"等。这说明,主题是文章的主导意识,是文章的中心理念或核心价值。

在纯粹个人化创造的文化作品中,主题就是作者独立赋予作品的思想立意。读者也可以在作品中品读出自己的主题理解,有时会与作者的那个立意不尽一致,可称之为读者赋予作品的引申性主题,这是超越作者意识的"客观主题",是"接受美学"或"读者反应批评"意义上的歧义理解。无论对于作者或读者,主题都是一种真实存在。不存在无主题的作品,否定作品主题的主导地位也属无知。

政治性泛化和强化的时代让文章的主题形态变味了,"变态"了,文章的主题思想成了意识形态注入体,是强加在文章中的超文化"异形"。其后遗症是,至今有人一说到主题就想到意识形态倾向，一说到思想就以为是政治说教。

随着中国民众逐渐拒斥"中世纪式"的教化模式，现代社会的大众文化产品都在尽其可能地淡化意识形态膨化的外加主题，而回归自然内生的主题意识。这种内生的主题意识就是作品自然蕴含的思想指向与精神内核。

无论是自觉或非自觉状态，任何作品都会有"主题"，就如同一个精神正常的人都有自主意识。在没有强加性注入主题的条件下，纪实片创作者所反感的主题大多是自己无力提炼的主题，在片子内容方面排斥思想是因为自己缺乏思想。

正常情况下，人的意识活动都是"主题性"的，也就是说，人的意识活动"天生"都会有专注点，有观念指向。这就是日常思维的"主题性"。日常思维如果缺乏明确的主题性，会出现神思恍惚散乱、精神分裂等症候，意识将因为丧失"主题定位"能力而呈现病态。文章意识的主题性就源于人类意识的定点专注的天性，同时也源于文章的功用目的指向性。专注化的人类意识与文章写作的功用目的确认，二者是同构并协的。

源于人本性的主题化思维方式和明确的社会目的规定着文章的主题化思维，决定了文章必然是一个主题化存在。

想要让文章"去主题化"也不是不可以，但那就必须让文章"去社会目的"；同时让写作思维也进入弥散的无专注点、无定向感的自然流淌状态。让文章或其他文化作品"去主题化"或"无主题化"的尝试久已有之，也有一些作品流传，但不构成文化作品中的大多数，而作为"反主题"创作的支撑性例证也并无多少说服力。

在文章学研究领域，主题的地位和重要性早已被强调得无以复加。本书由于侧重操作手段或具体工作途径的探讨，所以试图从工具论的角度入手，解读主题本身的确立基础，以及主题对于撰稿工作的工具性价值。

作者观察自然界和社会的各种现象，感受并省思自己的一切体验，在观察和体验的积累中逐渐地或猛然地形成了一个念头，一个想法，一个属于自己的感悟。这个意念成为以往一切观察与体验的总结与升华，也是继续观察外界与省思自身体验的理念引领和思想"制高点"。这个意念就是作品的主题思想（或主题起点）。这样的主题形成方式是"归纳式"。

　　作者也可以通过自己的思考或者阅读形成一个理念,一个搅动心灵的理念。他开始把这个理念作为荟萃事物现象的凝聚点,分析事物的角度,并在事物现象的荟萃与透视过程中,展开并充实这个理念。这个理念由此生长为作品的完整主题。这样的主题形成方式就是"演绎式"。

　　作者也完全可能既没有"归纳式"的主题结晶过程,也没有演绎式的主题思想获取过程。而是眼前的一个(或一群)人、一件事、一类现象,直接而具体地触动了他,感染了他。于是,他以此为起点,展开自己的创作。这貌似是无主题创作,但作者的审美特点、价值偏好、趣味走向,自然决定着他对纪实描写对象的选择,引领着笔下的色彩渲染侧重面,整体上规定着文路的走向和延伸。这其中具有内在规定性作用的价值倾向和审美精神,就是主题意识。

　　上述三种文章主题形成途径也是自主创作的电视纪实片主题的常见形成途径。

　　上述三种情形都包含着作者个性化的思考和价值理念,是作者自己愿意主动表达的个人观点。这样的主题由作者按独立意愿表达于作品,可称之为作品的自主性主题。

　　在纪实片制作领域,一个纪实片独立制作人,或者自由电视人,他要完全自主地做一个片子,在不受外部强加或支配的条件下,表达自己的创作理念和思想观点,不管其作品思想理念的确立方式是归纳的或演绎的,片子表达的都属于自主性主题。这在操作路径上是清晰的。

　　形成对比的是,个体电视人或制作公司如果按照社会订制选题的方式制作纪实片,其主题构成就不那么单纯了。

　　在订制性的纪实片选题制作模式中,社会上的投资者把自己确定的纪实片选题委托给影视制作公司(承制方)制作,自然有自己的投资目的和制作意图,投资回报就在投资目的和制作意图的实现中获得。投资方会把能够公开的投资目的或意图告诉承制方,接受了订制合约的承制方必须按照投资方的要求,把投资方的制作意图直接或间接地化为片子的主题构成部分,这是片子主题的第一来源。投资方的话语权一直支配着片子的主题指向。纪实片市场化的制作规则是谁投资,谁主导话语权。这是操作体制的规定性事实,不来自于繁难的理论辨析。

同时,中国特色的电视播出制度决定了谁播出谁就拥有片子的终审权。主流媒体坚持政治标准一票否决制,这是中国纪实片从诞生之后就从未淡化的一个终极播出标准。播出终审权的意识形态单极化对所有以播出为目的的纪实片都具有强劲的遥控作用。哪怕播出方从未直接参与具体的制作,但它的播出标准是无所不在的意识形态前提。这是片子主题的第二来源。所以把电视台的播出审片标准排在电视片主题构成源的第二位置,并非它不重要,而是在片子主题要素的产生顺序上排行第二。

当然,播出方对社会上送来的片子还有收视率的考虑,因而对片子主题是否能够引发观众兴趣,能否带来较好收视率,也有相当苛刻的要求。于是,对于社会制作单位送到电视台来期望播出的片子,除了主题思想的"政治正确",是否"好看"之外,能不能带来较好收视率,也是电视台"收取"外来片的一个硬指标,一个终审砝码。这个硬指标对片子的主题方向也有强劲拉动作用。

同时还要看到,即使是电视台的自选题目,有些片子的主题构成也不是可以由电视台单方决定的,还需要征求相关政府部门的建议,乃至必须遵守政府的诸多明确规定。例如有关海疆保卫开发或对外援助的纪实片,要征求外交部的意见,遵循外交口径;有关生态保护的片子要征求环保部的意见,合乎环保法规;有关工业的片子要征求工信部的意见,并遵守相关政策规定;如此等等。特别是与社会现实关系密切的"重大"题材纪实片,其主题构成一定是由多部门提供建议,最终甚至是多部门参与审核的。这类片子的主题其实是"合成"的。

电视片主创人员在主题形成过程中的作用,主要是对订制方和审片方的观念及意图予以充实,加以包装,也会做一些必要的学理补充和文化提升,以符合电视艺术规范,适应观众需要等。

这当然不是说,"大"纪实片的主题立意已经由订制方和播出方规定好了,电视片主创人员只需"遵命"办理,或者略作补充,就可以完事大吉了。实际操作不会如此简单。因为订制方的投资意图经常是具体化的、功利化的,不能直接作为片子的主题;而播出方的意识形态标准是极为空泛而抽象的,较多的规定是"不允许说什么",以及符合宣传口径规定的"主旋律"。片子完备的具有"艺术形态"的主题构成,还是需要片子主创人员,特别是撰稿人予以加工,把投资方的功利主题元素"包装"得文化一些,把审片方的空泛主题元素充实得细腻感人一些。对片子具有决定性话语权的双方"意旨"总是有距离的,有时甚至是风马牛不相及的。这就需要片子主创人员把它们组合成一个具有整体感的逻辑构成,最终"鞣制"为订制方和播出方都能够接受的主题"精神",很"艺术"地落实在作品中。

在社会订制片的制作过程中,电视主创人员要面对投资方话语支配权和播出方终审权的双重作用。比起自主选题来,转化、充实、完善订制片主题的工作量要大得多。包括撰稿人在内的电视专业制作人士既要满足订制方的功利意图和播出方的政治标准,同时还要保证作品在叙述逻辑上是完整的,文化上至少是不显得鄙俗的,学理上是有据可依的,题材是可信的,表达是饱满的,并努力扩大其社会文化内涵,使之具有大众文化传播价值。

在本书前几章所列举的撰稿实例中,每一部系列片的主题实际上都是这样"合成"出来的。

不难看到,一部"社会化"程度较高的纪实片的成型主题不可能是随意拈来的,不会是某个人的突发奇想,它是社会化"合成"的结果。这时,如果对主题的多元构成要素思虑不周,而以简陋率意的主题思路引导文本撰写,最终达不到各方面预期的主题指标,就可能使文稿或片子陷入没完没了的修改。这些麻烦最终还是包括撰稿人在内的主创人员们的压力,也会增加其他许多人的工作量,浪费很多资源。

在纪实片领域,至少相当一部分项目的主题在策划起点上就会是一场复杂的博弈,是多元要素汇合平衡的统筹设定。在现代理论视野与操作实践中,简单谈论"主题先行好与不好",已经显得很幼稚了。

认清纪实片的主题来源和主题构成的因素,才能够清醒地建构主题,表达主题。

第二节　主体的有限性决定了绝对的客观纪实不存在

纪实片的本质是纪录真实。这似乎并无异议。

接下来的核心问题是,纪实者如何获得真实,纪实片纪录到的又是怎样的真实。

　　一个真实存在的客体,有无穷的观察角度,有无限可纪录的层次和侧面。纪实者不可能同时占有无穷个观察角度,也不可能同时纪录到无限的层次和侧面,而只能是身处一个(仅仅是无穷中的一个)"定在"角度,纪录到只在这一个"定在"角度上看到的有限层次和有限侧面。这个有限层次和有限侧面的确定其实是纪录者的有限选择。因为纪实者是一个有限的主体——有限的肉身存在,有限的智商,有限的经验,有限的知识结构,有限的观察和理解能力,同时使用着功能有限的纪录工具。人也就只能站在这一切"有限"所给定的那一个角度上,完成自己的有限工作。归根结底,纪实性叙述是纪实工作者的一种主体性选择化叙述:选择了主题指向、选择了纪录题材范围、选择了具体拍摄人物和特定现象、选择了自己认为合适的拍摄角度、选择了自己认为重要的细节、选择了自己认为巧妙的叙述结构等。这些主体化的有限选择最终当然只能是"合成"纪录了主观化的"有限真实",而绝不可能是无限化的纯客观真实。占有上帝般的笼罩一切的角度,拿到无所遗漏的整体真实、绝对真实或"本质真实",那只能是中世纪思维模式里的痴想。

　　人自身的有限性就是人最大的主观性。人无论如何都不能摆脱自己的有限性,人也就命定地时时处处都只能存在于自己的主观性之中。纪实者的诸多有限性都是命定的不可摆脱的"主观性"。纪实片制作者无法摆脱人的有限性,所以不管他如何追求真实至上,他捕捉到镜头里的依然是有限的主观真实。

　　人不能狂妄到这种地步:想以自己有限的主体条件拿到无限真实和极致真实。各方面都很有限的人不可能获得无限和极致的真实,而只能呈现一定层面上的相对真实。进而言之,不管是故意主观,还是努力避免主观而追求客观,任何纪实者都只能"拿到"有限主观条件约束下的主观真实。

　　纪实者主观条件的有限性,决定了纪实者不可能纪录到全知角度、全达深度的"终极真实"。各方面都"有限"的纪实者命定地只能按照自己的有限观察和理解,纪录到自己"所能够看到的和所能够看懂"的那一点儿真实。

　　而且现代心理学已经证明,人不知道和没有想到的东西即使存在于眼前,他也常常是看不到的。人所"看不到的东西"经常是他不愿意看到的和无力看到的。"不愿"看到和无力看到的东西就是看不到的东西。人经常看到的东西都是他"意欲"看到的；他能够"发现"的东西大都是他已经知道的，是他已有的认知基础帮他建构的"完形"。人的主观精神在客观世界里寻找着诸多合乎己意的"完形"。人的已有认知图式会内在地引导他去发现他所期待的事物，人必然是最方便地看到他已经懂得的事物。也就是说，人经常是只能看到他想看到的和他理解的事物。这其实也是认知领域的自我肯定、自我近合，有时是下意识的"自我逢迎"和"自我阿谀"。人的"先验理性"已经为他先定了他"看"某些东西的主动性和观察客观世界的有限角度，预制了他解释客观世界的理念框架。于是，人多数情况下是通过自己有限的已知，获得那些在已知框架"笼罩"下的未知。因为人把握世界的那个"已知框架"是有限的，无法"普罩"一切未知；人的这个自我是有限的，有限的自我只能把握自己"够得着"的那部分世界。所以，人所能够把握的必然是一个以自我认知长度为半径所画出的有限世界。也就是说，人只能利用自我或通过自我来把握一个"自我化"的世界。有些宗教力图通过摆脱主观性而获得客观性，以取消自我而获得世界。就因为它们看透了自我的有限性，企图通过破除有限的自我而进入无限。但它们这方面的努力成效甚微。它们留下的讨论这方面问题的典籍越多，越说明这项工作的艰难。它们取得的某些"成效"都难以有效验证，更难以简明易解地公之于世。所以需要不断地"说下去"，以"我说"证实"我在做"，并以此表征这个领域还有无限可能性以及理想未来，否则就失去追随者了。

实际上，人不可能在摆脱自我的同时去拥抱世界。因为摆脱自我就意味着取消拥抱者。当拥抱者消失的时候，对世界的拥抱行为和拥抱意义也就不存在了。而且，放下自我的代价是沉重的，放下的过程是痛苦的。更值得注意的是，放下自我的结果具有极大的不确定性，放下自我的方法由于高度的非程序化，操作性很不可靠，个体间差异又很大，主体间的可让渡性极难把握。所以，真正能够放下自我而获得世界的事迹，只能是存在于几个稀有人物之间的历史传奇。对于绝大多数普通人而言，则是肉身过重，"我念"黏滞，实际无法放下。"破我执"也无法做到彻底和绝对。如果要寻求终极的"破我""无我""放下自我"，完全放弃主观，那就只有主体寂灭，而无从"拥有无限"了。因为，"拥有""把握""认知""纪录"等行为，都是主体化行为，由作为主体的人做出这些行为。放下或取消主体，这些行为本身也就不存在了。亦即，彻底取消主体，对于一个人来说,就是物我两散,认知终结了。

在一切主体化行为中,不存在"纯客观"。量子物理学中的"观察者效应"可以作为一个极有力的证明。"观察者效应"表明,观察者对于一个系统的观测不可避免地会影响到这个系统的实际存在状态。观察者不可能不通过"观察"而了解被观测系统。只要观测工具抵达观测对象,都会"扰动"观测对象的原本状态,而使其失去纯粹的自在状态,导致观测结果的"测不准"。即使人使用再精密的观测仪器也会如此。因为,人制造的观测(或纪录)工具是主体器官和能力的延长,是主体系统的构成部分,"代表"主观的人,进行"主观"的工作。因而工具也有"主观性",观测工具本身也同样会对观测对象产生不可避免的扰动,无论这个扰动多么微小。更何况,在微观世界里,没有什么扰动是微小的。不要以为高科技工具就能够造就绝对客观真实。更何况,再"万能"的观测工具也只能是从有限角度,介入观测对象的有限层面,结果还是主观化的有限选择。

其实,"观察者效应"存在于一切观察活动中,包括纪实片拍摄过程中的纪实观察。所以,如果还有哪个纪录片人扛着摄像机,遵循"有图有真相"的方向,力图摆脱一切主观影响,去追求"纯客观记录",要抓取绝对的客观真实,那就必须说清楚——这是注定不可能的。

简短讨论纪实片的哲学和心理学前提,是为了打破"纯客观记录"的梦想,放弃对绝对真实的执着空想,尽可能解放自己,从容观察、自如记录和自主表达。自己能看到什么程度就记录到什么程度。如果一味地执着寻求绝对真实,那会陷进绝对纪实主义的一元独断论泥潭,会迷失于幼稚的"知见障",会使得纪实片工作堕入非理性。

最后的结论是,既然一切观察和记录都"命定"是主观的,那就给自己的观察和记录确定一个真正需要的立足点或最佳角度,即"主题化立足点",或者,"主题意识支配下的角度"。

第三节　从工具论角度看主题的重要性

简短讨论纪实片的哲学和心理学前提,是为了深入认知主题确立在纪实片创作过程中的地位和作用。

各方面都处于有限性状态的纪实者面对无限的真实,必须时刻做出选择。在一个纪实拍摄现场中,纪实者拍了这些,而没有拍那些,不管什么原因,都是"选择"。纪实片所纪录的"真实"都是经过纪实者选择的"真实"。不是"该不该"选择的问题,而是"不得不"选择的问题。既然注定必须选择,对于操作而言,最重要的就是使用什么标准来选择才更有效,更符合纪实片需要。

纪实片对"真实"予以选择的第一个有效标准就是主题。纪实片里面的真实事象应是全都按主题需要所捕捉的"选择性真实"。主题就成了纪实工作的指导方向,甄选纷繁客观事项的过滤器,结合所记录对象的凝聚中心。

有些纪录片人害怕谈论主题问题,似乎是一旦考虑主题,就有可能妨碍纪实片的客观真实性。现在,当我们瓦解了纪实片操作领域中存在的朴素(甚至幼稚)的"客观真实论"之后,也许有助于改善这个领域的"主题畏惧"习惯或"思想恐惧症",从而正确评价主题对于纪实片的操作价值。

从实际工作要求出发,可以看到,主题对于纪实片主要具有如下价值:

1. 主题确立是纪实片项目策划的起点。主题的确立让整个项目有了一个明晰的精神方向,让项目操作规划有了思想指归,也使得内容文案的设计有了价值依据和理性意识。即便中间会发生诸多改动,但毕竟不再是"跟着感觉走"的盲目行为了。

2. 主题是萃取和凝聚一切素材的核心,也是确认记录对象的选择标准,决定着哪些现象具有本片所需要的记录价值。确立了主题,作者才能够摆脱面对海量客观现象而茫然无措的境地,所有素材才能够确认其对本作品是否具有使用价值,得以进行有效归类,得以围绕主题而聚合。素材注入主题精神才有意义,而纪实叙事就是对真实事件的意义化叙述。如果没有主题,意义也无从谈起。

3. 主题是现场发现的指引者,是现场发问的启示者。有了明确的主题引领,才能够在现场看到符合主题需要的现象,发现和发掘深化主题的有用题材。主题的需要会启示着采访者不断开拓内容。按主题指向去追随正在发生的事实,并捕捉将要发生的事实。

4. 主题是片子叙述结构的栋梁。有了主题,才能够搭建起片子的叙述结构框架。如果主题都没有确立，叙述结构就没有支撑中心，纪实叙述必然是散乱而走向模糊的。当然也有人凭着感觉出发去拍摄非虚构叙述类电视片，希望在"漫拍"过程中摸到主题指向。有些很"艺术家范儿"的纪录片人很欣赏这样的拍摄方式，认为这样才是真正的纪实，而不该"主题先行"。如果是个人随心所欲的自主自由拍摄，没有时间周期和经费预算等因素约束，当然是可以在"漫步式"拍摄中找感觉，慢慢体会主题意涵，寻找全片结构方式。但产业化制作的纪实片需要明确主题统领下的结构确立，以便跟进工作清晰而有效率。更何况，即使不确定一个"先行的主题"，而是在"漫拍"的摸索过程中"感到"主题，最终也还是要落实一个主题。

5.主题是全片统一的认知角度。正是这个由主题统一起来的认知角度，才让全片的记录对象和相应的分析处于内涵和谐一致的状态，让生动的纪实叙述获得呈现主题的合理逻辑，使得貌似纷杂的题材现象具有内在关联，并互为补充和强化。

6.主题是解读记录对象的方法论，引领纪实者对可记录现象进行内涵的解读。主题的指向性指引纪实者赋予记录对象以相应的意义，记录对象的价值内核是在主题化阐释中呈现的。

7.主题是内容合理安排的原则性尺度。被纪录现象是形象，形象本身具有无限的可阐发空间。正是主题的尺度性把控让画面的自身延展发挥和解说词的阐发处于适度状态，防止阐发过度。有些片子会出现美丽画面的挥霍性呈现，有些解说词写得很卖弄，或者有些段落过度"膨大"，造成结构比例失调。这些失误的重要原因都是对主题理解不准和把握不稳。

对于纪实片的内容延伸而言，"行于其所当行，止于其所当止"，是看这些结构部分所承担的主题表达是否"够用"而定。任何结构部分都不能脱离了对主题的表达功能而谈论其适度感。从这个意义上说，主题也是操控全片的缰绳，能够有力防止跑偏。主题同时也是"奥卡姆剃刀"，可以切除芜杂的多余部分。

8.主题是纪实片解说词和画面共同"文风"的原点。文风也是为表达主题而存在的，没有孤立存在的文风，没有必要为文风而文风。文风对主题有匹配关系：一个厚重的主题，不会配以尖巧轻佻的文风；一个清新的主题，不应该配以凝重的文风；如此等等。

1998年年初,笔者应邀承担中央电视台电视纪录片《澳门岁月》的撰稿工作,并为此前往澳门实地采访两周多。其间,笔者对澳门人民的质朴厚道,颇多好感。跟他们交流,直如同城的街坊、同村的乡亲,从未感到中间相隔4个多世纪的仳离。

片子的制作目的很明确,就是为澳门回归做宣传。该片于1998年底在央视播出。1999年获第17届电视金鹰奖长篇电视纪录片奖。

在澳门回归之前,香港已经回归。港澳回归令国人扬眉吐气。所有主流媒体的宣传主题都从百年雪耻立意,慷慨激昂。连播音员播出这类稿子的声调都高八度。这都是可以理解的。

在国家对澳门回归宣传口径的总体框架下,笔者作为撰稿人为《澳门岁月》提供的具体主题向度是,以历史理性冷静记录和表达回归事件。在片子中讲清澳门文化与中国大陆不可分割的渊源关系;讲述澳门被长期据占的历史制度原因;澳门人民对祖国的向心倾向和对入据者的抵制是两条从未休止的心路。片子也须思虑回归后的诸多建设性问题。这源于实地采访时对澳门回归后将面临的诸多制度对接问题,我对此印象极为深刻。也在这样的主题立意指导下,笔者确立全片叙述单元的安排顺序、素材选择、事件阐释等。

《澳门岁月》第一集　澳海渊源

上篇

《澳门岁月》第一集 澳海渊源

四个多世纪之前,古称濠镜的澳门还是个小小渔村。今天,它已是举世皆知的名城。

它今天的名声不因为人民众多,因为它只有40多万人口;它的有名也不因为幅员广大,它只有23平方公里。但是,它却启动了两个大陆之间几个世纪的牵缠,萦绕着一个古老大国几百年的统一情结。

在遥远的地质年代,澳门及其以南诸岛原与北方大陆属同一板块。地壳变迁,海水冲刷,使澳门成为孤悬碧波中的小岛。在它孤悬海中之后的漫漫岁月里,西江水裹土携沙,在澳门孤岛与大陆之间又堆起一道桥梁般的沙堤,使澳门岛成为陆连岛。

似断又连,原本一体。这就是澳门与大陆之间天造地设的地理关系。

今天的澳门,钢筋水泥的丛林填满了海边丘陵间的峡谷,声光机电的喧腾掩盖了大海风涛的气势。巨轮快艇,鱼贯出入;跨洲班机,此起彼落。

假如有一位四千年前的土著澳门老人,领着一个在今日电子世界中长大的澳门儿童,登上望洋山顶,远望涛头浪花嬉逐着跳过深色的礁石,扑上阳光灿烂的金色沙滩,近指芳草萋萋的短坡,讲述起他们捕鱼猎兔的悠悠往事,你就会真正体会出这块土地上的文明血脉,是怎样流过时间,熔融着每一颗生长在这个文化时空中的民族心灵,就会透视出历史的年轮怎样助长文明的参天大树。

本土考古发掘揭示了澳门数千年前的古陶器与珠江口文化属于同一系统。而珠江古文明与长江史前文明也具有相当程度的交融。先民撒播中华文明的种子,充盈着中华古国的文化版图。

澳门红土之下一层层的文化堆积,犹如有序归类的档案,让我们翻查那环环紧扣的历史,确认秦县汉郡,唐府宋州。穿越时空隧道,走入亲切的祖辈之家,确认厚土无缺的历史。

走在今天的澳门街头,时常会见到"社神"的灵位。其中有些神坛竟然是明清时期的遗建。在一片现代都市繁华中,居然有这么古老的土地神位,让初见者不免感到惊讶。惊讶之余,澳门人对土地之神的崇拜之深也会让你大为感动。在明代,澳门每隔十里所设立的土地神坛,曾经作为社会管理范围的标志。

古老的文明,悠久的积淀,这就是澳门的历史岁月。

据说,400多年前,葡萄牙人在离澳门妈阁庙不远处的海滩登陆,他们向当地百姓询问登陆地叫什么名字。百姓以为是问庙的名字,答曰:"妈阁。"外洋登陆者以为整个澳门岛都叫"妈阁"。于是,澳门本地语音的"妈阁"被葡萄牙人音译为"Macau"。从此,澳门就以"Macau"这个名字逐渐闻达于西方世界。

　　葡萄牙人登陆澳门的 1553 年,是每一个关心澳门问题的现代人都不会忘记的年头。这一年,也是中国大明朝世宗嘉靖皇帝朱厚熜在位的第 32 年。

　　1553 年的中国还算太平,东南沿海虽有倭寇侵扰,但并不妨碍嘉靖皇帝的炼丹炉中青烟袅袅,金丹灿灿。无论外面发生了什么事,大学士严嵩总会用巧辞妙令修饰得天下太平,让求仙学道的万岁爷处于清虚宁静又不缺少享乐的境界中。

　　但外面的世界却在发生着嘉靖皇帝难以理解的变化。

　　在这位皇帝登基之前的二三十年里,西班牙航海家哥伦布横渡大西洋,发现了美洲;葡萄牙航海家达·伽马绕过非洲南端的好望角,发现了通往印度的新航线。此时,地理大发现如火如荼,占有殖民地、国际市场和世界资源的欲望,在西方众多冒险家心中熊熊燃烧。

　　在嘉靖皇帝登基之前十年的 1513 年,葡萄牙商人航海家欧维士的船队甚至闯到了中国的珠江口外,虽然未被允许入境,但他刻石留记,以示"占领"。欧维士被葡萄牙当作第一个来到中国的开拓者而被纪念,其塑像至今仍立在澳门街头。

　　欧维士们的那些个体户商船都比郑和下西洋所驾驶的宝船小得多。但它们却将载运过来一个比中华帝国创新内涵多得多的世界。是主动融合,还是被动接纳,事关国运族运。这个大问题需要此后的古老帝国思索四五个世纪。

　　在欧维士之后,葡萄牙商人努力了几十年,都没有能够在中国找到立足之基。1553 年,终于找到一个机会,他们借口船队货物被水打湿,以晾晒货物为名,在澳门上岸。同时向当时中国广东省海关海道副使缴纳 500 两银子,自己觉得算是缴纳了土地使用租赁费,便赖着不走了。此后,葡国商人每年向这位中国海关副关长缴纳 500 两银子,就这么泡下去。靠着读八股文科举和钻营官场门路而当官的愚钝地方官僚们,并不知道这件事情意味着什么。当外国人在中国的国土上已经住了 10 年,并广为活动时,还没有向中央汇报。丹炉熊熊,经声朗朗的紫禁城当时也没有兴趣知道。

而那位广东海关的副关长大人并不管这每年 500 两银子是个什么名目,会引起什么后患,10 年所得全部揣入个人腰包。

1571 年,那位海关副关长大人工作调动,其他地方官才发现,葡萄牙赁居澳门还有 500 两银子的好处。于是从明朝万历元年,也就是西历 1573 年,这笔好处才以地租的名义上缴国库。

从此算是政府"正式知道"了这么一件事。但每年 500 两银子对于以富有四海自居的皇帝来说,其经济意义是可以忽略不计的。而其政治和外交方面的意义又是他还无力理解的。于是,这 500 两银子成了大明帝国向后世欠下的一笔引起无数后患的烂账。

在今天澳门市政厅进门处两侧的墙上,各有一条古意斑斓的长方条石,嵌在墙内。一块上面用中文刻着"关闸门"三字,一块刻着葡萄牙文,也是"关闸门"的意思。

在葡萄牙人向中国政府正式缴纳地租的第二年,也就是 1574 年,明朝政府为限制葡萄牙人的活动范围,在澳门岛的莲花茎处建置关闸,设把总官一员,领 60 名防兵把守。关闸城楼的门楣上朝南刻葡萄牙文的"关闸门"字样,朝北刻中文的"关闸门"字样。而今,这两个门楣题字成了澳门市政厅墙上的装饰性古迹,也是四个多世纪澳门主权关系的见证。

1613 年,万历皇帝委任的另一位海道副使又将《海道禁约》刻于石碑,立在议事亭,以主权管理者的名义,禁止外来的葡萄牙人在中国土地上拥有武装、买卖人口、大兴土木等项。

今日的珠海前山已是一片市井繁华。370 多年前,这里是明朝的参将府所在,该府 2 000 名陆军,负责澳门各岛防卫,行使着对澳门的军事管理权。

继续沿用明朝管理澳门制度的清政府,先后曾有 57 名县丞官在这里设置办事机构,专门管理澳门夷人事务。明清两朝政府一直坚持把澳门的领土主权,以及军事、行政、司法、海关、财政税收等项管理权掌握在自己手里。葡萄牙在这里只占"互市之利"。

澳门市区中心有一个西洋坟场。不知澳门历史的人会奇怪怎么会把坟场放在市中心。它恰好纪录了澳门的一段特殊历史。原来葡萄牙人在澳门的租住地只有一小块。他们住在这个区域,死者也葬在这个区域。随着他们的占据区域不断扩大,原本地处边缘的坟场反而成了中心区。

葡萄牙入据者一直在谋求着对澳门更多的控制,占据更大的地盘。

就是在这样的国家政治现实中,外来者既未与中国官方正式商谈,也没有契约签署,从软磨硬泡的小区域进驻开始,再经过几个世纪的多方蚕食,葡萄牙在澳门的控制区不断扩大。

中国在鸦片战争失败后,葡萄牙完成了对澳门事实上的全面占领。

下　篇

今天来澳门观光的人总要到大炮台去看一看。那高大的壁垒,密布四周的巨炮,可算一景。但是,稍知一点历史背景的人,看到这处在小岛上颇显宏伟的要塞,竟是葡萄牙人在另一个主权国家的土地上肆意修建的,就不能不惊讶外来者胆大妄为到何等地步,而当时的中国作为一个主权国家,又懦弱和麻木到何等地步!

大炮台始建于 1616 年,明神宗万历年间,这时距葡萄牙人以晾晒货物为名而入据澳门也不过半个世纪多一点。

大炮台原是教会所建,归教会所有。炮台上的古塔,当年就是耶稣会所在地。著名的圣保禄教堂,也就在今日的大三巴遗址,离大炮台不超过 200 米。教堂躲在炮台的卵翼之下,武装占领与精神渗透齐头并进。这就是西方列强的东进序曲。

17 世纪上半叶,葡萄牙入据者在半个多世纪的时间里,肆意修建了数座炮台,构成了一种武装霸占的态势。

今天来澳门旅游观光的中国人大都喜欢在大三巴或那诸多炮台前摄影留念。是的,是应该记得自己来到过这里,牢记这些东西对于中华民族曾经意味着什么。

在澳门莲峰庙前，曾有一座葡萄牙独臂军人的铜像，在这里挺立一个半世纪。1993年2月，铜像被仔细捆遮，起吊装船，在南中国海的浩渺烟波中悄然远逝，永远告别他傲视了150年的这方土地。

铜像人物是澳门第一任葡萄牙总督亚马勒。因为暴虐而被澳门当地农民袭杀。葡国当局立像纪念，并希望这种纪念传之久远。

1996年11月3日，澳门各界人士齐集莲峰庙前，向耸立在锦簇花团中的一位巨人致以历史性敬意，因为这位巨人曾赋予中华民族的历史以尊严，以后他将以更宏伟的尊严，守望这块他曾为之奔走操劳的海疆山域。

两座塑像的一走一来，不是有意的安排，亦非巧合。而是在这块土地上，一个时代不能不向历史作别，另一个时代不可阻挡地走上前台。

澳门莲峰庙的四角石亭是林则徐以主权国钦差大臣身份，传见葡萄牙驻澳官员的地方，时在1839年鸦片战争前夕。林则徐在紧张的外交斗争和军事备战之时，风尘仆仆，巡检澳门，阅军抚民。林钦差的到来，是一个干练的中国官吏在其前其后数百年间第一次威严地显现一下中国政府的主权。

在澳其间，林则徐要求葡萄牙人在中英较量中严守中立，协同中方限制鸦片贸易，不要使澳门成为英国鸦片贩子的藏身地和进入中国的跳板。

林则徐的对澳政策给了英国鸦片贩子以沉重打击。

在今天澳门的马礼逊教堂墓地里，有一对鸦片贩子兄弟的坟墓。哥哥的坟墓富丽奢华，弟弟的坟墓低矮寒酸。因为哥哥死于林则徐禁烟之前，这个鸦片家族靠鸦片走私，生财无数。林则徐禁烟之后，这个鸦片家族迅速破产，弟弟投海自杀，只能草草埋葬。

鸦片贩子的覆亡当然利国利民。

鸦片战争前夕，林则徐饮恨去职。鸦片战争中的惨败方中国，向全世界暴露了古老帝国的虚弱腐朽。此后开始了一个世纪的割地求和、赔款免灾的屈辱外交史。澳门的葡萄牙入据者也趁火打劫。

鸦片战争后第三年，葡萄牙政府把澳门与帝汶和苏禄合编为葡萄牙的一个省。只是苏禄尚在荷兰手中。这个海外殖民省实际上只由澳门和帝汶组成。葡萄牙政府从本土派来了表明其"正式"统治的代表者总督，总督府设在澳门。今日澳门市政厅"肖像厅"中的那些画像一片寂静。但当年，他们代表着一个充满殖民野心的王权政府，在这块土地上行使着占领者的最高统治。

占领者既然对澳门实施了全面占领，也就日益专横地把自己的意志强加于澳门。就在派驻总督的第二年，葡萄牙国王公然宣布澳门为自由港。完全是任意处置自己国土的样子，毫不顾及清政府的存在。从鸦片战争后第四年开始，葡萄牙新任澳门总督亚马勒停止向中国政府缴纳澳门地租，并向中国居民征收赋税，向大陆方面扩展地界，封闭中国的澳门关部行台官署，捣毁清政府设在澳门的县丞署，驱逐中方官员。采取一切手段，强化实施对澳门的实际占领。

留存至今的大炮台、松山炮台、嘉思栏炮台、妈阁炮台，均建于鸦片战争之前，炮位炮口都是朝向外海的。而鸦片战争之后修建的望厦炮台、海角游魂炮台，其炮位炮口直指位于北方的中国大陆。占领者已经毫不掩饰自己对于被占领土主权国的对抗之意了。

占了人家的土地，自然怕人夺回，所以必须架炮提防。

占领者的占领行为一直为澳门人民所不满。第一个粗暴实施占领行为的葡萄牙总督亚马勒甚至虐及白骨，在推动各方面占领活动的同时，强令当地农民搬迁祖坟，不迁之墓就挖骨投海。此举极大伤害了民心。1849年农历八月二十三，望厦村村民沈志亮等七人埋伏在亚马勒经常行走的道旁。傍晚，亚马勒与副官并骑而过，乘马嗅到农民预先放在路旁的饲草和料豆，停步大嚼。农民们迅扑而至。亚马勒措手不及，落马毙命，其副官负伤而逃。就是这位在农民砍柴刀下丢失头颅的军人，成了那尊1993年2月悄离澳门的铜像。

铜胎偶像再高，也不足以纪念一个军人在农民砍柴刀下的英武，偶像浓黑的历史投影下却凝聚着被占领土地上不散的不屈。

在澳门名刹普济禅院西跨院的殿内,供着一尊"张王爷"全身塑像。细考这位尊神的来历,竟是张之洞。

清代光绪年间,张之洞出任两广总督。张之洞曾多次上奏清廷,申明中国主权不容侵犯,反对与葡国签订不平等条约;深入体察澳门民意,对当地人民不入洋籍、不交洋税的做法极为认同;对香山和澳门居民反抗殖民主义者,保卫自己家园的行动,表示支持。这样的张之洞自然得到澳门人民的崇高敬意。尊为王爷,塑像供奉。

在澳门的数百条小街中,果栏街只是毫不起眼的数百分之一。但在澳门的近代史上,这条小街却颇为著名。

1922年5月23日,葡萄牙驻军的士兵在这条街上当众调戏一位中国女性。当街民众上前阻止,却招来野蛮殴打。危难相济的澳门百姓群情激愤,勇敢抗争。葡萄牙士兵竟悍然开枪,打死澳门同胞70多人,伤100多人。杀人后,为掩盖罪责,竟把死难者绑作一捆一捆的,掷入大海。暴行激起全体澳门同胞的更大义愤。他们罢工、罢市、罢课,举行追悼会,出版《哀思录》。果栏街事件更加激发了澳门人民团结自立、奋勇抗争的精神。

果栏街事件当时在全国引起极大反响,大陆各界对澳门人民的反殖反暴行动积极声援,呼吁严惩凶手,收回澳门。历史记下了同胞至情在危难中的血肉关联,历史证明了澳门是一块从未屈服过的土地。

20世纪60年代中期以前,统治澳门的葡萄牙当局使用殖民主义手法管理社会,苛政甚多,使澳门人民怨声载道。

1966年11月15日,凼仔民众为扩建凼仔小学,拆除旧屋,警察加以阻止,并打伤民众多人。这成了澳门人民对殖民者积怨进一步爆发的导火索,反对葡萄牙殖民苛政的浪潮全面掀起。澳葡当局企图以高压手段平息事件,12月3日,指使军警开枪,打死8人,伤100多人。暴行激发人民更加愤怒的抗争。澳门人民坚决斗争和祖国大陆的有力支持,终于迫使澳葡当局认错赔罪,惩治肇事责任人,并在此后改变了许多殖民主义弊政。

1966年的"12·3事件"所处时代,毕竟不同于1922年"果栏街事件"所处的时代了。1966 年的澳门背后已经有了一个独立统一的祖国。

"12·3 事件"对此后的澳门政治产生了深远影响。澳门人民的身份自尊感和权利实际保护有了很大提高。在"12·3 事件"的整个过程中，澳门人民团结抗争，经受住了考验。对祖国的强大后盾作用有了更加深切的体会。

在澳门的培正中学，教师们创办了"史地学会"。他们制作形象的历史教具，印刷文字资料，努力向学生介绍祖国的历史，澳门的过去，深入认识自己的文化之根。不仅在校内收到了很好的教学效果，在社会上也产生了良好的文化影响。

在中国历史上，澳门是较早与祖国大陆睽离的土地。但是，澳门人民的心一直是属于祖国的，他们始终为摆脱异国殖民统治而斗争。年复一年，代复一代，他们渴望着回归祖国。

松山灯塔像风涛长夜中游子的眼睛，盼着骨肉团圆之时，守望着回归之路。

妈阁庙数百午缭绕不绝的香烟，莲峰庙悠传海天的晨钟暮鼓，都在呼唤着：我要回来！

大半个世纪之前，中国诗人闻一多有感于中国自晚清以降被外国占领多片领土的事实，写下了著名的《七子之歌》，表达七块被占领土对祖国的眷念与回归的渴望。澳门便是这"七子"之首。诗人吟出了幽深的澳海心声：

你可知"Macau"不是我真姓？

我离开你太久了，母亲！

但是他们掳去的是我的肉体，

你依然保管着我内心的灵魂。

那三百年来梦寐不忘的生母啊！

请叫儿的乳名，叫我一声"澳门"！

母亲！母亲！我要回来，母亲！母亲！

（完）

澳门回归过程中可纪录之事甚多。本片所以选录以上事件纪之，正是由主题决定的。纪实片中，所有的纪录性真实都是从主题出发的选择性真实；所有的纪录性陈述都是主题化陈述；所有的内容与形式存在都不可能与主题无关。

主题具有多重意义。当从工作手段这个意义上认识主题的时候，可以看到，它确实能够帮助撰稿人解决若干很重要的操作性问题。对于纪实片脚本的写作而言，主题是个工作手段，是个很有用的工作手段。

第四节　中国电视纪实片主题的历史演化

一、历史上的国家纪实叙述及其主题的国家化确立

人类进入文明阶段之后，对自己行为的纪实性叙述就逐渐重视起来，并发明了诸多纪实叙述形式。绘画、雕塑等可用于直观形象的纪实叙述，文字可用于非直观形象的纪实叙述。

在中国，国家创建之后，纪实性叙述就被纳入国家话语系统中，并且是国家话语系统的极重要组成部分。中国是较早把纪实叙述纳入国家话语体系的古国之一。传说中的黄帝轩辕氏时代是中国国家文明体系建构的奠基期，那时就有了史官的设置。后来形成的"史文化"则是国家纪实性叙述传统被建构为历史文化模式，并超越具体朝代存在周期而长存。

对于国家建构而言，纪实叙述的意义要比虚构叙述的价值大得多。所以，国家为专业虚构叙述者成立的"作家协会"是很晚近的事，而为纪实叙述者史官所设的位置却几千年从未间断且隆重陈设。中国最早的史官设置以及后来的"国史馆"建置，都属于国家纪实叙述体系的制度性建构。

值得注意的是，中国历史上的国家纪实叙述体系主要是针对过去时事务进行纪实叙述的。因为中国是以"案例式经验理性"作为基本思维方式的民族，习惯于把历史上的案例作为当下和未来行动的示范性经验指导，予以仿效，所以对历史事实的纪录极为重视。国家设置史官和史馆，专门记录具有指导和效仿价值的历史案例，实际上是积累统治经验。这样的国家纪实叙述具有"资治"

（有助于统治）的价值。国家垄断了历史的"纪实叙述权"，也就垄断了统治经验的积累权，垄断了诸多社会事务合理性来源的解释权，垄断了评判社会价值的历史依据，方便于建立和巩固统治的合法性。当时，历史上可使用的纪实方式很少（主要是以文字手段纪实），甚至识字人都很少。国家可以很方便地把"纪实叙述"垄断起来。同时，国家规定私人撰写国史是严重的违法行为而予以严禁，以保证这种垄断不可解除。

理叙至此，就不难理解国家纪实叙述在历史上具有多么重大的意义了。

在中国传统时代，偏重于历史记载的国家纪实叙述的主要载体形态就是"正史"的史册。这些史册就是国家的历史性纪实叙述的总汇。

中国的史册具有隆重的评价性特点，包含着重大的价值褒贬作用。"青史"这个美学化的称呼就源于它的价值化地位。青史成为极致的人间评判方式，一个人以正面形象被青史纪录，就会流芳千古；以反面形象记入青史，就会遗臭万年。对于重视这种隆重评价的人而言，"青史留名"的意义比生命还重要。至此，不难看到，国家纪实叙述是极为重要的评价系统。这种价值特点造就了一个根深蒂固的文化传统——"纪实即评价"，纪实叙述必须包含评价。这成为中国式纪实的一个悠久的思维定势，也是一种工作方法。直到今天，依然把纪实当成评价，或在纪实中必须包括评价。中立纪实是很少的。

既然国家纪实叙述具有如此隆重的评价性功能，那就不是人人都可以进入这个纪实叙述视野的，而是要经过官方的严挑细选。纪实对象的选择自然是依据国家政治标准，叙述的主题取向必然国家意识形态化，纪实主题首先必须"政治正确"，这也成为一种思维模式。国家纪实叙述的话语形态也当然是直接官方化的。

中国历史上并不是没有共时纪实活动，朝廷重大政治活动能够予以共时纪录，这就是很多朝代都有的《实录》；帝王们的日常活动都作详细的当下纪录，这便是《起居注》。但这种共时的纪实活动也同样被严格垄断。没有普通的社会活动敢于作连续性的实录；没有哪个普通人敢于编写自己的"起居注"。古人私密的个人日记只是身边琐事、应酬往还、旅行见闻、事务日程等的纪录，并不以完整的现实事件纪实叙述作为行为目的。

国家统治需要是国家纪实叙述行为的指归，国家意识形态是国家纪实叙述行为的主题取向和思想原则。知识分子们的纪实叙述只能存在于各种私人笔记中,其实也都是记载些零碎的闲言趣话、身边琐事、蹊跷见闻。总以少记国事,远离现实问题为佳。不可能对社会事务和众所关注的现实做系统的纪实叙述。至于民间纪实叙述,只能散落乡野,口口相传,自生自灭。偶然被文人涉笔成趣,才得以被后世窥见一鳞半爪。

国家纪实叙述体系的绝对强势存在,是中国历史上民间社会纪实叙述极度弱化的主要原因。直到 20 世纪的前一半,中国才规模地进入了纪实叙述的多元化时代。个人对现实社会的相对完整而系统的文字化纪实叙述才能够自主完成,并予以公布。

二、中国现代社会纪实叙述的主题变化形态

影视纪实技术引进中国之后,中国社会多了一种更加先进的纪实叙述手段。它必然成为备受关注的国家"文化机器",成为国家纪实叙述体制中的有力工具。这是必然的。

从 1958 年中国电视开播到 1976 年,是影视纪实叙述的严格的国家垄断期。在这个时期,不存在民间化的影视纪实叙述自由活动。这种状况有目共睹,可以看作历史上的国家纪实叙述垄断传统的延续。

影视纪实片的技术工具和创作方法看起来都是舶来的,但其作为国家纪实叙述系统的基本理念,其实是源于中国传统的。

从 1958 年中国电视开播到"文化大革命"结束的 1976 年,这个阶段也是中国电视纪实片主题高度政治化的时期。国家意识形态在这个时期的影视纪实叙述中被贯彻到极致。国家政治宣传需要是影视纪实叙述的全部目的。那时的电视(电影)纪实片哪怕是纯粹介绍自然风光和历史文化的,也一定要附加直白的爱国主义说教或阶级斗争说教,如果不在其中注入政治思想教育的主题元素,就仿佛是这个作品没有完成自己的任务。

1978 年开始的改革开放,在电视纪实片领域带来的重要变化之一是,主题选择范围有所拓展,一小部分篇幅较长的电视纪实片所确立的科学与文化性主题可以相对纯粹些,能够比较专注地纪录和讲述自然、地理、历史、民俗等方面

的内容。当然这绝不意味着中国电视纪实片就此开始了主题指向的"人文化时代"。因为主流政治化取向依然是当时中国电视纪实片主题的强势选择和数量主体。只是允许在这个主流水体中掺入一些新质,但不得改变主流的基本构成与基色。对于传播风格而言,国家理念的政治化主题表达方式允许有一些人文化色彩的涂装,以便提高社会接受度。

沿着这个方向继续发展,与改革开放进展基本同步,中国电视纪实片的主题选择宽度有日益拓展的趋势。一方面,来自社会的订制片和电视台自主选题中,国家主题和主流政治取向当然一直是强势存在;另外一方面,是在政治化主流不变的基础上,主题指向多元化得到一定程度的实现。

尤其值得重视的是,影视纪实叙述的国家垄断已经在不知不觉中解除。大众纪实叙述出现在中国现代纪实叙述文化的荒野上。知识分子独立的个人影视纪实叙述作品不断涌现,哪怕还未能进入国家主流传播领域。

但这当然不意味着中国影视纪实叙述主流领域的主题选择就此进入了"人文化"的历史阶段。无论哪个主流文化艺术领域,迄今还从未出现过主题的普遍"人文化"状态。时至今日,依然如此。试以 2014 年 5 月 30 日公布的第 23 届中国广播电视大奖"星光奖"为例。"星光奖"是中国广播电视领域的政府最高奖项。本次奖项评选明确提出,加强纪录片比重,以提高"星光奖"的文化含量。本次获得电视纪录片大奖的 13 部纪录片中,有一多半作品的主题是对经济、政治、文化各领域的国家理念的直接或间接表达。即使是主题貌似极为中立的饮食及体育题材的纪录片,也被赋予国家文化形象建构的主题使命,而用于"外宣"。本次评选"星光奖"的获奖纪录片《中国之路》,全片 8 集均由笔者一人撰写,制作事务也全程参与,这样的片子所以获奖,正是当前纪录片的"主题国家化选择"的显明例证。同时,在笔者参与电视纪实片制作工作 30 年的直接经历中,这种切身体会也从未消减。

中国(大陆)所有电视台都由国家开办,电视纪实片的宣传口径一直由国家统一制定。对于所有意欲在电视台播出的纪实片而言,无论投资者是何人,国家都是"终极订制方"。只有在这个大模式之下,谈论纪实片主题的选择宽度才是有实际操作意义的。

这个取向从过去一直存续至今,乃至会延续到可预见的未来。

当然需要强调的是,相对于纪实片主题指向极端政治化的时代,当今中国电视纪实片的主题选择在多元化之路上还是越走越宽些。自然、科学、历史、民俗,乃至国际化等领域的主题选择范围日益扩大,虽不强势,但也丰富。中国电视纪录片主题选择的多元化状态对社会文化的丰富具有重要意义。

同时还可以看到,不少中国电视纪录片在历史发掘和山川鸟兽等方面寻求超然主题,在"社会边缘"题材和"角落人物"身上寄予中立主题,甚至"无主题",这都是纪实片的一种生存策略。在纪实片选题方面,"题材边缘化"和"人物角落化"甚至成为一些纪录片人自我表达和寻求价值实现的专业癖好。这其实有不得已之处。当然在其中体现一些平民化精神,也是极好的。这同样是中国纪实片主题选择多元化的体现之一。

当然也须看到,中国纪实片无主题化、去主题化、非主题化的选择,还有以泛滥的娱乐故事化消解主题的故意。这些选择都应该有存在的文化权利。

最近几年,中国电视纪实片主题角度和题材选择的"平民化取向"被谈论得较多。这是一个需要从根本上梳理的问题。

首先需要分析,这场"平民化取向"的选择是如何产生的。

中国电视的播出单位是国家开办的,这些国办播出单位不具有自身"平民化"的内在动因。中国电视体制内的职业电视人自然也都自觉或不自觉地秉持国家色彩的文化精英主义,在文化意识和"文化身份"上大多不会把自己等同于"平民"。这就是说,中国电视纪实片的播出实体和从业人士都不具有职业源头的平民化选择动机。只是由于中国电视播出实体在经营中部分实行了市场化体制,不依靠国家财政拨款运营,而是依赖广告收入来维持生存。这就使得电视台不得不把观众收视率作为自己的经济生命线。这就必须力求赢得尽可能多的观众收视,才会吸引广告商的大量投入,才能维持运营,乃至赢利。广大观众的节目收视选择权成为广告投放的决定权。对电视台而言,观众是决定其经济收益的基本依据,如同商场把顾客当钱袋子一样。传播理论界所大谈的"受众中心论",对电视台的运营实务操作来说,就是"收视率中心论"。对于电视台的广告部而言,就是"广告收入中心论"。

中国最多的人口是"平民"。电视台为了吸引尽可能多的平民收看自己的节目,以收视率吸引广告投放量,一个重要的收视策略就是"讲述老百姓自己的故事"。多用(而不可能全用)一些老百姓的话语,取悦收视大众。其惯熟表述是"让广大人民群众喜闻乐见"。平民手中的电视遥控器成了电视节目的投票箱,进而言之,也是电视广告投放的指挥棒。本质上是经济收益迫使电视台放下身段,低头发现了"老百姓的故事"。

电视台的收视率追求当然也就是纪实片制作人的工作努力方向,只要他不想自己的片子被拒播。不管是电视台体制内的纪实片创作者,还是社会上的制作公司,都在播出指挥棒的点拨下,趋向主题和题材选择的平民化,拍摄视角的平民化,共同筹划"讲述老百姓自己的故事"。电视台持续的经济收益追求演成了一场可持续的中国电视纪实片"平民化运动"。简言之,电视台主要是为了经济利益才走向节目内容的平民化。而通常情况下,故事题材是平民的,主题思想角度却不是平民化的。

实际上,这场纪实片"平民化运动"是播出实体和制作群体达成的一场非情愿的共谋,是收视市场用那只有力的看不见的手,把双方拉在一起,沿着"群众路线"开步走。进而言之,是市场化带来的经济民主经过较为复杂的转换之后,促进了文化民主。尽管都还显得保留甚多。

以平民化的视角,拍摄广大人民群众喜闻乐见的纪实片,这不仅是政治正确的,也是文化正确和道义正确的,不会有公然的反对者。但其实质还是国家平台上的政治、经济和文化这三个领域的话语权持有者和资源拥有者联手打造的制作—播出策略。国家平台上的纪实叙述体系必然在执行国家制定的传播目的和社会功能,使用国家意识形态标准来确定纪实对象和遴选纪实作品。电视台内的纪实片制作者只是国家纪实叙述体系中的具体执行人。接受电视台纪实片订制选题的民营电视公司也不过是国家纪实叙事业务的外包商,同样要听命干活。正如谚语所说:"舌头再硬也钻不过腮帮。"

现实表明,即使进入了21世纪,国家纪实叙事和大众纪实叙事依然是两个属性差异甚大的文化体系。尽管这两个纪实叙述体系之间的兼容性有日渐增长的趋势,但毕竟不能混同。

国家纪实叙述体系中的具体执行人和接受国办电视台纪实片订制选题的民间外包商,都做不出真正的"平民化纪实片"。

值得注意的是,在纪实片主题多元化的时代,不必把平民化主题强调成唯一。因为单一强调的所谓平民化视角本身就会带来新的单调和框定,而不是主题意识的解放。而且也须警惕平民化追求是否也正在推进着电视制作水平和电视纪实节目内容的平俗化。

同时还要看到,平民本身早已分化,不存在抽象的平民,不存在平均数的平民。由于平民的划分标准本身就很难精确化,平民化视角也就只能是个模糊概念。最终,平民视角还是纪实片制作者自己的视角,无非是把摄像角度放低了,指向民间了。问题在于,如果自己的根本理念问题没有解决,即使摄像机贴着地皮拍,也还是局外凝视;哪怕满眶悲悯之泪,其结果还是很像伪民粹主义的悲情或化着田园小清新妆容的伪现实主义。

纪实片拍摄视角平民化的强调,经常是纪实片圈子里的一厢情愿。因为,谁是平民? 平民在哪儿? 真实的平民是怎么想的? 平民意欲怎样表述自己? 纪实片制作者也不能做出周详判读。

中国电视纪实片不同时期的主题状态与发展阶段自然与国家政治经济进程具有密切的历史相关性,离开了其形成的历史背景,它们将难以索解。

三、纪实叙述主题开发能力的主体化成长

古今中外的哲学、文学,甚至电影等领域,都有过不少试图寻求平民视角表达的过程。最终,在时过境迁之后,大家看到的还是文化人自己视角中的表达。试看中国从 20 世纪 20 年代直到 60 年代的许多农民题材小说和底层市民题材小说,以及当时纸质媒体上的纪实报道和报告文学。当时各门艺术家热情投入创作,选取的似乎都是平民视角或近似平民视角。他们把平民称为"普罗大众""劳苦大众""工农兵",或者就叫"人民群众"。现在回看,那些平民视角都是杂色的或红色的知识分子视角。时至 21 世纪,这样的噱头不必再搞了。至少就目前情况来看,中国纪实片镜头还成不了"平民眼镜",更无力成为"平民喉舌"。

或者换一个角度谈论问题。愿意强调自己的平民化视角的纪实片制作者显然认为自己不是平民,然后致力于把自己"降格"为平民,以实现平民视角的获取。或者把自己的知识分子角度转换到平民立场,以实现视角平民化,借此达成官方视角或知识分子视角的摆脱。这就暴露了提出平民化视角的知识分

子在"自我认知"方面的偏差。

当今不具备官方身份的知识分子必须清醒地看到，自己的真实身份就是平民，是原本就属平民的知识分子把自己"非平民化"和"自高化"了，才弄得自己失去了平民视角，以至于要回过头来寻找平民视角。在当今时代，知识分子的量化标准基本就是接受过大学或大学以上教育以及虽然无此学历却有着相应知识水准的人。现在，大学教育已经大众化，每年走出校门的大学生六七百万；研究生学历教育也正在走向普及，每年四五十万研究生毕业就是明证；即使不算惠顾公务员的博士学位的政府采购，中国博士学位的年批量生产数目也已经世界第一。知识分子群体在数量上实现了平民大众化，早已是一个统计学事实。在这个时代，如果知识分子还不能确认自己就是平民，那真是一个莫大的误区。

在纪实片制作领域，从业者同其他行业的专业人士一样，就是拥有一技之长的普通劳动者，是不折不扣的平民。围着摄像机和剪辑间劳作的知识分子只要回到自身，唤起真实的自我认知，明白了自己本原的平民身份，就自然获得了平民视角，而不需要再去寻找或强调一个平民视角。从自己的真实视角出发去纪录民众生活或纪录那些纪录片人自己与平民大众共同关心的社会现实，这就实现了从纪录者到纪录片观赏大众的"平民化视角贯通"。这才是真实的平民化。

可惜的是，即使早已告别了中世纪，即使当代知识分子早已大众化和平民化，但中国知识分子对自己的角色认知还是难以摆脱"士大夫身份的自我暗示"。这种"士大夫身份的自我暗示"已经成为中国知识分子的"集体无意识"，哪怕他们早已脱下长袍，早已不善于书写毛笔字，而是像苦力一样扛起了摄像机，像工厂车间流水线上的工人一样坐在电视剪辑间里，依然觉得自己因"高等级"知识化而是"有身份"的人，其实他们只是有身份证的人。

扛摄像机的知识分子只要忘记"士大夫身份暗示"，"找到"并确认自己的平民身份，那么平民视角就在自己眼中；平民意识就在自己心中。说白了，现代知识分子认清自己的平民身份，干什么就都自然有平民视角了。自己本来就是平民，还去哪里找平民视角？当自己"不装"的时候，平民视角自然"附体"。被中国纪录片人顶礼膜拜的给美国《探索》频道提供纪录片那些行业高手们，有几个人刻意追求过平民视角的拍摄吗？他们需要专门和刻意去寻找平民视角吗？他们需要刻意追求自己作品的平民化吗？而他们的作品又有哪个不是平民化的呢？

值得期待的是，身为平民的中国纪实片人努力提升自己的"视力"，拿出属于自己的视角，为自己眼中的真实中国，提炼出经得起时代推敲的现实纪录主题。这就需要持续培育开发主题的能力。

任何文化性产品的主题都是一个历史范畴，它们都有自身形成的历史条件、存在环境和被解读的时代前提。抽象谈论文化主题的理想状态是没有意义的。

前文所列的成为撰稿人的诸多准备条件都有助于提高开发主题的能力。这里只着重强调一点：注重培养分析概括的抽象思辨的思想能力。这是提炼主题思想的核心能力。分析概括的抽象思辨能力是高级智力的表现，更是一种主动进行独立思考的表现，是一种富于探索精神的创造性智慧。这种智力是可以通过系统阅读理论著作和个人自主训练获得的。纪实片不仅需要形式的创新，更需要主题角度的新锐。主题角度可持续的新锐化源于思想的新颖、开阔与深厚，否则就只能把"文青范儿"的小感觉当成"终极关怀"，把无知的胡思乱想当成取之不尽的主题堆栈。如果形式极为新颖时髦的纪实片中装满无思想、浅思想，甚至反思想的主题，那就会让纪实片失去自己的文化价值。纪实片主题开拓能力建设只能源于对学术思想资源的自主自由的开发。不幸的是，现存教育体系的死记硬灌教学模式，让学生们独立思考、自主阅读和主动思辨的兴趣过早沉睡了。这需要有兴趣于撰稿活动的求索者自己去唤醒。

让纪实片的主题选择普遍扎根现实，而不是逃避现实；

让纪实片深入真实，而不是貌似真实；

让纪实片主题多元丰富，而不是狭隘单调；

让纪实片拥有属于自己的思想创新能力。

那将堪为中国纪实片之大幸。

这不是泛泛的呼吁和苍白的希望。这是决定中国纪实片事业长久命运的事情。即使可见的时段内不能完全实现，也应该让准备投身这个事业的后继者看到希望。

中国纪实片正在成为一个具有广泛社会参与性的事业。纪实片主题开发的远大希望在于彻底的社会化,在于主题贡献者思想的自主化。

当然,纪实片无边的主题选择不能孤立存在,这需要社会化的支撑条件。诸如社会化的理念重视,社会化的投资支持,社会化的传播渠道等。

在社会多样性和生活多元化的基础上解放思想,以解放的思想深入观察无边的现实,这才有纪实主题阈的开放,主题元素的开放,视角的开放,才能让追求"无边现实主义"的纪实片拥有取之不竭的主题精神。这是一个理想化的期待,相信这种值得期待的境界一定会在远方等待着我们。

中国电视人应该有一个经常性的自我询问:假如主题选择空间逐渐开放扩大,我能够寻找到多少有价值的主题? 就算是去制作那些订制选题,我能够给客户的作品充实更多值得传播的主题价值吗? 要开拓那些真正有价值的主题,我的学养够用吗?

纪实片主题选择空间的拓展,不是某个主流电视台的事,不是某一摄人的事,也不是某些模式化播出标准所能够框定的事。

评估中国电视纪实片主题的历史演化,是认识中国时代文化特点和评估纪实片职业环境的重要角度,有助于从业者和后学者认识自己的工作定位,并寻求未来发展方向。

第八章　叙述结构的设计

第一节　叙述结构及其模型化处理

可以把非虚构叙述类电视片看成一个"叙述文本"。不管它是纯纪录的"微观纪实片",还是夹叙夹议的"论证片",都属于广义的叙述。叙述性文本当然都有一个起码的叙述结构。

叙述文本中各叙述单元或内容元素排列组合的整体关系格局就是它的叙述结构。

一个具体的片子有单集和多集之分。"集数"是叙述结构最直接的第一层面。一个单集的纪实片就相当于一篇独立的文章,只需要一层布局。而一部多集的片子如同一本书,里面要划分若干章节,自然也就需要至少三层布局:第一层是全片的集数框架,第二层是各集之间的衔接与相互照应关系,第三层是每一集内部叙述元素的组合安排。

一个单集片需要做到片首开得富于吸引力,中间起承转合,波澜起伏,结尾收束有力。首尾"二力"呼应,中间饱满,则可做到短而不薄。

一部多集电视片则需做好顶层设计,然后按集逐层展开。总主题恰当总领,分集各抱地势,合力支撑总主题,完成总体叙述,以达成传播任务。

在撰稿人能够发挥恰当作用的项目中,即使编导对于全片的大结构有了框架性设定,撰稿人依然会在语义层面决定脚本的叙述结构安排。非虚构叙述类电视片撰稿人是脚本叙述结构的总体设计师,也是细部操作的装配工。

思想角度和事实理解决定着撰稿人话语叙述的结构。因此,叙述结构安排是主题表达的重要途径。

观众也是经由叙述结构的引导而进入被纪录世界的,因此叙述结构也决定着观众进入作品的角度和理解方式。

叙述结构由此成为纪实片创作者与观赏者双方相互理解的直接链接方式。正因如此,所有纪实片都极为注重寻找一个巧妙的结构方式。

纪实片的叙述结构当然不会是被纪录事件自然展开的本有形态,而只能是人为设计,是一个主观创造物。纪实片的叙述结构是纪录者按照自己的观察角度、理解深度、叙述便利、主题"想定"和他所希望的观众接受方式而设计的。"论证片"的叙述结构就更是彻头彻尾的人为设计。

一个非虚构叙述类电视片可以分为两个层面的叙述结构,一个是画面系统的叙述结构,一个是剪辑用文字脚本的叙述结构。本章只讨论纪实片剪辑用文字脚本的叙述结构。

当然这不意味着把画面系统的叙述结构与剪辑用文字脚本的叙述结构割裂开来。只是表明,二者虽然密切相关,互为作用,但又不能混为一谈。

对画面系统而言,剪辑用文字脚本是为画面组合而做出来的"操作想定",是画面结构关系的"文字推演",更是画面语义逻辑内涵的事先确认;对剪辑用文字脚本而言,画面系统就是文字制定的电视实现状态和形象呈现。在这个关系中,剪辑用文字脚本就是先从语义方面"描述"出整个片子"究竟想要说什么和怎样说"。画面叙述结构跟着脚本的语义叙述结构走。

理解了这个工作程序,也就理解了文字脚本的叙述结构设计对于一个片子的重要性。

为了便于理解,我们引入"模型"的概念。"模型法"在当代各领域的研究与操作实践中已经普遍运用。当然,数学模型对于文化叙事研究距离尚大(未来密切融合或可期望)。文学叙述学(或叙事学)所研究的"叙述模型"理论过于繁复,且众见纷纭。我们用科技和工业领域的物质模型作为类比,也许会更加直观易懂。

在科技实验、机械制造和建筑等诸多领域,为了表达工作理念、实体框架及其内部结构的功能关系,会把预设的实体样态按一定比例,事先立体化建构起来,形成一个缩小版的三维实体化呈现,这就是模型。模型使研究对象或制造对象的整体表达更加具有空间的直观感,各组成部分之间的复杂关系能够一目了然,为观测和分析提供了便捷途径,也利于讨论和修改,使向他人展示和解说更容易被理解。随着电脑三维制作技术的发展,多数模型都不再用木头、金属、塑料等材料做成物质化实体,而是在电脑中"建模",在电脑屏幕上进行更为灵活而逼真的三维呈现,直至每个微观细部都可以抽取出来,独立放大,让分析和观测更加逼真而深入。

由于"模型法"具有上述诸多优点,因此,纪实片脚本叙述结构的研究是可以借鉴"模型法"的。也就是把纪实片脚本予以"模型化设定",在这个"模型"上设计、完善一个纪实片的叙述结构,会具有很大的便捷性。这个纪实片叙述结构"模型"的制作材料就是文字符号。

在脚本的"叙述模型"建构中,纪实片的语义叙述结构已经完整呈现,而且画面内容已经在这个模型中明示或暗示性地存在。哪怕是对于一个非专业人士,从这个文字符号呈现的语义化"叙述模型"中,也可以对纪实片的完成样态形成基本认知。而对于一个专业人士来说,在这个"叙述模型"中完全可以看清其主题体现脉络、情节编织环节、各记叙和议论段落的起承转合关系,各叙述单元的体量比例,以及与之对应的画面呈现梗概等。

同时,把脚本看成模型,可以对全片拥有成形的全局观,做到心中有数,眼中有"型",更便于加以"挑剔"。于是,这个脚本性的叙述模型还可以是一个利于修改完善的工作模型。在这里,可以把文本模型中各个叙述单元看成若干相互关联的模块。这些模块能够表明,事件的情节性叙述主线如何分段叙述,分部处理;每个情节段落从何起笔,哪里收笔;何处该介入分析,引发升华;复线在哪里织入,等等。以"模块化"思路对这个文本模型进行修改性审视,容易查找可修改部分,从中可以很具体地分析得失,能够清晰感到"哪一块"不合适,方便地把它"拆"下来,灵活"安装"到合适的地方。"改造安装"过程如果感到结合部"卯榫"不严,再做些打磨,实现密合镶嵌。

对这些叙述模块灵活进行拆卸重组的修改方式,具有重要的工作意义。在全文本的叙述结构中,对这些模块的相对位置进行合适安置、妥帖调整,是修改成本最低、效率最高的工作方法。这只相当于修改建筑图纸。如果等到做出语—画融合的编成版片子再去调整,那就相当于对建成的大楼进行结构性改动了。

对纪实片脚本的"叙述模型"设定和叙述单元的"模块化"装配意识,会使得撰稿人对纪实片的叙述结构理解更为深入,便于寻找并确定操作办法。

当然,这一切都是一种譬喻性的讲解。文化艺术作品的模型制作与模块安装毕竟还具有自身的独特性。

第二节 叙述结构的常见构成策略

在目前的制作常规中,无论单集还是多集构成的片子,都特别注重开一个"好头儿",这个开头可以是悬念感十足的故事点,可以是引人注目的趣味性事物,可以是一个醒目的思想观点等。总之必须是经营一个让观众眼前一亮的看点,造就一个"引人入片"的破题。

对于当今习惯于匆匆变换收视频道的普通观众来说,纪实片营造一个醒目的开头显然是必要的。以求开篇就能够"抓人",不然就"跑单"了。

至于展开叙述之后,那就完全是"因片制宜",按事谋篇,千差万别,不可能存在"一方治百病"的公式。当然也存在几种基本方法是叙述结构组合工作中所常见的:

1.按照被纪录事件自身发展的自然时间过程,建立叙述单元的安排顺序,以自然时间线作为叙述结构线。

这貌似简单,然而却最为根本。因为一切事件过程和人物命运经历都以时间为最重要存在条件,都会围绕时间轴延续和展开。在现代小说作法实验和叙事学研究中,无数貌似纷繁复杂的叙述方法都避不开时间元素的探讨。

纪实片如果想按时间线建立叙述结构,那最好给观众一条清晰的时间线。因为"一眼即过"的电视观赏经不起在时间线上画圈打结。有些实验性小说把一条原本清晰的时间线缠绕得千纠百结,云里雾里。结果,良苦的艺术追求变成了读者的接受蔽障。这是电视纪实片所应避免的。因为电视收视无法像小说阅读一样自如回头翻找叙述线索,尽管现代技术已经支持回放。

2.以被纪录的人物经历为线索,建立叙述结构。这也是一种基本方法。这样纪录的人物经历可以是一个活动阶段,也可以是整个人生历程,都属于按命运过程进行"顺叙"。或为营造出一些波澜而"倒叙"及"插叙"。总的说来,这些"叙法"都不会是长时间段的无缝连播流水账,最终都是选择性的"断叙"。归根结底,人物经历的纪录无论长短,都是时间线。纪录人物命运的叙述结构还是一种时间线上的展开方式。

3.为不同实录事件建立空间关联,形成叙述结构。在当代中国纪录片史上,利用黄河、大运河、长江、长城等地理线条,为不同的被纪录事件建立空间关联而展开叙述就是对这种方法的实践。

4.按照事件的因果关系建立叙述结构。先交代结果,造成悬念,然后抽丝剥茧,探寻原因。或者由因而起,到果结束。

5.在不同的被纪录事件或人物身上,确认某种相关性。以这种相关性作为连线,建立叙述结构。这种相关性是多种多样的。事件形态相关,事件脉络相关,甚至物件相关,场景相关,人物命运相关等。

6.按照纪录者主观视角的观察和延伸,建立叙述结构。按照纪录者的观察顺序和方式,重构一个适合叙述的主观时空场。叙述结构在这个时空场中安置。只说纪录者实际看到的,以纪录者目力所及,建立行进型的叙述线。这在跟踪式的微观纪录片中经常采用。

7.在一大事物领域中划分出平等分立的类别,按类立集。2012年笔者为中央电视台撰写八集电视纪实片《中国书法五千年》。该片于2013年1月在中央电视台播出,同年其解说词由中华书局出版。该片主体部分就是在书法艺术的总领域里,把篆、隶、草、行、楷这五大书体分类并列,每个书体写一集。在每一集之中,又是按照一种书体诞生、发育到成长成熟的时间线予以描述。这便是按同类事物的内部分类,建立叙述结构。

8.按思想逻辑的推演过程建立叙述结构。这在"论证片"或"专题片"中极为常见。以主题思想线索贯穿全片材料,在理论逻辑的推演中展开叙述结构。

以上所举都是非虚构叙述类电视片叙述结构的基础性形态,也属于常用模式。当然这个清单还可以开列下去。按照现代叙事学理论的说法,具体叙事作品虽然千差万别,但它们都是从少数"基型"中衍生出来,利用"普遍语法"生成的。① 这个说法是很有道理的。当然,现代叙事学主要(但不限于)研究文学性的虚构故事,纪实片叙事还是要注重纪实特性。

在基本研讨中,可以把叙述结构的这些基础形态和常见模式予以清晰划分。但在实际创作中,这些基本方式之间经常是混合使用的。这种混合使用的结果就使得纪实片的叙述结构有时看上去比较复杂,弄得不少评论家和研究者煞费苦心地梳理分析,然后给这些叙述形态取上一些玄妙的名称。实际上,叙述结构的实践制造者们远没有那么多"心眼"。他们只是在实际叙述元素的组合工作中,觉得这样"码放"还算"顺溜",做起来比较"便捷",就"怎么得劲怎么来"了。这种按照实际需要"蹚着走",就蹚出了建立叙述结构的无数种可能性,成就了纪实片艺术创作的无限丰富性。

片子叙述结构的实际存在形态是无限的,但观众的接受心理规律有常法。电视观赏过程中"一眼即逝"的特点,最终还是要求片子的叙述结构不能过于复杂,需要简明流畅。纪实片叙述结构要符合观众的收视心理。

在纪实片叙述结构的讨论中,还会常常提到所谓纪实片叙述者的视点问题。这个"视点"在很大程度上影响叙述结构形态。

叙述者视点通常有三种:

一是万能视点。这种视点的利用使纪录叙述者成为一个无所不在的观察者,什么都能够看到,想呈现什么都似乎没有障碍。由于他无所不在,他也就是一个匿名存在,不必专门提及。匿名观察者高踞于万能视点的叙事已经成为传统写作的"集体无意识",具有无须特别定义的天然合理性与可理解性。

二是采用纪录叙述者的主观视点。纪录叙述者明示自己在纪录叙述过程中的存在和存在方式,纪录叙述者只"说"自己看到的东西。在某些情况下,这种视点能够给观众营造较强的"代入感"(既是代表观众进入现场,也是带领观众进入现场的"带入")和对纪录事实的贴近感。同时也会造成叙述时—空的局限性:纪录叙述者自己没有看到的,就不能"说"了。

---

① 参见〔美〕杰拉德·普林斯:《故事的语法》,中国人民大学出版社 2015 年版。

三是被纪录事件中的当事人的视点。其实,这种视点具有相当程度的假定性或假想性。例如那些从动物视点进行叙事的小说,只能是小说叙述者把自己假想成动物。貌似是在叙述动物观察视点下的一切,归根结底,那个叙事视点还是小说作者自己的。在纪实片中,即使是从被纪录事件中的当事人的视点出发,进行纪录叙述,也无法完全避免假定性。因为这个被纪录的当事人实际上并不可能完全按照片子制作者的方式去思考观察,也没有可能像片子制作者"附体"那样进行纪录现象的选择和叙述环节的把握等。最终实现的纪录叙述还是片子制作者"借用"当事人的名义,完成了片子制作者自己所设定的叙述结构和叙事过程。只是对观众而言,这样的当事人感觉,会造成对纪录现象或事件过程的深度切入感。

这些视点的运用方法之间并没有高下之分,只需看哪种方法更适合呈现相应的内容。其中当然也有创作者自己的个人习惯和偏好。

当今时代,影视艺术叙述手段高度发达,公众普遍的影视观赏经验已经十分丰富。纪录叙述者视点的选择已经相当自由,完全可以自由出入,无所挂碍,也无需担心观赏者难以理解。纪录视点的选择标准依然是怎么有效就怎么来。

第三节　纪实片叙述结构公式化的弊端

纪实就是面对真实并予以纪录。而真实总是独一无二的,不可重复的,因此也就一定是高度个性化的。纪实对象因真实而个性化,对它们的纪录方式同样也应该是个性化的,至少应该是反模式化的。然而,纪实片领域的模式化思维还真是无处不在。

我们经常能够听到一个说法,纪实片需要以情感人。于是,我们经常看到一些纪实片把"情感线"当作引领叙述结构的主线,甚至这还被新手当成学习纪实片制作的金科玉律,被某些老手当成"枕中秘籍",或成为作品评价会议的发言主题。仿佛纪实片没有"以情感人"就不是纪实片了,就犯了大错。这实际上就是一种模式化思维。这种模式需要清醒分析。

问题的实质在于,纪实片的本原目的是"纪实",而不是"纪情"。如果纪实对象中包含情的元素,那么在主题确实需要的情况下,纪录一下真实对象中实际包含的情感元素就是尊重事实,有纪录的必要。如果为了抓住观众的观赏心理,故意把纪实对象中的微量情感元素大幅增加,突出强化,甚至不惜煽情,竟至于不流泪不罢休,这就背离纪实本意了。同时,这种叙述结构中的情感元素至上倾向,也会严重损害纪实工作的理性精神,会使得纪实意识陷入泪眼迷离而造成盲目。

所以,笼统强调纪实片要以情感人,是一种破坏纪实片本性的做法,是滥情文学叙述模式在纪实片领域的变种。

纪实片领域流行的另一个模式就是"故事拜物教"。制片人、审片人、投资人,包括创作者们,都在向纪实片要故事。似乎没有高度情节化的故事就没办法做好片子了,没有故事的片子就要不得了。甚至把故事的讲述方式也予以量化,情节编织必须是几分钟一个故事悬念,几分钟一个故事高潮。连故事结构都定量强化,并说是这来自于国外的权威实验。

问题在于,不同的文化传统会造就不同的审美心理习惯。外国实验环境下看一个故事的长度或许不能超过几分钟。中国人在影视中看纪实性故事的习惯却未必是这样。

现在有些"故事化"的纪实片在讲故事的过程中,不断制造悬念,不断使用疑问句和设问句。反复在解说词里重复:这是为什么呢?怎么会这样呢?到底发生了什么呢?诸如此类,不厌其烦。而且故意用耸人听闻的语言和画面吊起观众的胃口,弄得一惊一乍的。故意"延宕叙述",拖抻故事,让观众一直等待谜底。最后揭晓时,原来就是不值一哂的小事。编故事的人自己也知道,这个"谜底"就不算个什么值得一听的事,如果提前说破,观众肯定换台,只能用这种手法吊胃口。可是,最终总要说穿。看到结局后而觉得没啥意思的观众当然也就有"上一当"的感觉。这样的"悬念制造法"说白了就是"收视圈套"。有些纪实片竟然需要用一个个没有什么意思的收视圈套才能够拉住观众,真是可悲可叹。纪实片无论如何不是"为编故事而生"的艺术,终归是为纪实而发现现实中的实有故事的。

纪实片的纪实叙述并不与"情节化讲述"的手法相矛盾，纪实片也需要乃至欢迎讲故事。问题在于，纪实片面对的是真实世界。真实世界中有情节化较强的故事就"讲故事"，没有那么高情节性的故事当然也不要强编故事。真实世界中有"戏剧性"就实录其戏剧性；如果没有"戏剧性"，也不该由纪录者出手"制造"。纪实片造故事就等于造假。实际上，真实世界中没有那么多悬念，"非故事化"才是真实状态。如果按照"故事拜物教"的做法，为故事而故事，没有故事也要凑故事，生编硬造故事，把一些稀疏散淡的事情生拉硬扯成情节浓烈的故事，把纪录性事实凑成戏剧化情节，那么纪实片就会变成文艺娱乐化的又一种虚拟故事片。结果非虚构叙述类电视片变成了"虚构叙事类"故事片——这是真正的"变性"。纪实片被过度"故事片化"，其实是纪实艺术的自我取缔。如果这样，还不如干脆去拍故事片，去拍电视剧了。

纪实片过度的"剧情化营造"脱离了纪实片的本义。纪实片领域的"故事拜物教"倾向正在全面引发一场从非虚构叙述类电视片走向"虚构叙事类"故事片的自身属性改变运动，简称为纪实片的"变性"运动。

纪实片制作业中的"故事拜物教"其实也是目前传媒领域里"娱乐至上"，甚至"娱乐至死"风尚在纪实片领域的折射。

需要警醒的是，纪实片的"故事拜物教"和娱乐化倾向正在成为公认模式。在这样的整体氛围下，后续入行的年轻从业者会以为只有这种"故事化"的纪实片才是主流，是正宗。创作观念因此会越走越窄。

这种故事至上的创作追求冲淡了纪实片文化内涵的充盈，也偏离了独立观察、深入发现的纪实追求。

有些人喜欢强调"故事化"是纪录片的国际主流模式，经常举出某类外国纪录片作为讲故事的经典范例。中国纪实片宗奉"故事拜物教"，以刻意模仿"国际化"作为专业发展方向，把自己的作品做得跟别人"很像"，被当成功力的体现，以投入别人的主流模式作为职业归属，放弃自主创造精神和独立职业追求，其主要原因还是空疏不学造成的缺乏文化自信，是自己的知识结构和思想内涵不足以支撑自己的文化脊梁所致。

一个专业工作者如果把某些或某个来自"权威方"的模式视为神圣，而长期坚守，不容置疑地予以顶礼膜拜，并按照这些套路来结构自己的片子，那么从思想深层上就不难看到"权威崇拜人格"的影子,而这种"权威崇拜人格"是"奴化人格"的比较体面的呈现方式。无数这种人格倾向会给权威专制铺垫社会基础,让生动的个体从起点上就丧失独立思考的机会。

纪实片创造力的提高需要打破权威模式的束缚,根除模式化思维的习惯,全面解放思想,从价值观到方法论都寻求自由和独立。

在各个专业领域,都长期存在着一个选择:是跟从流行的主流模式,还是走独立创新之路。著名科学哲学家费耶阿本德(Feyerabend,1924-1994)提出了一个著名的科学方法论观点:"怎么都行"(Anything goes)。费耶阿本德用大量实例和论理,从哲学上消解了模式的权威地位,认为没有需要长久恪守的模式,不存在永远正确和确定的科学方法,没有至高无上的权威。有效性是最好的检验。神圣模式之外的路径也可以使用,异端也应该有存在资格,有生存位置。因为主流之外的异端可能包含着极有价值的可探索前景,有可能产生意想不到的实效。在操作性领域,可以把"怎么都行"(Anything goes)这句话理解为"怎么做都行"——只要有效。

费耶阿本德的方法论留下的最重要启示就是,"怎么做都行"的胆识让人类的实践活动得以摆脱人为束缚,自由探索一切未知,让科学和人类其他领域都因此向无限可能性敞开,而不是把人类行为框入狭隘的限定性。也只有这样,人类前途才能敞向无限未来,而不是走入模式的窄胡同。科学领域是这样,艺术领域是这样,人类社会的制度走向也应是这样。

模式崇拜会制约创造力。规则的权威化和"硬化"会阻碍科学的进步,妨碍个人创造精神的自由生长,妨碍社会发展的实验探索。所以应该反对传统方法论中存在的过于尊奉教条的方法。因为任何模式都有局限性,都有它无力涵盖的盲点,不要希望掌握万能公式,不要希望有普遍适用的模式。而是应该根据实际需要,自由选择多元方法。只要有效,就是好方法。实效性是真理检验标准之一。真理的重要价值构成就在于"有用性和有效性"。

正在成长的中国非虚构叙述类电视片行业,以及准备进入这个行业的后来者,读一读费耶阿本德的著作是会有教益的。过早崇信某种模式,会成为一种自我束缚,甚至自我戕害。

纪实片随着制作技术手段的提高,创作理念的演进,以及社会欣赏口味的变化,其纪录和叙述方式也会不断变化,叙述结构的组合手法同样会持续更新。如同诗歌、散文、戏剧、小说、电影等艺术门类一样,这些艺术门类的叙述结构形式自诞生之后,都处在不断的演化中。这些变化有着行业内外的诸多原因。无论如何,这样的变化具有必然性和普遍性,没有什么唯一模式能够长久固守下去。

第九章　词句段章的经营

电视片解说词作为文章来看，当然也有词、句、段、章的技术问题。本章讨论的词、句、段、章当然是在电视纪实片的艺术范畴中进行，这里的词、句、段、章是作为电视纪实片的构成要素而获得其功能价值和使用特点的，因而只能是在电视纪实片的大叙述框架之下，研究这些词、句、段、章的经营。

第一节　纪实片解说词中的词语功能特点及应用技术

这里讨论的词语当然是电视纪实片解说词所使用的词语，是这种词语表现在解说词中的功能性特点和应用技术。这里罗列的词语常见应用措施不是什么必须遵循的操作规范，只是呈现一下经验性的实践常态。而且只是有限枚举，不可能是全覆盖的穷举。

一、电视片解说词中的词语应用常态

华堂广厦是一砖一瓦建成的。对一篇文章而言，一个个词语就是构成文章这种"建筑"的砖瓦。写作时，词语取用精准到位，是细节，更是基础。写作者有了良好的词语准备功夫才能够为文章提供良好的基础性"建材"。文章无论有多么好的思想观点，多么精彩的故事，如果词不达意，或错词连篇，那些好东西也无法呈现。

自有文章以来，写作中如何用词，就是写作的第一等大事。把词用对用好，

其余事情才有继续下去的基础。由于这极为重要，也就留下了很多这方面的经验总结。从古至今，关于文章作法之类的书籍汗牛充栋。而在这些书中，词语运用得失的分析总是占据极为重要的位置。

电视片解说词是文章，如何把词用对用好，当然也是写作解说词的头等大事。历史上关于写作用词的一切经验总结，对电视片解说词写作都是有用的指导。例如，准确把握词性，辨析词义，词语之间要正确搭配，遵循组词规则，用词要与描述对象吻合，注重词语感情色彩，单个词的使用要配合整体文风，等等。从小学开始，老师就会在作文课上强调这些一般规则。到了中学和大学，写作课上还是要不断重复这些规则。这就如同做人的几条基本规则一样，正直、诚信、与人为善、富于责任感、有公德心等，一个人从刚会说话开始，就被反复灌输这几条做人规则。直到老了，还是需要遵守这几条规则——而且依然不见得都能做好。这与文章老手新手都在那几条一般规则上持续努力，是极为相似的。

写作时必须遵守的几条词语运用规则，看起来通俗简单，如果真正做到了，必成高手。就如同那几条普通的做人道理，早就听烦了，毫无新意，但真正做到了，必成好人。

此外，由于电视片解说词是与画面一同播放，有声诵读的，所以词语必须讲求音读清晰，节奏明快。除了"双声叠字"的词语之外，相邻词语尽量避免同音或近音；一句话的尾词也须尽可能选择音读响亮些的字词。总之，需要注重解说词在词语声音方面的美感经营，让词语的"声音形象"被喜闻乐见，是解说词这种"文章"的特别要求。

解说词还应避免过多使用连词，例如：不但、而且、虽然、但是、即使、况且、乃至、然而、由于、以便、因为、所以、假如、倘若、尽管、纵然、即使等。当然不是说不能用，而是说尽可能少用。在一读即过的播诵中，过多的连词会把观众绕糊涂。由于电视片有画面和音乐等元素组合推进，它们本就能够承担叙述过程的不少连接关系，这也可以部分减少解说词中的连词使用频率。

电视片解说词还需要从数字罗列的内容中解脱出来，因为这是观众最感无趣也最不容易记住的东西。数字性内容完全可以交给电视化手段来解决，例如转化为字幕、图表、色柱排列、色块分切等直观形式。

纪实片经常会涉及超日常生活的专业领域，纪实片解说词本身当然不应连篇累牍地使用专业术语，但在内容叙述上经常还是不得不使用一些这种术语。好在信息传播量爆炸性增长的现代社会，大众的社会见闻颇广，对许多专业领域都有不同程度的认知，而且举一反三的联想能力也大有提高。在这方面已经没必要把公众知识面预估得太低。

重要的是，在不能不使用专业术语的时候，该如何适当使用。

2003 年秋季开始，笔者介入电视纪录片《森林之歌》的策划，并在随后累计将近四个月的前期采访中，跑了大小兴安岭、长白山、天目山、武夷山、尖峰岭、高黎贡山、哀牢山、西双版纳、秦岭、祁连山、天山、阿尔泰山、塔里木河胡杨林分布区和额济纳胡杨林分布区等地。这些地方虽然此前都到过，但看待的角度不同于本次采访。这一次完全是从森林分布、森林产业和生态环境角度，深入这些林区，在增广见闻、求知益智方面是大有收获的。采访结束后为《森林之歌》撰稿。笔者为《森林之歌》独立撰写的第一集相当于全片总论。

在这样的稿子中，如何把一个专业化领域的内容，通过使用适当词语，表述为广大观众易于理解，又不失"美感"的解说词，是令笔者煞费苦心的。几方面要求的均衡，成为撰稿工作要经常面对的难题，又是必须克服的难题。

下面是底本原稿：

第一集　万木撑天

人类居住的这个可爱的星球大约有 45 亿岁以上。当宇宙尘埃形成的地球从炽热状态降到适宜温度的时候，无机物经过复杂的物理化学变化，形成了相对简单的有机物，约在 40 亿岁左右的时候，原始细胞在古海中形成，这算是最早的生命。生命进化史也由此开始。

《森林之歌》第一集 万木撑天

大自然耗费无数匠心，造就日益复杂的生命进化系统。在完成了从藻类向维管类植物进化的生命群体中，有一支更加奋发图强，翘首长空。终于有一天，它们超越了同类，达到新的历史高度，这就是乔木。它们是绿色生命中的"灵长类"。乔木是生命进化的最伟大成果之一。在今日地球表面的大部分地区，除了南极洲之外，都有乔木的存在。它们以自己顽强的生命,对环境的极强适应能力,形成了自己的生命类群,为地球生命系统增添了无比丰富绚烂的色彩。它们各占地势,蔚然成林。

森林的亿万片绿叶像无数个太阳能接收器,把太阳的光热留在地球的生命系统中,为这个生命系统提供着无尽的能量。那些依靠森林食物而生活的动物把森林的嫩叶甜果作为永续供应的美餐,实际上是把森林获取的太阳能量,转化成了自己的生命能量。

千姿万态的乔木以强劲的根系扎入山缝,破碎着岩土,为土壤形成准备着条件,也就是给依土立身的生命开垦着家园;森林以繁枝密叶荫蔽着强烈曝晒,屏障着狂风暴雨,为一切进入森林的生命创造一个适宜生存的空间;森林的落叶朽枝又为同一生存空间的植物生产腐殖质。

森林与其他林内生命在自然进化过程中,共同形成了自我维系、自我演替的生态系统。各类生命在这个系统中按照自然选择的铁律,进行适者生存的发展。在千百万年的生命演化过程中,它们在森林中找到了各自适宜的生存空间和生活方式。

地衣苔藓类占据了林下空间的最底层。杂草略高一等。灌木占据中层。乔木则高居顶端,为林下植物提供多种蔽护。阳光辐射下来的能量被各层植物尽可能多地吸收,水分和营养也是按层次各取所需。大家以新陈代谢过程中的零余物质相互提供着营养。这种以乔木为"家长"而形成的植物大家族被称为"森林植物群落"。

原始森林中的植物群落是一个"经济体系",一切有助于植物生长的能量、营养、水分等有用因素,都被以最"经济"的方式利用着。群落化生存使它们能够最充分地利用生存空间,支付最小的生存成本,达到最佳的生存状态。

森林中的动物们在森林空间中也形成了"最佳搭配"的食物链:

林中微生物分解着落叶朽枝、残茎衰草、动物尸体和粪便,为植物生长提供营养。茂盛的植物为食用植物产品的动物提供充分的食物。而食肉动物捕食着肥壮生长的食用植物的动物,并限制着以植物为食的动物过量繁殖可能造成的"环境超载",保持着林中生态系统的动态平衡。

这个"逐级食用"的食物链也是一条能量转换链,环环紧扣,不可脱节。森林是这条食物链的初级产品提供者,是奠基者。

原始森林对于生命进化过程是具有原创意义的孵化器。

在这个万类自由竞争、紧密依存的原始森林生态系统中,每种生命都充分施展自己的求生本能,在遗传中保持优势,在变异中出现新生。这个生态系统由此创化了无限丰富的生命形式,也就建成了一个庞大的生命基因库。从地球上有生命开始,迄今已有大约40亿种生命在环境变迁与生存竞争中灭绝。今天存活的生命种类大约有500万－1000万种。这是大自然千锤百炼、精挑细选留下来的。其中的大部分种类存活于原始森林中。

当一块原始森林消失时,一个不可复制的生命系统就永远地毁灭了。一大堆生命秘密在未被破解时就遗落了,一本天书在一页未读时就不可寻找地丢弃了。每一片原始森林的消亡都是不可挽回的损失。

森林从自己诞生之日起,就辛勤地为培育地球生命系统而劳作着。

森林成了地球大多数生命的繁育庇护所、食物供应地、进化培养基。

从地球生命演化史的"有林时代"开始,森林就一直是陆地生命系统的主要支撑力量,是陆地生态系统的构成主体。

森林出现之后很久,人类才出现在地球上。人类祖先的祖先就是在森林中进化着,依靠森林而生活的。人类是森林抚养的孩子。

历史学习惯于说许多古文明实体是大河文明,因为这些文明实体傍河而生。如果从生态起源上说,多数人类文明实体其实是"森林文明"。"前人类"的灵长类在森林中孕育成型,类人猿从森林中走来。

那些对古人类文明起到了孕育作用的大河也要有森林的庇护,才能挡住狂风恶沙的掩埋和水土流失的残害;要有森林对表土的护持,才会使大河免于泥沙的淤塞;要有森林涵养水源,才使大河免于源流干涸之灾。从这个意义上说，连大河也得惠于森林。

林护水土，水润森林，林水育人。

哀牢山东南麓的一片梯田，成为林、水、人三者悠久关系的论证。

在这山高坡陡的地方，耕地十分稀缺。种田人凿石垦土，在山坡上造出大片梯田，种植水稻。山上无泉无溪，水从何来呢？山里的造田人很懂得树的作用。他们造田时总留下山头的一大片树林。他们知道，留下树就能留住水。现代林学研究表明，一亩林地比同等面积无林裸地的蓄水量多7倍以上。1万亩森林地的蓄水量相当于100万立方米容量的水库。

其实，古代的元阳农民早就懂得，那山头树林就是老天爷造就的绿色水库。树把天上的降雨涵养在林地里，然后缓缓渗出，由上而下，灌满一层田，再灌下一层，林地成了稻田的水源地。千百年来，清溪长流。

在这陡坡山地里，没有山洪暴发，没有水土流失，只有灌上水的梯田如明镜映天，只有顺坡而下的溪流澄澈见底，滋润着田畴里禾稻青青。就这样，树涵住了水，水灌溉了田，田种成了稻，稻养活了人。省略中间环节直接说，在这里，树养活了人。

树木对人类的恩惠久矣。

当进化使人类的祖先从树上跳下来，开始直立行走，步入空旷的原野时，陌生的环境让他们心存恐惧。为了防身御敌，必须拥有武器，他们找到的第一件武器就是从森林里拿来的棍棒。这件战斗工具是他们在森林里攀援跳跃时就“手”攥“脚”蹬的，所以即使走出森林时，拿起来也很亲切习惯。

这棍棒也是森林赐予他们的第一件劳动工具，他们用棍棒挖掘植物块根，充饥果腹。森林从此也成为人类劳动工具的主要原料基地。人类因为有了工具而走向文明。许多个进化世纪里，人类为自己手中的工具做了很多修饰改造，形式越来越复杂，效能也日益提高，但基本材料仍然与最早的棍棒一样，来自大森林。

在传统农业时代，林木一直是主要的器物材料：日常劳动工具、家具、船只、车辆、战争器械等,莫不如此。

以木材作为基本架构支撑的房屋,屋内的桌椅板凳。

耕织文明用以灌溉的水车和飞梭走线的织布机。

延续道路并重构空间交流方式的古老桥梁和舟船。

数不尽的器物,说不尽的用途,都离不开森林提供的木材,或者说,离不开提供木材的森林。

如果没有这些木制器物的使用,人类文明的发育将会十分迟缓而艰难。这些木制工具器物延长了人类的劳动器官,大大提高了人类创造文明的效率。

木质工具文化在人类工具文化史上占有的时间最长,至今都还在延续。即使到了工业文明时代,林木作为器物材料的传统功能也并没有终止,同时增加了更多的经济价值,为工业文明的发展作出了新的贡献。

在中国的历史传说中,存在过一个"有巢氏"时代。人们的房屋像鸟巢一样建在树上,房屋材料当然也是林中木。这时的人类还是以林为家的。即便"有巢氏"走出森林,学会建筑后,林木也还是主要建筑材料。

也有些人类是穴居的。当他们从洞穴走出来,要建屋而居的时候,最主要的架构材料还是从森林中搬取的。他们的第一座茅屋不仅用木材支撑,连亭亭如盖的形状也是模仿树冠伸展披护的样子。

甘肃秦安县东北的大地湾,是著名的新石器时代遗址。大地湾人的手工艺水平自重见天日之时,就被所有的现代文明人所赞叹,而他们的建筑艺术更加令人钦佩不已。

大地湾遗址发掘呈现了一座距今 5 000 多年的"人民大会堂",整个建筑的室内空间就有 150 平方米。这样"宏伟"的建筑以木材为主要架构。从房屋的边长和柱础的分布,可以推知当时的木材建筑技术已经相当娴熟。想象当时,先民们在这里民主议事,共商发展大计。建筑为制度建设提供了空间保证。

人类由于学会利用木材建设屋宇,从而创造了文明化的空间,也征服了地理地貌和气候的诸多局限，让文明的足迹遍及天涯。

　　5 000 多年前，北纬 42 度线附近的冬季同今天一样，也是冰封雪飘。在新乐一带繁衍生息的先民们住在木头支架的茅屋里，从森林打来的野味在火塘上肉香飘荡。燃烧木头的火塘给屋中人一片融融暖意。蛮荒的冬天是会让所有生命瑟瑟颤抖，甚至四肢僵硬的。但这个木架的小屋却支护起一个充满人类温暖的空间，这个空间独立于蛮荒酷寒之外，让人类文明烟火长续。在这个空间里如果抽去所有林木因素，人类的生存将不可想象。

　　一个具有一点追溯能力的现代人，站在被楼群淹没的新乐古文化遗址上，眼前不难浮现林海荒原中的史前生活场景。那些木架茅屋便是今日楼群文明的祖源。

　　从茅屋的简单支架到梁柱斗拱的殿堂楼阁，中华文明因为拥有建筑而丰富，而雄伟，而壮丽，而华美。太和殿的雕梁画栋，长檐冲霄，显示着东方国家权力的威严。如果抽去树木的支撑，作为这个时代文明显著标志的建筑文明体系就坍塌了，整个木质建筑的文明时代将被夷为平地，保存在这种文明空间里的一切也都将荡然无存。森林由此显示出自己不仅是陆地生态系统的主体，同时更是人类文明系统的支撑。

　　到了现代，即使木材不再是主要的建筑材料，但人类仍然喜欢自己的居住环境有树木环绕。这除了实际功用的考虑之外，也是借此回望那古意悠远的森林。因为森林是人类最早的家园，不管文明走了多远，人类心灵最深处的故园之思中还荡漾着林涛的回响，这是现代的嘈杂抹不掉的林海乡情。

　　在中国的传说中，同样还有一个"燧人氏"时代，在考古学中，这个时代也就是人类开始用火的时代。人类不依赖天然火种而自取的火种中，有相当部分是"钻木"而取的。"木能生火"。木既是火种，也是火的主要燃料。

　　火的利用是人类文明的一大进步。燃木之火是太阳的延伸，大森林借来太阳的能量，赐给人类温暖与光明，人类可以广泛利用外部世界的能量来开拓生产生活了。旷野上虎啸熊吟，古人类从森林中捡来干枯的树枝，燃起篝火，驱走了恐惧，带来了光明与温暖，还有美味的熟食。如果没有林木释放的火热，整个人类文明不仅会冻僵，甚至直到今天还会处在茹毛饮血的生食阶段，很难超越类人猿的发育水平。人类由于掌握了木能生火的道理和操控手段而使文明向更高阶段进化。树木成为文明的燃料。

这堆木生的文明之火一经点燃便光照天地，开创纪元。人的进化速度与改善命运的能力由于掌握了火而空前提高。先民握在手中的播火木棍成为照亮文明前进的命运之星。

以后人类创造出了各种燃料的火，但以树木为燃料的第一堆火是一切文明之火的始祖，在人类文明史上，它留下了永存的光和热，在人类文化心理的最深处永远闪烁不熄。这堆火最鲜丽的背景色是大森林的浓翠。

中国人是最早以木材生火烧制陶器的族群之一。继石器之后，陶器的出现是人类器物文明的又一次伟大进步。木器和石器还只是对原材料进行形状上的改造，陶器则具有了更深的创造性。水与土被巧妙混合后，人的想象力在熟泥上驰骋舞动，随意赋形，创造出功能多样的陶器。正是这种器物的出现，使没有形状、有孔即入的清水可以搬运了；食物不必直接投入火中就可以煮熟了；采集和储藏得到了稳妥的盛装；对神明的奉献也因此显得整洁而堂皇；并且这种器物制作为心灵的艺术呈现找到了外化形式。于是，人类有了新的生活工具，有了创造力施展的新方向，有了新的文明载体，文明有了新的自我记载方式。是木材之火让这次新的工具革命成为现实。泥坯在烈焰中获得了耐久的文化生命，甚至可以抵抗无尽岁月的掩埋和腐蚀而进入永恒。

木材之火还在顽石中透析出铜、锌、锡、铅，从而铸造出又一个伟大的文明时代，后人称它为"青铜时代"。在这个时代里，人类文明创造出了新的锐度，新的光泽，新的华美，新的庄严和神圣。

木材之火不灭，顽石又被提纯出钢铁。在这个时代里，人类拥有了前所未有的锋利。人类依靠这份锋利，去垦殖荒原，播种五谷，捍卫社稷，开疆拓土。铁犁的效率和铁矛的锐利在大地上缔造出一个又一个强盛的帝国，让人类文明走向更广阔的整合、交流与开拓。

木材之火烧制陶器、冶炼青铜、提纯钢铁，每一次冶炼内容的改变都是一次巨大的社会进步，而这个进步的火热能量都来自森林。木材之火铸造出了陶器时代、青铜时代、铁器时代，没有这三个时代，便不会推出后起的一个又一个文明时代。在火被人类掌握之后，人类不能不一次又一次地向大森林感恩膜拜。林木不仅是点燃文明起源之火的燃料，更是文明走向纵深进化的能量之源。

在漫长的历史岁月中，林木为人类文明进化提供了不可替代的能源。

森林在漫长的发育过程中，把自己建成了一个绿色生命的基因库。人类在这个绿色生命的基因库中找到了自己的基本食源。

人类文明进入采集为主的农业文明时代，所采植物的大部分都原生于森林或林间草地。

中国人以"五谷"统称的农作物，基本上都是森林基因库所提供的。

今天全人类都在食用的水果，绝大多数也都是森林所培育的。

对林中野生植物的驯化栽培史，基本就是一部农作物品种发展史。

森林为人类提供了食用物种，也为人类提供了饮料物种。茶叶是一个突出代表。中国数十个世纪的茶文化史，其源头就在森林。茶树本就是森林家族中的一员。而今天人们广泛开发的绿色饮料，其基本原料也多是林产品。

神话中的神农尝百草，正是对于中国上古农业文明初期阶段，先民们在大自然绿色宝库中广泛选择可食之物，加以诱导驯化，使之成为基本作物的艰辛历程的传奇化，也给后人留下了如何在山林宝库中探寻可用之物的宝贵启示。

森林基因库不仅提供了谷类、蔬菜类、水果类物种，以满足人的日常食用,更提供了药用物种,以满足人的疗疾保健之用。绝大多数中草药都来自林下物种,或直接就是乔木的叶、花、皮、果。中医药学善于利用森林植物基因库作为药物资源,它保证了一个古老民族的健康和繁衍,使之成为世界上人口最多的族群,这是森林的又一伟大贡献。

据统计,人类现在食用、饮用、药用的植物品种,还只占森林中已知植物种类的不到5%。也就是说,大森林只动用了自己绿色基因宝库的一角,就让人类食谱丰繁。

随着现代科学的发展,对林中植物品种开发范围的拓展,研究层次的深化,将会有越来越多的有用植物品种被人类发现和使用。许多初见成效的探索都显示出了这一点。

这也给人类留下一个警示:我们必须珍爱森林所孕育和保存的每一个物种。每一个物种的灭绝都可能是人类的一个不可挽回的巨大损失。我们今天认为它无足轻重,任其灭绝,只是因为人类还无力认识它的重大价值。到有能力认识和开发它的价值却再也找不到它的时候,人类就后悔莫及了。

人类是在森林中孕育出来的。当人开始用文化的眼光看待森林时,森林便无可避免地被人化了。

森林在人类心理中形成了太多的映像,这种映像成了人类文化不可摆脱的元素。每个民族都不可避免地用自己的民族文化心理感受森林,用自己的文化眼光审视自己周围的森林,森林因此被重重叠叠地染上了文化的色彩,被赋予多种文化涵义。

水分蒸腾是树木体内正常的生理活动,当气温低到使水冻结的时候,树的生理活动就难以进行了。许多树木在进化过程中学会了适应寒冷的方法,上冻的时候就甩掉叶子,以停止蒸腾,保存生命。这是纯粹的生存策略。但对树木充满欣赏美感的人类却觉得,树木用神奇的生命节奏使自己成了咏叹生命的诗人,渲染天地的画家,树木以落叶的生存策略创造了自己感受秋冬的艺术形态,又以生长新叶的方式创造了自己歌咏春天的手法。

于是,林木成了中国诗文的灵感生发源。中国历代诗人作家笔下不涉及林木者几乎没有。这个传统从《诗经》《楚辞》时代就开始了，直到唐诗、宋词、元曲，从无间断。而多数人对森林和树木的诸多美感体会，也大多来自诗文的引领、启发和熏陶。

《全唐诗》收入作品 40000 多首，其中具体描述到松柏杨柳等树种的诗句不胜枚举。在诗词中，树木以自己的特点成为时光流逝的标志，书写情怀的象征，营造境界的意象。无论是"霜皮溜雨四十围，黛色参天二千尺"的独木，还是"无边落木萧萧下"的森林，都是托物言情的审美形象。

在中国传统绘画艺术中，山水画是一大主流。这里的山水从来都不是赤裸裸的山水。山因林木而荣润，水因碧树而澄丽。林木是山水的"时装"，没有这套"时装"的变换，山水会黯然失色，面目荒凉。

林木是中国绘画艺术中最有生命灵气的部分，无论是文人画，还是匠人画，都不能没有林木。绘画艺术家们为了画林木，甚至创造了专门的笔法。深居山林成了寻找绘画灵感的重要途径。

在中国的山谱中，长江下游的招隐山连丘陵都算不上，但它却以自己的林木葱茏，浓翠鲜碧，成为中国画史的灵感之源。六朝大画家戴颙因为深爱这里林幽山秀，欣然卜居。茂林修竹间黄鹂婉转，与清溪潺湲相和，几同仙乐。戴颙就给自己的山居命名为"听鹂山房"。长居幽林之间，让他的画风更加清幽出尘。此后多有画家来此感受山林的灵秀之气。宋代大画家米芾父子两代在这里长居作画，招隐山因此竟然被称为"米家山水"。这米家山水的山之秀，水之清，都来自树茂林深。

假如山不入画，画中无木，中国画将失去几分天下？几多美感？

饶有趣味的是，中国诗文著述的文字载体也需要森林提供。2002 年，湘西里耶镇的古井里发掘出 3 万多枚秦代的简牍，其中 90% 多是木材做成的"牍"。两千多年前的历史在木材打造的书写空间里条分缕析，历历在目。在中国历史相当长的时间里，木竹制作的简牍是主要的书写材料。后来，木材变身而成为纸张，依然是传承文明的重要载体，是诗文绘画更加细腻优美的挥洒空间。其对人类文化发展的推动作用,不可估量。

森林是中国多种艺术的美感家园。中国林木因中国艺术而韶华丰美,中国艺术因中国林木而神韵生动。

风动林海,天地喧嚣;风拂柔枝,绿叶细语。森林中有群鸟唱和,百兽呼应,万虫行吟,这是大森林自己的音乐,是人人都会心醉神迷的天籁。大森林的气象万千,无穷意蕴和无尽天籁,同样是音乐家的灵感之源。中国作曲家刘敦南的《山林之歌》以中国的音乐语汇,抒写中国森林的东方风情。奥地利作曲家小约翰·施特劳斯以19世纪欧洲经典音乐的华美格调,讲述《维也纳森林的故事》。《快乐的森林》在英国作曲家阿诺德·巴克斯的琴弦上春意盎然,《十一月的树林》虽然秋意甚浓,但杰出的作曲家使沉郁萧疏成为渗透人心的美感。肖斯塔科维奇的《森林之歌》以生气勃勃的音符歌唱俄罗斯大森林的无限生机。捷克作曲家斯美塔那用交响套曲的雄浑,吟咏《波希米亚的平原与森林》,抒发自己的满腔爱国热情。

森林音乐的王国没有语言障碍,每一片森林弹奏的音符都会让全人类心旷神怡。

在中国古典哲学中,有"五行"学说。在这个学说里,木是被作为世界构成的基本元素而确定的。这足以看出木在古人心中的地位。他们深深感到了木的影响无处不在,无木不成世界,无木不成社会,无木难活人生。木对世界与人生具有"本原"意义。进而,木被赋予了诸多形而上的象征意义和指代作用。在医学上,肺属木;在季候上,春属木。如此等等。

某些树木的形象还被当作人格美的象征。

孔子曰:"岁寒,然后知松柏之后凋",以松柏比喻君子在逆境中的高洁品格。

伟大诗人屈原以桔比喻君子,著名的《桔颂》成为君子品格的千古礼赞。

高士的隐居之处多在林中,被称为"林下之风"。古人认为林泉是可以滋润高洁人品的。

森林和森林的子民——树木,也经常被宗教化和神秘化。

在规范宗教中,某些特定的树木被赋予了浓厚的宗教图腾意味和灵异色彩。例如佛家的菩提树和道家的桃树,观音大士手中的灵物是一条杨柳枝。

宗教修行者或把寺庙直接建在山林中,或在山间寺庙周围多栽树木。后来寺院就被直接称为"禅林"。在宗教人士那里,林是可以让人远避红尘,感受天地,体悟心性的媒介场。

黄土高原上极少林木,有人认为是自然因素的影响,有人相信是人为破坏。就在黄土高原上的崆峒山却林木繁茂,在千里裸土上格外引人注目。许多修行者望树而来,在山上广建寺庙,使这里成为西北的宗教圣地。若干代以来,人们因为敬畏神佛,不敢上山砍伐,使这里的树木也像修行者一样长寿,参天苍翠,颇显灵秀。神佛偶像无意中成了绿化管护人,从而保护了这里的生态。树为有修养的人创造了潜心修行的氛围,有修养的人也为树提供了健康生长的空间。人树互敬,人树同修,创造了和谐的共生环境。

崆峒山启示着人们,应该像敬畏神佛一样敬畏绿色生命,尤其应该敬畏绿色生命中的灵长类——树木,这种敬畏是人性修养的重要构成部分,也是人类让自己的生存环境永葆完美的内在措施,人有了绿色的心灵才会去保持和创造绿色的环境。

在民间风俗中,从朴素的万物有灵观念出发,把大树神化,供树神,相信树对人具有某种超自然的保护力量,都表明了树木在人民心中的地位。

树木也是中国人表达纪念、仰慕和寄托情感的符号或象征物。孔庙中孔子手植的桧树和杏树,因成为后人纪念先哲的寄托而"圣迹"化。北京文天祥祠中的枝杈南指的树成为文天祥爱国精神的象征,凝聚着后人对文天祥的敬仰。

人与森林是共生的。这种共生不仅体现在自然进化史上的生态共生,也表现在人类文明化之后的"文化共生"。

　　　从生命进化史的角度看,森林提供了生命演进繁育的"基础设施"。

　　　从文明发展史的角度看,森林提供了支撑和推动文明进步的基本原材料。

　　　地球上的生命与文明,因为森林的存在而像森林一样根深叶茂,生机勃发。

　　　【注:在完成片中,因长度原因,这份原稿作了不少压缩性修改。《森林之歌》2008年获第24届金鹰奖纪录片奖。】

　　这个片子的内容涉及不少专业知识。这就需要在稿子里把专业词语通俗化,同时不能减损纪录片语言应有的表现力。

　　在解说词中使用的各学科专业词语,是需要作简明释义的。但这个释义性说明又不能如同词典中那样作成枯燥简括的"词条释义"。需要把释义性解说词也变成有表现力的解说词构成部分。

　　把科技的或学术的内容常识化,或者使之与社会常识内容建立起某种衔接关系,与观众的普遍经验连通,也是解说词写作中需要特别注意的方面。

　　同时注意用感性的描述性词语表述理性内容,让理性知识得到感性呈现,以使观众对这些内容产生亲和的贴近感,这会增进大众对新知的接受兴趣。用这种方式提供新知,有助于增加片子的知识性。提供新知也是吸引观众的重要方法之一,并且是大众传播的社会责任。

二、词语使用的能力建设

　　关于如何把词语用对用好的技术规则和诀窍等,在古今无数总结写作经验的文章和书籍中,都有大量传讲。而且基本都会附上一些令人信服的例证。这一切都会留下不同程度的观念启示和技术性教益,有助于提高后学者使用词语的能力。

　　在如何提高解说词撰写中的词语使用能力方面,本书只讲一条:阅读经验的积累。

　　积累阅读经验就是为了使解说写作者能够从历史至今形成的"文化语

境"中感受一个词的活生生的文化生命历程。对一个词语有了这样的认知,才有可能真正把它用对用好。

从发生起源上说,任何一个词都有自己的"文化生存史",在使用过程中不断得到内涵充实,或脱落一些历史含义。它也不会孤立存在,总是与自己所产生和运用的"语境"有着深切关联,在这个语境中被定义和使用。一个词语赖以产生和鲜活"流通"的文化环境就是这个词存在的广义的"文化语境"。这个词既是历时生存的——具有历史的继承、积淀和流转形态,也是共时生存的——在一个特定文化空间中依靠群体性共同约定的内涵而拥有应用性生命。

写作者对词语的活生生的运用感受力绝不仅仅是词典中那些干瘪的解释能够给予的,而是应在阅读不同历史时期的不同文章中,在广泛多样的历史文化语境和现实应用语境中,去感受每一个词的基本命义、引申含义、功能价值、文化质感、情绪色彩、与其他词语联合使用时的新词组合能力等。由此深度认知一个词语的历时生命和共时生命。

了解一个词的"出身"和"履历"是用好这个词的本源基础。就一般性使用而言,这并不需要对每个词语进行源流考辨,不必为每个词建立详尽的阅历"档案"。只要进行广泛的阅读,就可以对大部分使用频率较高的词语形成"熟悉的印象""亲切的感觉"。大量的这种来自阅读经验的感觉和印象会积淀成为"潜意识"般自然的词语使用技能,说的时候会"脱口而出",写的时候会"援笔立就"。

一个人建立并广泛积累阅读经验,就是为了让自己深度融入词语"生存"的文化语境,与词语密切"共生"。这样才能够按照词语的生命与色彩,恰当运用它们,让自己的写作词语交融于文化语境。否则,写作就成了这个文化语境之外的赘瘤。

可以举一个很有启示性的例子:在当今某些刊物或报纸上,时常可以见到现代人写的"古体诗词"。在现代人建造的景区"碑林"或题词簿上,这种今人"创作"的"古体诗词"更是大面积出现。这些作品中能够感到作者做得很"用力",也能觉出作者翻过一些古典名家的诗词歌赋类作品。但总是掩饰不住其阅读经验的短浅,未能达到深入浸润性的融会贯通,只见搜肠刮肚地攒词凑韵,模仿性用典,生硬地堆砌熟语和笼统的大话浮词。有时甚至词法和句法都不通,致使对"古体诗词"只能做到生涩的形似。"老干部体"是这类今人"古体诗词"的代表作。

读这样的作品就会发现，作者们对笔下词语的基本内涵没有"本源性"认知，对词语的相关历史文化语境也极为陌生，严重缺乏从深刻阅读经验中获得的词语理解，没有对词语文化生命韵味的精确感知。在这种情况下"硬写"，那就只能是生硬笨拙的词语堆砌。在李白、杜甫、苏东坡诗文中辉煌生存过的词语如今被拿来这样糟践，真是它们的莫大不幸。这对电视片解说词写作者应是极有提示意义的反面教材。

够水准的写作能力一定是在大量阅读经典著作的基础上形成的，也就是在有价值的阅读经验中积累起来的。对于绝大多数人来说，阅读经验是写作能力的最重要来源。像李白这样的超级天才，他也是从幼年就开始大量阅读经典，才培育出了后来的写作能力。他自己回忆说："余少时，大人令诵《子虚赋》。"（李白《秋于敬亭送从侄耑游庐山序》）李白很小的时候，家长就让他阅读汉代司马相如《子虚赋》这样的大文章。李白还自述"五岁诵六甲，十岁观百家"。（李白《上安州裴长史书》）又说："十五观奇书，作赋凌相如。"（李白《赠张相镐》）这些记载常被用来说明李白少年早慧。但更重要的是，这些材料说明李白很小就积累起丰富的有价值的"阅读经验"。正是这些阅读经验早早培育起他出众的写作能力。而这样的例子在文学史上可谓比比皆是。

一个只有语文课本和教辅材料阅读经验的年轻人，其文化成长是可悲的，其文化心智是残缺的，写作方面也会是"短腿"的，这些不足将使得他在未来的事业之路上跛行。如果认为不读书也能够写作，那就只剩下抄袭一条路了。

当然，读了很多书的人也可能抄袭——可以肯定的是，抄袭者也终究是没有把书读好。

对于一个在中小学时代被外力强制性压抑了自由阅读渴望的孩子，当进入大学之后，不管他所学何种专业，他都应该开始努力"找补回来"被压抑时期造成的自由阅读损失，充分享用自己的自由阅读权，努力培养丰富的阅读经验，并在这个基础上提高自己的写作能力。

为了提高词语运用能力，乃至提高写作能力，需要读什么书的问题显得极为重要。这方面的书目已经有许多人在很多地方开列了很多。这些书目的选择性开列都各有各的道理。

　　大致而言,春秋战国时期是中国历史上最具思想原创力的时代,也是文章形态原创领域大开拓的时期,思想创造力和文章形态这两方面的大开拓形成了绝佳匹配。对这个时期的代表性著作的认真阅读,可以深切体会文章形式与表述内容之间的恰当关系,有助于词语创造力和思想创造力的提升。

　　南朝被称为中国文学的"自觉时代",文章家们(广义的文章包括散文和韵文)以很强的自觉精神,思考文章写作方法论。阅读这个时期的代表作品有助于字词使用的精准优美。

　　唐宋时代,中国古典文章写作技术水平达到巅峰期。汉语言文字的形式化表达潜力几乎发挥得空前绝后。唐宋时代的文章代表作是所有文章后学者都需要潜心阅读、消化吸收的。

　　20世纪第一个30年是特别值得文章写作学习者关注的30年。仅从词语构造模式和使用方法上来说,这就是一个具有旺盛探索热情和创造力的转折期。

　　汉语单词的"铸造"有一个历史性的演变过程。相对而言,古汉语中的双音词较少,而单音词较多。单音词即一个汉字就是一个单词,可承担一个独立的语法功能。在骈体文出现之前,以单音词造句基本属于主流语法现象。

　　20世纪第一个30年里白话文逐渐流行,双音词日益增加,以双字成词,构成一个"不可再分"的最小语法单位(语素)。此后,双音词逐渐成为汉语单词的主要形态。

　　对古汉语单字词的本原语义的文化认知,及透彻理解它们在历史使用过程中的"文化演变",是利用它们恰当组建现代汉语双字词的词语知识基础。20世纪第一个30年里的典范白话文,上承文言文的用词传统,下开双字成词的现代构词模式先河。熟谙这个时期的文章词语运用典范,能够上明"古意",下知来者。在转折点上看问题,容易切中要害,掌控诀窍。

　　上述几个历史阶段是中国文章形态的重要发展期。这几个时期的代表作家和作品,都在可读乃至必读之列。从基础意义上说,它们是汉语词语铸造的金玉之"范",更应是汉语写作者追步的文章元典。

　　学习写作者对于具体作家作品的兴趣偏好尽可以因人而异,所以自己给自己开书单也是一个不错的选择。但在读书时把这些作家作品放到"中国文章演化"的大历史中来看待,可能会更知道关注哪些作家作品的独特贡献。有了这样的眼界和思路,哪里还会把"口水书""心灵鸡汤"和"戏说历史"之类的书籍放在眼里。

第二节　句法与段法

语言学意义上的句法研究领域博大精深,本书所能够简单讨论的只是电视片解说词在语句运用方面的一般方法。当然也如同解说词的词法一样,电视片解说词的句法运用也必须符合一般文章的普遍规则,同时又有一些自己的特性需要关注。

一、解说词的句子结构需要富于变化

电视片解说词在播出时是有声放诵的,营造合适的听觉感受是重要的艺术追求方向。除了在字词选择方面可以造就"中听"的声音外,在句子的"声音结构"方面也需要精心安排。必须意识到,句子是一个"声音结构"。句子内部轻重音节的相对确定关系就是它的"声音结构"。在句子的"声音结构"中,语法形态起着重要的作用。例如:主-谓-宾、主-状-谓-宾、无主句之类不同语法形态的句子,其声音结构当然是不同的。而语法结构形态相同的句子,其声音结构就会出现某些相似性。如果几个相邻存在的句子都使用相同或相近的语法结构,其声音形态就会出现某种类同感,呈现出听觉形态的单调重复。这无疑是写作解说词时应该避免的。所以,解说词写作中必须有意识寻求语法句式的丰富多变,以使得句子的"声音结构"丰赡多姿。

二、长而弯的句子是病

基于解说词听觉接受上的一过而逝的特点,句子构造不能过长过"弯",这是言之即明的。

有网友在看过中央电视台 2013 年播出的一部人文纪录片之后,在网上留

下了一些评论,其中就提到了这个片子的句法问题,并举了一个例句:"座座坟冢下安睡的是一代又一代行走江湖的京剧艺人曾经惊艳四方却注定要衰朽黯淡的身形"。撇开其他问题,只说句子的组织结构,观众要想听清并"抓住"这句解说词的意思,那确实需要花费些气力。

用现代汉语的语法理论来分析上述例句,这是一个主谓语成分俱全的单句。主语"安睡的"是一个名词性的"的字结构",相当于"安睡的人",即运用"的字结构"省略掉了"人"字。"座座坟冢下"是一个表方位的定语性词组,用来限定"安睡的人"所在的位置。

"是"作为判断动词,与相当于宾语的"身形"组合为合成谓语,来表述主语"安睡的人"。"身形"是合成谓语的核心词。"身形"前面的"一代又一代行走江湖的京剧艺人曾经惊艳四方却注定要衰朽黯淡的"这个长长的部分都是用来修饰限定"身形"一词的。整个句子就"绕在"这里。那些重重叠叠的修饰限定部分淹没了"身形"这个核心词。

可以试着把这句话截短了说:一代又一代京剧艺人安睡在座座坟冢下,他们曾经行走江湖,惊艳四方,却注定要衰朽黯淡。

当然,这样截短后,原本的单句,变成了复句。但这似乎并没有减损语义的完整性和表现力。原句连标点在内,共 41 个字符。截短之后,连标点在内,也是 41 个字符。还是那些字词,原句要表现的内容也都在。对观众而言,句子截短后似乎更容易听清和理解。截短句子的有效办法之一是把复杂"漫长"的修饰限定部分"提取"出来,予以独立化表述,这会使得意思更为明了通畅,易于接受。这就是高中语文教学中"长句变短句"的基本功。在一个人远离高考多年后,类似的基本功还会找上门来,表现自己的存在价值。

当然,如果认为原句的连缀修饰很"唯美",截短后会失了"文采",那另当别论。关于什么是"文采",又需要重新建立讨论标准了。

三、纪实的个性化表达需要摆脱套话式语句的烂熟感

纪实片叙述的是独一无二的个案,是一个不可重复的"新鲜事"。这样的叙述需要"只说"这件事的句子,需要鲜活的个性化语言。这就决定了纪实片解说

词应该有意识减少（不是绝对不用）熟语、套话，乃至成语的使用，以避免认知角度的重复感和叙述体验的陈旧感。因为语句中是包含着认知角度的，熟－套－成的话语中包含着早已"成熟"的认知角度和认知结论，就暗示着某种"不新鲜"与"非个性化"，有可能把作者的"独特"拉入"常规"。解说词营造新颖的文字感受性是必需的。

特别是在企业或政府部门订制的专题片中，平直而俗白的熟套官话陈说总是在所难免，这是订制方需要的。这时在其中适当经营几处不别扭的"拗句""涩词"，制造一点话语陌生化效果，"破"一下语言的俗套粗鄙感，也是必要的。

远离陈词套语是句法创新能力的表现，其根基当然是对内容的独到发现与理解。否则，无论怎样尖巧新颖的句法经营都是空泛的小伎俩，看透之后，不值一哂。根基丰厚而内容饱满的句子，哪怕句法朴拙，也耐人寻味。

四、段落的确立原则

讨论句法时就会看到，句子的组合既要完善单句自身，更要关心各句子之间的接续性关联，关联性句子共同对阶段性叙述核心的围绕，是"段落意识"的起点。

可以把解说词的一个文字段落看成电视片叙述链中的一个环节。

如果这个环节（段落）是叙事的，那么这个段落可以是对一个重要场景的一个或几个相关侧面的描述，可以是对人物一个突出特点的描述，也可以是对一个需要凸显的"故事行动片段"的描述。

如果这个环节（段落）是说明性或分析议论性的叙述内容，可以把一个段落看成一个语义核心的延展性陈述。核心语义在这种延展陈述中获得相对完整的呈现，一个段落就完成了。也就是，围绕这个核心语义展开的几个延展句把这个语义核里面的意思都呈现出来，这就算一个相对完整的叙述层次交代清楚了。一个段落就此成立，不要再扯入另一个语义核。一个段落里面不要堆叠两个或两个以上的语义中心。

为一个新起的段落确定领起句很重要，它决定着这个段落"从何说起"。它可以是语义的核心句，也可以是趣味性引绪或情节端倪，然后码着这个具有领起作用的句子进行延展叙述。这个延展叙述可以是情节线的连绵递进，也可以有形式逻辑的关系，从上位概念向下位概念推演；或反向推演，用下位概念"顶出"上位概念。无论在内容上，或语法形式上，段落内的句子都应具有密切关联性。缺少密切关联的句子就需要剔除，留给下面的相关叙述。

段法之道首先在于"不着急"。不要急于把多层意思全都"连忙"堆上来，不应该是这一层意思刚刚提起，另一层马上扯进来。这样多层意思堆叠于一个段落会说得夹缠不清，纠结混乱，让人看不出头绪，感觉作者不知所云，也就失了段法。

确定一个相对完整的核心语义，把叙述这个核心语义的诸多句子的先后排列顺序想好，从容展开，完整托出。说完这个核心语义之后，一个段落就此成立，也就可以干脆地截断。

段者，断也。当"段"不断，文意自乱。

有时为了强调一个意念，即使它与其他句子仍有可以相处于一个段落的关联性，也有必要把这个需要特别突出的意思表达句独立为一个段落——哪怕这个段落只有一句话。

"断"清楚上一段，然后再清清楚楚确立下一段，提起另一层意思。

词法总有微观的字词可以进行确切性的把握；句法有严格的语法规则可以检验，掌握了主谓宾补定状语的规则，句法问题总还是"有法可依"；段法没有确切的形式规范，比词法和句法都更难掌握。所以，许多初学写作者都在段落的安排上陷入迷乱。段落本身确立不稳，段落相互之间划分不清，衔接不顺，整篇文章也就安排不好。很多写不好文章的人就是在段法建构阶段被拦住了。

段法是句法之上的更高结构层次，是词、句这种零件性元素的有机合成体，是语义思维逻辑化推进的阶段性组织，是叙事单元的序列性安排。一个初学写作者如果开始形成了段法意识，有了段法组织能力，基本上就可以积词组句，"砌"段成文了。

五、电视画面的叙述特点与解说词段落的内在构成

解说词一个段落中的诸多句子围绕一个语义中心展开，或码着一个情节线延伸，各句子之间自然（也必须）具有密切的内容关联性，这才能够使得与之平

行推进的画面组合也有相应的呈现中心,解说词语义中心与画面组合的呈现中心紧密对应,才能完成片子的完整叙述。相关联的画面也才能够得以按照"成组"的方式编辑。

画面需要按照"成组"的方式剪辑组合,这是纪实片画面艺术的构成规律。能够"成组"的画面是因为它们之间具有内在联系。一个叙述段落内的"成组"画面之间,总是需要有时间或空间的关联性,事件叙述脉络的连续性,含义的相通性,也有构图和角度的互为照应关系等等。画面按照这样的诸多相关性,连贯展开。这是画面之所以需要"成组"编辑的原因和理由。诸多画面不能毫无关联地跳来跳去,凌乱拼接。

所有这些成组画面都与相对应的解说词段落具有核心叙述目的的牵系。

解说词的每一个叙述段落总有自己的语义中心,相应的画面叙述也是这个叙述内容的对等展开。这才能够形成语—画对位的组合,才能达成语—画融汇表现的叙述效果。

解说词的一个段落内部的句子如果连接不当,叙述方式闪烁不定,就会造成各个叙述句有"跳来跳去"之感,乃至迷失呈现核心。如果画面为了照应基本的语—画对位关系,也跟着解说词的句子跳来跳去,画面组合就难免有颠三倒四之感,叙述状态就凌乱破碎了;画面如果不随着解说词一起跳荡,又会造成解说词与画面各说各的。这就会破坏纪实叙述中语—画关联共进的完整性效果。

但在中国非虚构叙述类电视片的"少年时代",曾经有一种"时尚"——解说词写作者故意在一个小段落里进行大尺度的时—空跳跃性叙述,联想中外,穿越古今。画面也跟着这种解说词进行上天入地的跳跃组合。大家认为只有这样的语—画组合才足以传递大信息量,才有穿透力和冲击力,才能够显示想象力,才有跌宕起伏感,能够表达丰富的角度、博大的视野、宏伟的气势。随着中国纪实片行业的发展,这个时尚逐渐衰落了,因为这种叙述无法实现"纪实意义上的叙述",而只是支离破碎的感觉堆砌和不着边际的浮词大话,甚至都没有可靠的事实依据和关联。

我们举出上述例子意在说明,多数情况下词法、句法和段法这类貌似单纯的写作技术问题,但在实际上,这些具体的写作技巧、习惯和"时尚",具有行业内外的诸多社会关联和认知依据。

第三节 章法的全局性意义

章法是文章全篇的建构之法,是所有文章元素在全篇中寻求合理使用、协调搭配,以追求整体效果最佳的法则。章法理念涉及文章整体格局的统筹安排,词、句的关联性使用和段落位置相对关系的恰当处理,以谋求全篇文章成为一个如生命体一样各部分密切相关而整体和谐的表述系统。

章法特别注重"全篇意识",追求"整体效果",所有的单个表达元素都应当服从全局。一词、一句、一段的运用不是孤立地看它们自身是否美妙,而是看它们在融入全篇之后是否美妙,是否在与其他部分的关联中运用合理,是否与全篇的风格搭配得当。一切文章元素都在整体关联的参照系中,获得应有身份与评价。总而言之,章法是一种全局观。

对于电视片解说词而言,章法不仅仅是文字系统的整体叙述格局问题,还必须同时考虑画面"章法"的需求。画面有自己的叙述逻辑特点,它约束着文字叙述的章法;文字叙述章法当然也在约束着画面的章法安排。在这里,注重"语—画"双重章法的有机互动正是纪实片"叙述学"所需要的结构理性精神。

单就非虚构叙述类电视片解说词的章法之道而言,其内涵也是无限丰富的。这里只谈解说词章法有限的几个常规指标。

一、主线明确

无论是叙事为主的纪实片,还是论证片,其全局都需要有一条明确的主线。叙事为主的纪实片的主线就是主体故事的情节展开线或主要人物命运—经历线;论证片的主线就是从主题原点展开的思想逻辑线。一个片子的主线设计可以是单线直进;可以安排辅助线,或者对比线;也可以双线或多线交织,平行推进。无论怎样,主线(哪怕同等重要的主线多于一条)是必须明确的。主线是决定全片格局的轴心。有了这样的主线,才能够组织相应的题材,以主线凝聚和牵引这些材料,来保证叙述过程的有序推进和充盈展开。

有了明确的解说词语义主线,画面组织也才能够择取准确,涵义清晰,减少歧义,避免模糊混乱,也有助于促使画面风格贯通。

主线清晰是章法有序的首要保证。有了主线的明确统领,才不会乱了章法。

二、逻辑严整

以叙事为主的纪实片有叙事逻辑。在这里,解说词的章法就是要注重叙事逻辑的严整,保证情节连贯,不能脱卯。即使为了营造曲折感而安排的外来插入部分,也不能横斜过多,不可逸出太远。否则会打断叙事逻辑,导致叙事不清,造成观众认知混乱。

论证片则需要坚持理性逻辑的严整推演,实例性材料与观点性内涵密切配合。如果逻辑推进线含糊或断裂,材料与观点疏离,章法就散了,观众的思维关注点也就散了。

无论哪种类型的纪实片,为了保证叙述逻辑的严整性,都需要适当使用过渡段、过渡句等方式,穿针引线,承上启下。但这些"焊接性"的技术手段用量不能过多。否则会冲淡"干货"内容,导致逻辑松散。说到底,章法需要内在语义逻辑的严整,而不是外加手段的填充。

三、繁简合宜

电视片的解说词与常规文章相似,也需要详略得当,繁简合宜。处处繁密会让叙述拥挤冗杂,失去重心。处处简略则使全片干瘪瘦弱。解说词(文章)之所以必须繁密相间,其实是由观众(读者)的观赏特点所决定的。人类的认知规律不可能处处平均使用力量,只能点状深入,以点带面,以此达成对事物的全面认识。

那么,从组织一篇解说词的技术角度,很现实地说,何处当繁呢?那就是,创作者进行了深入扎实的采访,掌握了足够的影像素材,而这些采访材料和影像素材又正是特别适合表达主题的内容。当然应该把这些内容放在全篇的恰当位置,细致描述,充分展开。反之,不具备类似"本钱"的地方,则需要简略。所谓"有话则长,无话则短"。有"东西"的地方当然应该充分繁密,没"东西"的地方不可硬撑。自己"虚"的时候一定不要"装",否则就只能是堆砌一篇虚词空话而贻笑于人。

当然也可能是,为了写作一篇解说词,收集了超量素材,用不了这么多。那就对素材予以取舍剪裁,基本要求当然是取舍得当。取舍的标准就是片子的制作目的和主题需要。经过素材的合理取舍之后,体现在解说词(文章)中就是:详处精细描述,略处简明概括。在这里,取舍是手段,繁简是经过取舍之后呈现在文章中的状态。

不管上述哪种情况,准确的章法处理要求就是让繁简之处都能够各得其所。

四、段落清晰

从技术层面说,解说词的全篇格局就是由一个个段落排列组合而成的。这就要求各段落的位置必须是在全篇统筹意识支配之下安排的,每一个段落也是在自己应有的位置上,承担各自的叙述使命。在全篇主题的统领下,各段有自己相对完整独立的叙述核心,各段语义界限清晰,各段内容不要互相掺和,防止各段之间夹缠纠结,同时各段也相互承接紧密。这样的"段法"策略会使得章法严整有序,既能加强解说词的叙述功效,也有助于观众的明晰理解。

五、照应紧密

在一篇解说词内,同一内容说过之后,经一段间隔被再次提及,这就是照应或呼应。呼应的作用大致是,为了使得文章内各部分之间的结构关系紧密化,加强文章的整体感,是章法技术的突出体现之一。另一个作用是对相关内容的重复强调和重笔点染,使之获得认知强化,以得到读者(或观众)的重视。由于解说词是"一过性"的听取,这种后文对前文的不同形式的提示照应,显得尤为重要。但这种照应更需要密度适度,手法巧妙。被呼应的内容当以不同的面貌和角度出现,否则就会显得重复而絮叨。

六、节奏的营造

一件事总有开头结尾,有中间起伏转折,时有内在波动或外来扰动。这是事物应有的变化节奏,这便是自然存在的节奏。纪实片对事物的纪录也应该表现事物的这类变化节奏。同时营造作品自身的艺术节奏,把片子中内容潜力较大、对主题传达力度较强的部分予以有力展开,增大信息量和情绪感染力,并强化高潮;把交代性或过渡性部分予以"韵味化"处理,简而不糙,柔而不弱,与强化部分形成反衬对比,以造就"文似观山不喜平"之感。一篇解说词总需波澜起伏,张弛有度,给观众(或读者)造成心随文动的节奏,这才符合接受心理。

营造节奏是需要在整篇文章的全局观上予以思考和安排的。这是章法谋划的重要努力方向之一。

从章法角度谋篇布局是一个系统工程。有了章法组织能力,再配合其他经验和素养,才能够形成完整的写作能力。

一篇解说词是一个有机整体。词语生存在句子中,句子生存在段落中,段落生存在篇章中,逐级扩展,各有法则。词、句、段、章的各自之法又都密切相关,构成一个具有总体表达效果的艺术系统。

第十章　解说词与画面之间

第一节　解说词是与画面合作的文章

在中国电视的早期阶段,非虚构叙述类电视片的制作通常是由电视编导把影像素材拍摄回来,将其剪辑成完整的画面结构之后,再找"文笔好"的写作者,给编成的画面系统配上"文笔优美"的解说词,对画面形象进行一番文学化的描述、评议和感叹,片子的叙事主体工作就完成了。这是"先画后说"的模式。解说词确实是画面的附庸。

这时中国电视处于童年期,还不懂得电视画面如何与"文章"元素相融合,只能使用简单的主从关系来处理二者的合成问题。初操此业的中国电视人还都认为电视是"视觉艺术","画面为主"是理所当然的。

在这个认知阶段,写解说词的人就是跟着画面填文字;对于做画面的人来说,只是需要解说词给画面作些补充说明。"画面中心主义"的习惯就是在这个实际工作模式中形成的。

电视艺术在成长中逐渐深化对自己属性的认知,终于认识到把电视只看成"视觉艺术"是过于简单幼稚了,看成"综合艺术"才更加准确。有了这个基本认知,解说词才跟画面逐步建立起一定程度的合作关系,而不再完全是中国电视童年阶段的那种主从关系。当然,"画面中心主义"观念依然根深蒂固。

本书是在设定解说词跟画面平等合作的基础上,确认解说词是一种"与画面合作"的文章,探讨二者的融合共生。

　　非虚构叙述类电视片创作所使用的是电视所创生的"全能语言",这种"全能语言"是画面、纪实人物同期述说、外插式采访、音效、音乐和解说词以及字幕等合为一体的符号体系。这样的"全能语言"能够对外部世界所具有的形体、运动、色彩和声音等状态都做到"如实"呈现;对人的内在心理可以多方表达;对事物现象也能够予以抽象分析概括。尤其是,这种"全能语言"特别适合对客观世界予以"纪实"描述。

　　传统的语言文字在电视的"全能语言"系统中发挥着语义"硬核"的作用。解说词就是这个语义"硬核"的主要承载者。

　　语义是语言符号所拥有的概念含义。在日常语言活动中,语义就是语言的意指内涵。正是这些意指内涵让语言活动获得了意义,能够实现人际的意义互动,把整个社会构建为一个意义互动网。语言因为承载并传达语义而获得存在价值。

　　迄今为止乃至可预见的未来,传统语言仍是人类从事思维与交流活动所必须依赖的基本工具。即使人类能够自如获取客观世界的影像,也还是不可能以之取代传统语言。传统语言是纪实片创作的"源代码"设计语言,是纪实片内容的语义"硬核"。这是不容置疑的。

　　纪实片从构思起点上,就必须依靠传统语言进行主题提炼,题材规划,结构设计,预设文案写作,使用传统语言赋予画面以引领性的语义指向,以便展开影像获取工作。影像拍摄完成之后,使用传统语言文字撰写的解说词是画面剪辑逻辑的语义依据,是画面组合的语义主导和凝聚中心。以解说词的语义内涵灌注画面,明确画面的意旨。如果没有解说词的语义陈述,纪实片的主要传播意图将模糊混乱。当然,如果没有画面系统,纪实片也就成了单纯的记叙文朗读。这就解释了为什么绝大多数优秀电视纪实片都必须有解说词。

　　在纪实片制作领域,偶尔还能够看到比较"纯粹"的电视艺术家不断萌生"去解说词"的创作冲动,以及轻视解说词的心理倾向。其实,影视画面摄取与组合的技术和艺术,诞生只有一百多年,而中国电视人摸到电视工具的时间只有五十多年,凭借半个世纪多的发展轻视普遍应用了几千年的语言文字系统,这表明纪实片领域存在的"去解说词"或"轻解说词"倾向,是无知促成的"自我文化流放"。某些电视人以为自己凭这套刚摸用了三五十年的工具就能包打文化传媒的天下，这是无知造就的无度轻狂。纪实片不要传统语言文字介入是不可能的。当然，规律比人强，最终，稍具篇幅的电视纪实片都必须接受解说词存在的现实。因为纪实片不可能剔除语义内核而"纪实"。解说词与画面的联合才能使电视纪实片获得完整纪录和叙述的能力。

纪录和叙述是人类历时性传承文化和共时性传播信息的主要方法。纪录是一种"据实"叙述，实存事物的叙述就是纪录。在文明史上，人类为了纪实性叙述，发现和发明了不少载体，探索并定型了很多方法。

电视纪实片是纪录实存事物的叙述载体，它属于人类纪录和叙述努力历程中的一个成果，它最终要帮助人类进行相对完整的纪录与叙述，这才算实现了自己的功能，才符合人类把它"创造"出来的初衷。

电视纪实片的无数制作实践证明，仅仅依靠画面（哪怕同时包括音乐和音效这样的声音），不能实现相对完整的纪录与叙述。例如，从纪录性叙述的最简单需要开始，纪录性叙述需要明确详细的时间、地点、人物名称与身份的交代。画面可以对这些信息作出形象呈现，但无法给出确切的叙述。例如，可以举出这样一句话："北京王府井大街北头东厂胡同曾是明代最高特务机关东厂的衙署驻地。而今，也恰好是一个历史研究机构的所在。这里的历史感颇为深厚。"——如果不使用一句解说词和字幕提示，镜头里也不许拍摄一个门牌街号的标识性文字，纯粹用画面来交代这句话的内容，那是完全不可能说明白同等语义的。也就是说，仅靠画面不能实现完整确切的语义陈述。

纪录性叙述还需要介绍事件发生的原因、复杂的内在关系、人物的心理动机，直至讲述事件的历史成因、大小不等的社会背景等等。这些也都是仅靠画面自身难以做出明确清晰交代的。还是那句话，单独使用画面无法做出完整细致而深入的纪录性叙述。

绝大多数情况下，完全不使用解说词就无法实现纪实片的完整纪录和叙述，这是一个不难说明的道理。当然，为了"试验"和"较劲"，也可以做成"无解说词"的纪实片，但那毕竟不带有普遍性，不属于工作常态，只可能存在于极少数纪实电视作品中。

解说词就是视频艺术里使用的"文章"，它融合在电视的"全能语言"系统中,作为电视语汇的构成要素,与画面、音乐等元素聚合共存,才能构成完整的电视纪实片。简言之,使用语-画融汇的"电视全能语言",才能完成电视纪实片的完整纪录和叙述。在电视纪实片中,解说词就是与画面密切合作的文章。解说词的写作技术不再是文字单一符号系统的处理技术,而是文字符号系统与画面、声音等表现元素之间"互动合成"的技术。

第二节　解说词与画面关系的常见形态

自影视艺术诞生之时起,画面就以不同形式展开了与传统语言文字之间的合作,致力于建立一加一大于二的"语-画关系"。哪怕是不说话的"默片",也会合理引入传统的语言文字。电影故事片在默片时代的字幕可以看作"语-画"双方的合作形式之一。电影纪录片出现后不久,就有解说词的伴随。电视纪录片亦然。这也表明,影视艺术自诞生之日起就知道,自己不可能独立完成应有的纪录和表达任务,需要把传统语言文字整合到自己的艺术语汇系统中。时至当今,电视承担的社会传播任务越重,传播内容越丰富,与传统语言文字的结合也越加紧密。电视纪实片使用解说词是一个不可替代的历史选择,绝不是某些个人好恶所能够决定的。

影视艺术在"语-画"双方的长期合作中形成了许多创作经验。特别是影视纪录片中,"语-画"双方的合作关系已经形成了诸多普遍有效的应用模式。

这里所说的"语-画"关系在习惯说法中称为"声画关系"。实际上,纪实片中"声"的成分包括解说词朗读、现场人物采访同期声、外插采访同期声、现场实录声、后期加入的音效声、音乐等。本书为了使得所用概念确切化,表明是专门论析作为传统语言文字成分的解说词,所以不应笼统使用"声"的概念,而使用"语"的概念,以利确指,故而把传统说法的"声画"概念表述为更符合本书讨论内容的"语-画"概念。这是为了理论表述的准确,而无意于微不足道的标新立异。

在当代广义的非虚构叙述类电视片中,"语-画"双方合作关系的诸种常见模式如下:

一、语－画对位

这是指解说词和画面对同一个纪录对象，展开同步描述，彼此配合，却并不陷入简单的相互重复。

语－画对位是纪实片"语－画"合作的最基本关系，最常见形态。画面给观众提供直观形象，解说词提供必要的语义阐释，这是两种不同的信息传达－接收方式。面对同一纪录和叙述对象，以不同形态的信息手段予以传达，诉诸观众不同的感官认知，视－听两个通道的外来信息在观众的大脑信息处理中心合成，造成语－画信息相互强化，共同扩展感知广度和加大认知深度。这时的语－画对位就是解说词与画面在平行推进中相互印证和共同生展。

语－画对位关系最大的忌讳就是相互进行简单重复。一定要避免解说词的描述与画面形象内容完全一致。画面上百花盛开，解说词讲姹紫嫣红；画面上大雪纷飞，解说词讲银装素裹。这种重复画面内容的解说词已经把自己置于"赘余"的地位。画面以最为直观生动的方式，做出了形象呈现。在这方面远不如画面形象直观的解说词还要对画面做出重复的形象描述，这就造成了信息"冗余"，浪费了传播空间，也破坏了艺术感，让观众感觉"絮叨"。语－画之间的同语反复如同任何领域的同语反复一样，令人生厌。以"看图说话"方式撰写解说词，所以被"鄙视"，大都因为这已经属于对画面进行简单重复的水平了。

二、画面与解说词在扬长避短中互补

这里需要首先明确，画面表现和解说词陈述这两者相对照而言，双方各自的"短处"是什么，各自相对的长处又在哪里。也就是，理解双方信息传播方式的差异性。互补是在差异化存在中才能形成的关系。差异化双方的互补就是各自扬长避短，实现结合之后的整体效果扩大，以达成丰富作品内容、深化作品主题的目的，实现传播增效。

简言之，呈现生动直观的形象表达，就交给长于此道的画面。同时，画面毕竟是一种有限语言，需要传统语言来计其不足。对于一些抽象的内在意涵，画面的形象表达则无能为力。这些就交给语言文字。解说词可对画面现象进行信息确指,背景引申,联想升华,表现深度思考,拓展时空广度,提供审视角度,阐发事物内部联系,分析现象下面的深刻内涵,揭示个体或群体的复杂内心世界,引导观赏思维,激发观赏联想等。解说词的这些功能都是在画面直观真实基础上对画面内容的深化、补充与延展。而这些表达仅仅依靠画面本身是无法完成的。但如果没有画面基础,解说词所作的这一切就可能失去直观可信性与形象感染力。语一画合成的最终传播效果是在二者扬长避短的互补中实现的。

三、利用解说词对画面进行语义化逻辑整合并明确其内涵指向

由于画面具有"整体"呈现性,这就导致多侧面解读的可能性。一个画面的多侧面解读会造成不可避免的歧义,同时也就可能导致画面叙述逻辑的紊乱感。解说词可以给出画面语义解读的确定导向,摆脱歧义,让画面系统的叙述逻辑明确化,把关系貌似模糊的诸多画面以清晰指陈的语义内涵整合起来,片子的叙述主题因此得以集中和凸显。如果没有解说词的语义内涵确定和逻辑化整合,只有单纯的画面组合,它的叙述功能显然将大打折扣。

四、解说词与画面合作关系中的"间离效应"

"间离效应"原是一个戏剧术语,有着复杂的界说。简言之,这是与传统戏剧理论相反的一种创作方向。传统戏剧理论认为,戏剧的最高境界是营造台上台下相互深度融入的观一演关系。让观众完全进入戏剧情境,观赏情致因强烈的戏剧拟真感染而痴迷。"间离效应"戏剧论则认为,应该使用不同的戏剧手段,让观众在观剧过程中不断"跳出"戏剧情境,不要全情融入,而与戏剧情境保持一定的"间离",实际上也就是保持一定的理性精神,使得观众的观剧活动不要全部诉诸感性,也能够在相当程度上诉诸理性。

本处借用戏剧理论中的"间离效应"概念,意在说明,纪实片中会有一些叙述部分,需要在解说词与画面之间营造一种必要的"间离"关系,也就是画面形象与解说词陈述,说的貌似不是同一纪录对象,但画面形象却与解说词陈述形成某种比喻性、象征性、反衬性、引申性的或联想补充性的关系。双方这种并行推进却不说同一个叙述对象的"间离"绝不是游离或疏离,而是若即若离,似离实合,依然保

持密切的艺术关联,不会扯成"两张皮"(二者的"游离"就是两张皮)。

二者的这种"间离"会使得双方都有一定程度的自由发挥空间,又不会"脱卯"。片子的信息量得以扩大。在"间离效应"的可控空间里,画面的生动直观引发着丰富联想,发挥着感性的感动力,而解说词的引申性"间离"深化丰富着观众的理性思维精神。

掌握解说词与画面之间合适的"间离效应",是解说词编导与撰稿人之间创作互动的最大难题之一。解决得好,解说词与画面能够相互锦上添花,耐人寻味,显得意涵丰富,题旨深邃。

五、以解说词补充画面的精简省略

实际上,纪实片的画面叙述完全没有必要或不可能面面俱到。这时,解说词就可以充当画面减缺的补偿者,用语言文字补偿那些画面减缺的部分,以保证纪录叙事的完整性。还有的情况是,片子只想略作交代的部分,不需要画面详细绵密,某些细节画面需要主动简化,某些大环境展示的画面可以省略,或者展开的描述画面必须予以精简,但还是需要叙述链条的连续性,这时就需要解说词予以恰当补足,达到"详略得当"的叙述。

六、解说词可以填充无法实拍成画面的场景或情节叙述

电视画面拍摄的一大局限是"有实物才能成像"。没有实物可拍的内容就是画面难以完成的叙述。对于这个局限性的现有弥补方法就是电视剧演出一样的"情景再现",或者电脑技术成像(二维或三维的电子动画)。而当纪实片中的"情景再现"或者电脑技术成像内容比例过高时,其"纪实性"就受到质疑了。而且这两种方法也不是时时处处都能够轻易实现的。非现实时空中的或实体已经消逝的没有实物可拍的内容,解说词可以与具有联想相关性的画面相配合,予以想象性描摹,以实现相对完整的叙事。这既可以补充实拍类影像素材的不足,还可以使观众了解画面以外的信息,扩大片子的容量。

七、解说词与画面互为过渡和连缀手段

在非虚构叙述类电视片中,解说词与画面貌似各自按照自己的语汇特点和设定结构循序推进。这实际上是一个交织互助的过程,共同完成一个逻辑化的叙述。在这个叙述中,解说词和画面都需要适时处理被叙述事件的时间和空间转换,情节陈述过程的转折,思想推论的逐层递进等,这样叙述逻辑就存在着若干衔接与过渡。这些衔接与过渡的技术处理,既可以由画面来完成,也可以由解说词完成。画面"帮"解说词衔接与过渡,解说词"帮"画面衔接与过渡,双重手段的使用使片子在起承转合,勾连补缀方面的处理会显得更为紧密和自然。

八、以解说词为中心的非虚构叙述类电视片也是存在的

最近 30 多年来,有几部电视片在社会观念方面产生了普遍影响,甚至称得上是产生了广泛而强烈的"思想认识性"轰动。它们都属于非虚构叙述类电视片,但这些非虚构叙述类电视片不是通过情节悬念繁多的故事或细密编织的社会娱乐兴趣点打造的。它们的社会效果让业界和广大观众看到了非虚构叙述类电视片的另一种创作路径——以解说词为中心,画面做辅助性印证,阐发社会关注的思想或极富启发的观念意识,也就是以解说词为主的"论证片"(习惯上称为政论片)。它们对社会所造就的广泛思想震撼是解说词"写出来"的。这证明了解说词在非虚构叙事类电视片中的无限可能性和巨大展开空间。

这类非虚构叙述类电视片以思想观念的阐发为主,而不以故事为主,让纪实片领域的"故事至上论"看到了有力的反证,纪实片领域的"娱乐拜物教"主张也应能从中获得启示。非虚构叙述类电视片当然不必都作成这样的"论证片",但它们至少证明了又一种空间巨大的创作可能性,显示了解说词与画面的又一种关系。

一般而言,解说词与画面的关系是多种多样的。在具体作品中,二者的具体关系形态更是不可穷尽的。这里只是简略涉及二者间几种常见的关系类型。

第三节　解说词与画面之间能否建立刚性语法关系

解说词与画面密切相关地对应存在着,但二者之间却不能建立形式固定化的语法性对应关系,这主要是因为二者属于性质差异很大的两种相对独立的符号系统,两个体系中的符号类型无法实现确定性对应。

首先,电视画面是一种高度形象化的艺术语汇,它自身都不具备建立刚性语法规则的条件,各个电视画面之间的剪辑组接还主要依靠经验性感觉来完成,而没有固定形式化的语法逻辑可循。

一般而言,抽象度和确定性越高的符号系统越容易建立刚性的"语法"组合规范。例如,化学、物理学等自然科学所使用的符号都具有极高的抽象度和确定性,这样的符号之间就能够建立确定的公式化关系,使符号之间的组合具有刚性的公式化规范可以遵循。数学更是如此。数学符号的抽象度和确定性达到极致,符号组合关系的规范度最高。数学符号的"语法"关系也最为严谨。自然科学体系中的符号之间都有自己的刚性"语法"关系规则,它们依靠这种公式化的"语法"关系规则,形成自己的逻辑语言,进而造就严整的学科逻辑体系。

在艺术系统中,例如绘画、雕塑、音乐等艺术语汇,都是高度形象化的(音乐也有音乐形象),语汇形态具有极大的不确定性,抽象度很"低"(哪怕是"抽象派"),因此,这些艺术语汇符号之间就难以建立确切的公式化的"语法"规则。如果说,绘画、雕塑、音乐等艺术语汇中还存在某些"一般固定化"的语汇关系,概括性的语汇形态,那么,影视语汇就更加具有形象的流动性,具体语汇更具有无穷变化的组合关系。由于摄取影像的技术便捷性和影像语汇"等同"于客观对象形体,使得影视艺术不再具有对客观世界的"语汇抽象",在被拍实体上"撮取"一个镜头就是一个艺术语汇符号。也就是说,电视纪实片的艺术语汇把抽象度和确定性降到所有艺术门类的最低值,即最不具有抽象度和确定性,或者叫作抽象度和确定性趋近于零。抽象度和确定性如此之低的符号系统不足以建立自身组合的公式化语法规则,这是其自身属性所决定的。

相对于其他艺术门类的艺术语汇而言,传统语言文字的抽象度和确定性是比较高的。在每个实词上都看不到或听不到某种直观(或直听)的形象,每个实词都可以看成具有确定内涵与外延的概念。除了特指名词或特指代词之外,每个实词都可以表达一个具有"一般指代意义的类"。即使传统语言文字应用于纯文学写作,它依然能够依据具有极大确定性的符号系统,按照"主谓宾补定状语"合理组合的刚性规则,打造自己的艺术语汇。由此看来,具有很高抽象度和确定性的传统语言文字,是难以跟抽象度和确定性趋近于零的电视画面语汇建立刚性的语法对应规则的。

我们从符号本性上说明了解说词与画面之间不可能建立确切对应的刚性语法关系。但这并不是"缺憾",不是二者良性互动关系的障碍,而是给自由结合的巨大空间,保留了解说词与画面结合的无限创造性潜力。

解说词与画面之间呼应关系的无限不确定性造就了二者关系的无限可能性,于是使之成为艺术。艺术就是无限可能性、无限不确定性与有限规则化之间的博弈,就是以美学名义加以控制的人性的无限"任性化"表达。

解说词与画面的关系是多种多样的,不可穷尽的,非公式化的。电视纪实片创作空间的无限拓展就存在于解说词与画面结合关系的无限可能性之中。

余论　解说词文风与中国文章形态史的关联

第一节　从中国文章发生史透视电视应用文的产生

电视技术系统创生之后不久，便被应用于大众传播领域。至今，电视已经是大众传播领域的领军行业之一。

现代人通过电视台看到的日常电视内容是以各种不同形式的节目呈现的，如新闻报道、纪录片、电视剧、文艺演出，以及形形色色的栏目。这些电视节目既有画面，也有声音。传统语言掺杂其间，或者用于电视作品中人物的直接口头表达，或者是解释画面用的旁白，或者以字幕形态显现于荧屏。口头话语和文字成为电视语汇的重要构成要素。

除去影视剧等虚构性电视作品，如果把电视台所播电视节目中的传统语言要素从电视作品中分类剥离，大致可以看到如下形态：纪实类电视片的解说词，新闻采访对象的言说，电视栏目主持人的现场话语或与画面搭配的解释性旁白，电视集会或文艺演出的主持人串场词，等等。这些文字既有预先录制，也有现场即兴言说，服从于整体电视节目的需要而运用。这时，使用的传统语言文字不管有声，还是无声，特别是预先录制的配音语言，其字词句章的撰写当然都是遵循传统写作规则的。当它们脱离画面而独立存在的时候，有理由把它们也看成文章，只不过是应用于电视传播场合的文章，这种实用性的电视文章体式可以统称为"电视应用文"。

电视应用文作为一种新生的文章体式，有自己的服务对应领域，有自己的呈现形态,有自己的写作技术。

电视应用文的写作既需要尊重与借鉴长久以来形成的传统文章的写作规律,也确实需要具有自己的特点。传承与创新的交融在这里也是基本发展形态。

纪实片解说词是"电视应用文"中最重要的类别,是文章史发展到电视时代出现的文章新类型,是以电子视屏为载体的新型文章。

那么,何为文章呢?

文章就是按照文字的语义进行组合而形成的文字表达系统。简言之,文章是文字的义群化有序组合。

文字是语言的有形符号,文字符号的意义内涵就是它的语义。如果把文字符号予以混乱的物理堆积,当然不会形成意义;这些文字如果在一定表达目的的规定下,按照它们自己的语义而结合成词组,由词组而连缀为句群,句群有序扩展成为一个相对完整的语义表达系统,这就成为文章。

在人类文明史中,文字处于人类符号文化的首要位置。需要明确的是,人类创造了文字并不意味着马上就会自然产生文章。文字文化发育到一定程度,文字使用者对其予以意义内涵更丰富的有序组合,才会形成文章。也就是说,文章是在人类的文字文化发育到一定高度之后才会产生。

我们可以把文字的创生、自身流变、书写(包括印制)方式及其演化,文字符号的意义化组合(文章),乃至文字系统与社会之间的互动方式、文字系统使用所形成的社会后果等综合文化形态,统称为"文字文化"。

由文字组成的文章是文字文化的最高表现形式。人类创造和积累知识,传承经验与价值,完善可持续的人类精神建设,实现跨时空的信息传播,放大各种文化能量和社会影响力,促成多样化的社会支配关系,设计并组织日益制度化的社会运行,等等,都需要利用文章来达成。广义的文章实际上是人类文明发展的最有力推动工具。学会撰写和利用文章,是人类文明取得的最重大的成果之一。从这个大前提也可以推导出如下的微观结论:对于个人而言,习惯于阅读文章是接受人类文明成果的最主要途径。掌握撰写文章的能力是个人文化质量的确切证明。

为了打造文章这件文明利器,人类花费了很长时间,也投入了太多资源和精力,至今还在继续这项工作。这也包括在提高写作电视片解说词水平方面的努力。

中国已知最早的文字系统是甲骨文,大体而言,甲骨文的每个单字都可以看成一个实词,也就是一个表意概念。这种文字就已经可以按照每个单字的语义进行"群化组合"。甲骨文时代把单字进行"群化组合"的常见样式之一是卜辞。甲骨卜辞中完整的事件叙述文字较少。而主要是流水账式的占卜工作日志,这当然谈不到具有结构意识的文章,自然也不能当文章看。

甲骨文也间有占卜求问与判读应答的纪录,可视为最早的"对话体"文章。从甲骨文的卜辞到其后的3000多年时间里,"对话体"文章虽然一直都有存在,但由于结构单调,形式简陋,一直很少被著述者使用,未能形成丰厚的文风经验。

在通常的理解中,作为文字的甲骨文似乎是早于金文。但现有的考古材料显示,二者在商代和西周前期是同时并存的。只是由于青铜器作为"写字板"过于昂贵,精心铭铸在青铜器上的文字自然极为工整,因而成为"正体",而书写相对率意的甲骨文成为同一个文字体系的"俗体"。青铜器上的铭文发展成为多个句子的组合体时,才可以称为"文章"。

如果说,用甲骨文"俗体"书写的卜辞之类是比较随意的文字连缀,并不考究,那么用金文"正体"写在青铜器上多句组合的陈述,就应是当时考究典雅的正规文章,代表当时文章的高档水平。

较早的商代青铜器中,有铭文者极少。而在商代有铭文的青铜器上,铭文的字数一般也很少,多数铭文只是一两个、三五个单字。

学者们的统计研究表明,商代早期青铜器铭文的这些单字主要是用来铭记作器者(铜器拥有者)名号或其家族代号(类似族徽),标示祭祀对象,乃至为铜器命名。这些铭文只是并列多个单字,其间很少有语义连属,没有语法结构关系。据统计,现在已发现的商代有铭文青铜器约五千余例,其中百分之九十多都属于这种简略的标示性铭文,基本没有连贯文字的叙述功能。这在某种程度上表明,当时文字使用技术还不能完成一个较长的陈述。可见拥有了文字并不一定就可以写作文章。这很像一个刚识字的儿童还不会写文章一样。他要从识字开始,逐步学习组词、造句、句子扩展,然后才能够初步掌握文章写作的能力。

个体的文章写作能力习得过程浓缩着族类文章写作能力的成长史。

晚期商代青铜器"铭文文化"的演进,既体现在书写方式的渐显流利,也体现在各单字之间产生了语义关联和语法关系,形成了"单句"结构,进而出现了几个单句线性串联,完成一个事件的叙述。这类铭文篇幅极长者可达40余字。商代晚期单体青铜器上铭文字数的增加,反映了当时中国人文字使用能力的成长。

现在所见商代最长的青铜器铭文是《小子𠭰卣铭》:

乙巳,子令小子𠭰先以人于堇。子光赏𠭰贝二朋。子曰:贝唯蔑汝曆。𠭰用作母辛尊。在十月二。唯子曰:令望人方羞。(文见严志斌《商代青铜器铭文研究》,"商代青铜器铭文总表续表"第1696号器,上海古籍出版社2013年版,第445页)

金文学者对这篇铭文的语义大致翻译为:乙巳这一天,子命令他的下属小子𠭰带人去往堇地干事。为此,子赏给𠭰贝币二"朋"(古代货币计量单位,五个贝为一串,两串为一朋)。子说:"这些贝用来奖赏你的功劳。"𠭰用这些贝,制做了祭祀母辛的礼器。(这事发生)在十二月。子(又对𠭰)说:"命令你去监视人方的首领羞。"

这篇铭文叙述线索清晰,语句组合严密,交代事件完整。这样的铭文出现在商代晚期实非偶然,正是商代晚期文字的社会使用能力进化所致。

带有"长篇"铭文的商代青铜器在商代有铭器物总量中百不有一,但这些"长篇"铭文中各句子内的相关词语间都已具有语法关系,通篇拥有接续顺畅的语义链,表明当时已经能够使用语法结构严整的句子,建构起语义连绵紧密的文字组合,进行内容相对丰富的表达。也就是说,在一小部分人那里,已经具有了"写文章"的能力。

书写载体的稀缺昂贵和高难度技术,迫使青铜器铭文的用字尽量简洁化,"精炼"成为文章写作能力的重要指标之一。这就是那个时代的总体文风。

对于后世读者而言,当时文字使用的极度简练省略造成了理解的困难。阅读者自己要补充许多准备性知识,来完成阅读和理解。

金贵的青铜器上不记载那些散乱的卜辞问答,而只记叙一些比较郑重的事。于是,最早的结构严谨的"记叙文"就在商代青铜器铭文中出现了。

记叙文是历史上最早成型的文章,它是中国上古"史文化"早熟的结果,也是促进"史文化"发达的重要工具。

周代承袭了商代的文字书写体系和"文章"写作传统,并有所发展。西周青铜器上的铭文篇幅普遍加长,叙述内容更加丰富。

成于西周晚期的《毛公鼎铭文》达 490 多字,为商代最长铭文的 10 倍有余,是一篇朝堂谈话纪要。

成于西周中期的《史强盘铭文》其字数是商代最长铭文的 6 倍,铭文前半部分颂扬性记载西周的文、武、成、康、昭、穆、恭七位天子的重要政绩,后半部分叙述一个家族史。几同一部缩微版的断代史,也是一篇"很像样"的记叙文,几可视为《左传》先河。

篇幅普遍加长的周代青铜器铭文显示了周人的文章写作能力比商代有了较大提高,叙述的内容更加丰富。但"铭文性"的文章中还看不到"抒情"和"议论"的文章成分,表明这个时代的文章表达手段还相对比较单一。

我们追溯中国文章的源头,就是为了打消文章写作的神秘感。我们的祖先也不是从来就会写文章的,更不是一写出来就成绝世妙文。中国的文章有一个从无到有、从低级到高级的成长过程。深入理解这个过程,有助于对文章的理解和写作能力的提高。

商周青铜器上的文章凿凿可见。这两代的简牍文字却至今未见。尽管理论上一定存在。当然,青铜器上的文字,已经呈现了商周文章的基本样态。

春秋战国貌似周文化的裂变,但文字符号系统的书写方式和文章写作技术还是对周代文字文化的继承和发展。

春秋战国时期仍然在青铜器上"打印"铭文。但这时的文章主流存在形态已经不是青铜器上的"铭文类"文章,而是写在竹木册页上的"简牍类"文章。"铭文类"文章仍然存在自己的记载叙述和纪念等方面功能,但它已经沦为"小类";与之同时并存的"简牍类"文章,数量庞大,功能丰富,文章写作技术空前提升,文章表达手段极大丰富,记叙、描写、抒情、议论,无所不有,也无所不能。今天所能够看到的这些简牍类文章的最辉煌代表和最高成就,就是先秦诸子的著作,当然不包括无个人独立著述的孔子、墨子等人。由于他们没有留下完整的个人独立著述,后人无从得知他们的文章写作能力。

　　《论语》和《孝经》这样的著作,虽然号称儒家经典,但就文章形态而言,还只能算是谈话录或对话体。《春秋》作者是否为孔子,是有争议的。即便是,也不足以表现孔子结构文章的水平。因为不管《春秋》的字句中包含多少微言大义,就其文章构成形态来说,还只是缺乏编年连续性的政府大事记。以至于被王安石目为"断烂朝报"。(《宋史·王安石传》)"断烂"是残缺陈旧之意。"朝报"是朝廷的内部传阅简报。王荆公对《春秋》的这个看法近于对圣人不恭,但距离事实状态不远。《春秋》的记事文字属一事一段,互不连属。其中篇幅较长条目数十字,较短条目只有几个字。整部著作完全谈不上像样的文章样态和结构技法。所以,大致可以说,一代圣人的著述对于中国文章形态史的进化,其直接的技术性贡献不大。

　　孔子本人也说自己的文字工作是"述而不作",可见他并不热衷于自己写文章,主要是作"删诗书,定礼乐"的编辑工作。孔子以自己高超的编辑能力,折射出他有很强的文章判断力。孔子证明了一个伟大的编辑能够给社会创造出多么巨大的文化价值,他可称之为"编辑专业"最伟大的祖师爷。而在当时,编辑工作可以占去一个勤奋聪颖的文化人很多时间,也证明当时社会的文章积累总量已经相当可观。

　　先秦著作家举其大者而观之,如老子、庄子、荀子、韩非子等人的个人著作显示了高超的文章写作技术,两千多年后都让人有高山仰止之感,再过几千年当依然如此。孟子的演说词、战国纵横家们的游说词和上书(上疏),当时诸多政治家、军事家和谋略家们的政论性系统言论,当然也都可以当作精彩的个人"文章"来看。他们的精微复杂的思维成果,用语言文字来完成连贯而精巧的表达和纪录,所以"视同"文章,并且是文风雄健犀利的好文章。

　　春秋战国时期的文章在简牍上实现了爆发性的发展,在中国文章史上崛起了一座总体上前无古人,几乎也后无来者的高峰。先秦诸子们的"文章"表明,中国文化到这个时代,其高端撰稿人已经可以驾驭汉语言文字,完成自己对所面对、所想象的任何事件的叙述（无论是虚构或非虚构），也可以用自己的语言文字完成归纳或演绎推理，能够对事物予以抽象层级很高的分析、概括和思辨。

当然同在这个时代，以屈原为代表的诗人们也以自己的韵文写作表明，使用汉字撰写的"文章"已经可以对族群的心灵世界予以充满震撼力和感染力的抒发，表达心灵世界的浩瀚而精致的美感。

春秋战国发扬光大的文章传统，到西汉实现了两个领域的重大突破。司马迁的《史记》和以司马相如作品为代表的大赋同时在西汉出现，并不是偶然的。

司马迁的《史记》表明，在这个时代，使用汉字撰写的文章已经有能力完成庞杂事件的长时段记载与宏微兼顾的描述，中国的"史文化"传统终于创造出自己的写实型"史诗"。

西汉大赋表明，使用汉字撰写的文章已经有能力对实存场景与想象性场景作出宏大而细腻的形象化表现——这时不再拘泥于写实，而主要是凸显形象渲染的"表现主义"。极度铺陈的描述不是汉代大赋的"毛病"，而是汉文字的文章功能在另一个方向上的探索开发。

对汉文字的文章功能的多方探索与开发，为后人积累了很多宝贵的写作经验。这些探索与开发从未停止，哪怕是在国土破碎时期。例如，南朝文人在社会动荡中也依然在汉文字音韵和声律等形式方面开拓出文章表现力的新领域，并造就南朝文风。

传统文学史对于南朝的"形式主义"有颇多批评。但实际上，南朝文风对后世颇多建设性影响。南朝文章家（包括散文家和韵文家）在中国文章发展史上的探索是被后世许多文章大家感恩戴德的。把汉末内容方面的建安风骨与南朝形式方面的精致风韵予以结合，才会有盛唐文学的大发展。这是盛唐文学代表所承认的。李白和杜甫都曾向南朝作家认真学习，念念不忘。

李白说："蓬莱文章建安骨，中间小谢又清发"（《宣州谢朓楼饯别校书叔云》）。李白把汉末建安文学称为"仙境文章"，认为南朝谢朓是其后继承人中的"清发者"。李白的作品甚至以南朝作家为榜样，所以李白的好友杜甫拿南朝代表作家庾信和鲍照的文风来评价李白的清新和俊逸，在诗里称赞李白的诗风是"清新庾开府，俊逸鲍参军"（《春日忆李白》）。杜甫自己也极为推崇庾信，曾写诗道："庾信平生最萧瑟，暮年诗赋动江关"（《咏怀古迹五首》之一）。这里，杜甫既是以庾信自比，也是对庾信极高的赞誉。此外，杜甫还认真学习南朝其他作家的写作经验。他在《解闷十二首》之七中写道：

> 陶冶性灵存底物，新诗改罢自长吟。
> 孰知二谢将能事，颇学阴何苦用心。

杜甫以写诗来"陶冶性灵"，写出的新作品在反复修改后还会"长吟"，这既是感受音律妥否，也是自我欣赏。他显然还想不停完善。在这样的创作中，南朝文学是他创作的重要参照系，"二谢"与"阴何"都是他认真学习的对象。"二谢"与"阴何"是指南朝的谢灵运、谢朓、阴铿、何逊。可见杜甫对南朝作家的学习是何等用心。而且，写作《解闷》时期的杜甫早已在创作成就上远远超过了这四位南朝诗人，但并不妨碍杜甫对他们可取之处的认真学习。一代诗圣还把自己向他人认真学习的做法以诗示人，其学风的谦逊坦诚，千年之下读来，仍让人钦敬不已。反观今天，多少读书人宁可躲在电脑旁偷偷抄袭，也不愿扎实学习；读了别人的书，用了别人的观点，肆意出去卖弄，却硬说是自己想出来的，以显得自己"牛"；荒疏不学而文章出错，还硬不承认。这样的学风对于文章之道的传承是大敌。

近年，一个较真的学者从一套个人撰写的"历史大散文"（或称"大文化散文"）系列中找出来的知识性错误之多，竟然能够辑成一本书。（参见金文明著《石破天惊逗秋雨》，书海出版社，2003年版；增补版《月暗吴天秋雨冷》，花山文艺出版社，2004年版。）

还有一位"著作等身"的台湾"文化学者"，曾在海峡两岸的多家出版社印行数十种著作。一位有考证习惯的教授在这些著作中"摘选"知识性错误摘到"手软"，累得只好作罢。（参见浙江大学教授江弱水2012年发表在《东方早报》《时代周报》等处的《撕扇记》三篇。）有人说，这位台湾"文化学者"的著作中有些是"演讲集"，那是现场随口而谈，有错难免。这实在是粉丝的"溺爱"之说。学者对自己的诸多演讲结集出版时，自己总要认真审阅一下吧。不可能讲完之后，速记稿就直送出版社而不经本人过目。更不要说还有出版社的三审三校。这样的"轻薄为文"竟然赢得了不少粉丝，看来伪劣产品真的也有市场。当然终被识者谳定为"文化的三聚氰胺"。

如果著书、编书、印书、读书都干到了视错无睹的"境界",这个所谓文化还怎么传播? 由于人的有限性,出"错"总是难免的。可怕的是对于"错"竟然有诸多放任自流的态度。

学风直接决定文风。

上述学风还能造出什么样的文风?

所以到处都能够看到轻薄媚俗的文风,都能够见到信口雌黄的文风。而这些轻佻狎巧或放胆胡说的文风却造就了不少畅销书,并正在让不少文艺青年和文艺中年痴迷。有人认为,这样的文章对于普及文化知识还是有好处的。殊不知,这样"普及知识"只能越普及越无知,让众多读者的文化心态越读越"薄"。

杜甫以坚实的学风造就了自己屹立千古的文风(诗风)。其实,千古诗文大家都以扎实的学风造就了令人取法的文风。

唐代是中国古典文章(包括散文和韵文)事业的又一座高峰。各种类型的文章都取得了巨大的创造性成就。

唐代之后的宋元明清,广义文章的细分门类都有新的开拓和积累。

唐之后特别值得一提的宋代,还为后人留下了丰富而优美的白话文遗产。

研究表明,"说书"行当在唐代已经成熟。这种职业说书人所用的底本就是白话小说的源头。但唐代说书人的底本至今未见存世之作。唐代白话文的样态就令现代人无从详知了。现代人得以了解宋代白话,可信的丰富纪录首先是宋话本。用白话文写作,在中国文章史上是大事。这种白话文章使得以语言文字为创造工具的文化产品能够方便地走近大众,扩大社会传播面。哪怕这种大众传播还只限于中世纪城市里的"瓦舍勾栏"。

宋元明清的"各种"小说让白话文在通俗文学中一脉长存,并间或发扬光大。当然这样的白话文只能流行于通俗文学中,不被官方和文化精英层作为主流文化工具使用。

有了通俗文学中存在千年的白话文遗产,19世纪末20世纪初的中国知识分子们推进白话文的社会化应用,就不需要大费周章去考据历史上的白话文有无问题。有史可据是中国知识分子最踏实的依托,哪怕他是革新者。

1896年8月9日(清光绪二十二年农历七月初一),梁启超任总撰述的《时务报》第一册在上海问世。它是十天印行一册的旬刊。梁启超每刊亲笔撰写

"论说"栏目时评和诸多论说文字,还要修改许多其它文稿。这倒是在很大程度上保证了这份报纸文风的统一性。梁启超在《时务报》上发表的文章涉及当时的政治、经济、文化、教育等各个方面,为变法维新大做舆论准备。《时务报》大胆而新颖的言论使朝野大为震动,译介的外国文章又使读者大开眼界。因而"举国趋之,如饮狂泉"。尤其是梁启超撰写的文章,更是风靡一时,以至于"上自通都大邑,下至僻壤穷乡,无不知有新会梁氏者"。梁启超在编撰《时务报》期间以及稍后的诸多时文撰写,也开创了一种新的文体,后人称为"时务文体"。梁启超的"新文体"虽然还属文言,但平易实在、直白晓畅,甚至时出俚语和外文音译词语,几乎可以看作"准白话文"。当时的维新知识分子为了传播自己的观念,寻求并创成了一代新文风。"饮冰室文章"在引导社会文风通俗化方面,居功甚伟,为五四时代更广泛的白话文运动"打开了场子"。梁启超的"准白话文"实开五四时代"白话文运动"的先河。"五四"时代白话文运动的重要推进者之一胡适,就是梁启超文风的宗仰者和深度浸润者。胡适在《四十自述》中写道:"梁先生的文章,明白晓畅之中,带着浓挚的热情,使读的人不能不跟着他走,不能不跟着他想。"胡适坦承:"我个人受了梁先生无穷的恩惠。"四十岁的胡适追记"最分明"的是梁先生文章给自己的思想启迪。而处于文章写作学习年代的青少年胡适,在梁氏那受到的最直接影响自然包括那"明白晓畅"、极富感染力的文风。所以胡适说:"这时代是梁先生的文章最有势力的时代。"与胡适同代的青年,都深受梁氏文风影响,其中也包括鲁迅。传记研究表明,留学日本时期的鲁迅是梁启超文章的热心读者和传播者。胡适、鲁迅等一代"五四"知识分子大力提倡白话文,是有时代依据和前辈启示的。

1898 年,另一位著名改良派人物裘廷梁创办《无锡白话报》。同年,他在《苏报》上发表著名论文《论白话为维新之本》,极力提倡白话文,呼吁文体改革,明确地提出"崇白话而废文言",并把白话文推广作为社会政治和经济变革的配套文化工程。

此后全国各地白话文报纸出现十多种,白话教科书出现数十种。多种多样的白话小说更是风靡社会。

随后,在 20 世纪初的十几年间,"五四"新文化运动时期的知识分子群体共同努力倡导并实践推进"白话文运动",更是希望把白话文作为启蒙大众的利器。因为大众只能够说"白话"，只能听得懂"白话"，使用大众化的白话文才能够把科学和民主的思想传播给大众。科学与民主的启蒙是一场大众文化传播运动，这自然需要大众都能够接受的文风通达的文章。

在中国古代，不管哪个时段，识字者在人口总量中一直只占很小比例，识字者中能够写文章的人自然更少，并且这些写文章的人所使用的语言也不是大众日常使用的口语，而是跟口语有不小距离的"文言"。这种情况在"五四"时代也并没有太大改观。大众口头上说的与文人笔下写的虽然都是"汉语"，但遣词造句方式有很大不同。这造就了文章的神秘感与"神圣感"，也造就了大众对文章普遍的"疏离感"。很多人即使识字，也读不懂这种用"文言"写成的文章，这是文化普及与顺畅传播的极大障碍，甚至有意无意间造成了精英层对文化的垄断。极少数能够写文章的人写给社会上的少数人看，这当然无法起到"大众传播"效果。宋代叶梦得在《避暑录话》中记载，当时"凡有井水饮处，即能歌柳词"。这其实在描述，那时全社会都把柳永词当作流行歌曲唱，要点在于"歌"，而不是把柳永词当"文章"读。既然是"歌"，那唱歌的人就不见得都能够读懂"歌词"，犹如今天唱流行歌曲者也不需要真懂歌词一样。喜欢哼的主要是一个"调调儿"。

在文言文时代，文章的社会影响力受到很大的传播局限。这就不是文化大众化的时代。这也等于说，在漫长的历史年代，识字率很低的大众群体对中国古典主流文章发育史的影响权重几乎可以忽略不计。

对于不识字或识字少的大众来说，"倾听或阅读"用文言写作的文章等于在接触一种完全无法理解的"方言"。精英话语成了大众难以理解的"小众化方言"，这是社会现代化进程所不能允许的。所以，19世纪末的社会改良者们把白话文推广当作社会改革入手点之一。白话文运动其实是中国社会总体现代化进程中的一场文化努力。这场努力早在"五四"运动之前就扎实展开了。

"五四"知识分子大力提倡民主，是要解决政治权力社会分配的悬殊问题；"五四"知识分子大力提倡白话文，让大众能读能写白话文，是要努力实现社会文化资源的平等享有，有助于解决文化资源社会分配的悬殊问题。白话文运动隐含着一个文化民主的思路，而文化民主是政治民主的配套工程，文化民主与政治民主都是中国社会总体现代化进程的重要构成部分。

这些时代性大问题的解决,需要白话文,需要新文风。

19世纪末20世纪初就已发轫的"白话文运动",是中国现代最早的文化传播大众化运动。这个大众文化传播运动所造就的文章体式改革成效极为显著。从这个口号明确提出到白话文成为主流文体,其实只有20多年时间。中国现代白话文的提倡、产生与发展,不是某一个或几个天才的突发奇想,而是历史发展大势使然。

正是由于这个运动,才使得文章与识字人群之间相对顺畅的沟通成为现实。识字人群与白话文章顺畅接轨让中华民族受益至今,乃至久远。

在白话文成为主流文体,并且大众的识字和阅读力逐步普遍提高时,以报纸和杂志为主要传播形式的中国大众传播时代才算到来。有理由说,白话文创造了中国大众传播时代的第一波浪潮。这是白话文在中国大众传播史上的最大贡献之一。

当电子传播工具出现之后,文字独撑局面的大众传播时代结束了。纸媒介与电子媒介共同承担大众传播任务,让社会文化密度空前增加,而且电子媒介的发展速度很快。中国在19世纪末开始出现以报纸和杂志为主的纸质大众媒体;20世纪60年代,收音机呈现普及趋势;20世纪80年代初开始,电视机逐渐普遍进入大众家庭;20世纪90年代末,网络进入大众家庭。传播工具的更新速度日益加快。

电子传播工具的迅速更新换代和普及,造就了中国20世纪下半叶一次又一次的大众传播革命。而且每一件电子媒介都不苛求大众的文字识读能力。不识字不会成为接受电子媒介传播的障碍。尽管当今中国适龄人口的识字率已经达到90%多,但习惯或热衷文字阅读者仍是相对的少数。

接力般出现的电子媒介把传统语言文字纳入自己的传播体系,使传统的文章话语形式都融入了电子传媒语汇。视听功能兼备的电视语汇已经成为一种融汇多元要素的新型"全能语言",使用时间长久的口语和书面语成为这种电视"全能语言"的重要的不可或缺的构成部分。

传统语言融入"电视全能语言"系统,它也出现了"电视化样态",也就形成了电视应用文。电视应用文同样是社会文化发展相应阶段内的必生之物,犹如白话文产生的历史必然性一样。

作为电视应用文形式之一的纪实片解说词自然属于一种新的文章体式。不管电视片解说词作为文章何等"年轻",但它毕竟顺应时代现实需求而产生,成为满足社会广泛需要的有用文体。它当然会有诸多不完善之处,处于"待完成状态",需要在应用过程中不断"建构"。越是在这个时段,越需要认真研究,以使之逐渐臻于完善。

不同时代有各自的实际文化需求,也自然会有为了适应现实需求而产生的独有文化创造。从文言文、白话文,到电视应用文,能够看到文章体式的因需而生和时代性演进。

传统文章有多种体裁,例如记叙文、论说文等。每种体裁都有相对明晰的样态、严整的评价标准、系统的写作技术要求等。新生的"电视应用文"还远没有成熟到这个程度。但传统型文章的写作经验和评价标准体系,可以充分应用于"电视应用文"的写作与评价。电视应用文以及纪实片解说词是可以纳入中国文章史这个大系统中来认识和评价,并支持其发展的。

今天每一个能够轻松写文章的人都是在前人无数经验的基础上展开笔路的。中国人的母语写作是一个积累了 3 000 多年根基的技术。这不是个人"抖机灵"就能够干好的一件事,需要追本溯源的文章传统认知和踏实持续的学习。电视应用文作为一种新生的文章体式,有自己的实际服务领域,有自己的模式形态,有自己的写作技术,也有自己的美学风格。对于电视应用文的写作,同样需要这样的认知和学习。因为中国的电视应用文也是由中国文章大传统孕育的。

第二节　解说词文风的内在依据

自古以来,直接或间接谈论文风的书籍和文章不可胜数。对于什么是文风,也给出了很多不同的定义。

简而言之,文风就是文章的文化格调与美学风度。

电视应用文属于文章,这个关于文风的定义当然也适用于电视应用文。电视片解说词作为电视应用文重要的类别之一,同样也有文风问题。

核心问题在于,文章的这种文化格调与美学风度是如何造就的。

文风既是文章的"气质和相貌",也是写作者的人格质量和面貌;是谋篇布局的思路,也是遣词造句的习惯;既是技术性的,也是涉及价值观的。它有不可言说的微妙,同时也有迹可循。

文风讨论的问题域和结论一直具有一定程度的不确定性。文风价值判断的某些不确定性是由文风现象本身特点所致。因为文风的无限美感就源于它的无限可能性和永恒的不确定性。

像文风这种文化与审美现象的分析,无法通过实验室萃取,不能数学量化。它的判断与评价是感觉性和经验性的,需要在大量阅读经验和总结性认知中,走向形态辨认和价值判断。文风研究本身具有无限角度与无穷深度。

刘勰是一位贡献突出的古典文学理论家,他的《文心雕龙》是中国古典文学理论史上的巅峰之作。《文心雕龙·体性》把纷繁的文风类型归结为八种:典雅、远奥、精约、显附、繁缛、壮丽、新奇、轻靡。从分类学的角度说,确立一个标准,就能够获得一套类别系统。刘勰是以自己的分类标准,得出了这套结论。秉持其他标准者,当然还可以划分别种类型。但刘勰以全面系统的理论意识讨论文风,在中国文论史上还是第一人。

刘勰不仅总结了文风类型,还深入讨论了文风的成因。刘勰探讨文风是从写文章的人出发的。文章是人写的,作者以文字符号系统表达自己的文化内涵,并在其中不可避免地呈现自己的诸多审美偏好。所以,人的内在因素是决定文风的根本。西方文论也说,文章的风格就是人;文风就是人风,等等。这些说法都在很大程度上印证着刘勰的理论。

刘勰把写作者自身拥有的影响文风形成的因素分成两部分:一是禀赋性的,即"才"和"气",天生如此的东西;一是后天习得性的,即"学"和"习",从后天的学习中获取的学识和习惯。他还认为先天禀赋和后天习得这两个方面不是绝缘的。"学"和"习"可以助长"才",也能够陶冶"气"。

禀赋性的才情气质会影响到文风,这是基本"给定"的现实。而后天习得性的知识与能力却是变量因素。从后天"可扩容"部分入手,充实人的内涵,甚至能够影响先天因素,可以有力改善文风。刘勰的研究方向是可以肯定的。

前文所说,撰稿人需要建立历史与现实的坚实在场意识,丰富阅历;有计划地广泛阅读,建立相对宽阔厚实的知识结构;加强写作实践训练。这些都是后天"可扩容"部分。只要予以大力加强,便可以增进才气,内外双修,共同形成良好文风的坚实基础。

以这些扎实准备而形成的文风,是值得自己信任的文风,也应该是经得起社会推敲的文风。

不同的纪实片具有不同的制作目的,不同的主题,不同的题材范畴,当然其解说词也就有不同的文风要求,不能一概而论。但有几个共同的常规是需要撰稿人重视的。

一、从真实感受出发

纪实片以实为主,撰稿人当然需要对纪实对象进行深入认知,产生真实感受。这是形成解说词文风的最重要基础。如果撰稿人对纪录对象没有真实感受,就算"作出"了文风,也是纸糊的花架子。饱满的真实感是扎实的文风之源。

二、内容决定论

有时一个写出好作品的纪实片撰稿人会被评价为文笔不错。这是一个让人哭笑不得的评价。这个"文笔不错"的赞誉往往只是说撰稿人句子写得流畅,文辞华美。这是一个特别表面化的评价。撰稿人写出来的那些看起来的"文笔不错"的作品,首先源于他掌握了扎实而丰富的内容,对纪实题材有深刻认知,并以自己的思想能力和知识结构对题材予以合适处理。这是好文笔的内在依据,然后才是"文笔不错"的表达呈现。文风一定是"内容决定"的。如果没有这种内在依据,"好文笔"就如同历史上的末流骈文,造句骈四俪六,遣词华丽美艳,然而言之无物,惹人生厌,会有东施浓妆艳抹之感。

三、以科学精神和学理内涵充实文风

纪实片是面对真实,作出独立角度的纪录和叙述。这项工作需要具有一定的科学方法论和学术意识,通过观察、调查、分析、研究,而后做出选择、判断,需要自始至终保持相应的理性精神,得到科学精神和学理意识的引导与充实。这才能够防止对纪录对象的浮泛化选择,抑制表面印象造成的情绪泛滥,防止以表层感受代替理性认知和思考,并以此建立符合现代纪实本质的文风。纪实片从本原性质上就注定了自身文风的特殊性,它的文风一定不同于各种印象主义的、抒情骋意的、缥缈浪漫的散文。值得注意的是,有些纪实片的解说词正在走向软性美文的路数。需要强调,软性美文与纪实片本性是风马牛不相及的。要让软性美文回到"纯文学",让纪实片回到叙述真实,使之桥归桥,路归路。

四、杜绝模仿

纪实片解说词写作的模仿有多种形态。有模仿他人遣词造句之"优美"者;有模仿他人结构"巧妙"者;有模仿他人主题立意"新颖"者。不管模仿哪方面,模仿总是会使撰稿人失去自己直面真实的表达方式。杜绝模仿就是为了让撰稿人直接面对真实,并找到自己直接表达真实对象的独到方式,写出属于自己的深切感受,而不是按照别人的表达方式说话。模仿是因为心中有一个意欲模仿的模式。走进那个模式就失去了个性化表达,使自己与真实的表达隔离一层。纪实因独立自主的直接表达而真实。纪实片解说词的表述不能丢失自主自立精神。

第三节　解说词文风的自律性

纪实片解说词是一种很富于"表演性"的文字:使用朗读高手来朗诵,而且经常是以很富于"装饰感"的嗓子来朗诵;用优美的字形映射在屏幕上;有纷繁光鲜的画面来"烘托"。这样的文章从"声音形象"到文字符号的书写形貌和伴行画面,都被全面地予以"表演化"处理。更重要的是,还要利用一套强效的大众传播工具系统,向千百万人"直接"宣读。写惯了传统型、静态性文章的写手经不起这样的"动态煽动",很容易诱惑起文字撰写者的"表演"心态,大大刺激出文字"表演"的虚荣心,极尽雕饰的文字自然而然地奔涌笔端,努力写得讲究再讲究,尽量要让自己的文字经得起"表演"。这一番努力的结果通常会走向浮华与张扬。这就引发了那种常见的现象：一个作者原本可以写出平实的文章，但一旦进入解说词写作领域，就产生了"文风变异"，极尽张扬造作。这实际上是电视解说词文风的美学理念基础还没有稳固形成的原因，以至于意识飘浮，感觉失稳。

这种心态使得有些解说词仿佛不写得"大气磅礴"，不写成"华彩乐章"，不具有"穿透力"和"震撼力"，不显示"文笔"就对不起电视。于是，非虚构叙述类电视片的解说词经常被写得很"叫嚣"。这在所谓的"大政论片"中表现得尤为突出。"大片"的体现好像就是"大词""大话"的"华彩"飞扬。

时代文风的叫嚣病由来已久。

在中国传统社会，"颂圣"与"讨敌"是两类主要文章。这两类文章的基本文风都是"叫嚣"。无非是一类叫嚣得谄媚，一类叫嚣得凶狠。这两类文章所需要的两种叫嚣文风源远流长，积淀很深，技术储存也极为丰富。

叫嚣源于价值观单向灌输与精神强加所造成的"表态"习惯，其心理基础都是缺乏安全感。在"颂圣文"中，孤独的被颂者接受不间断的"被颂"而得到持续抚慰；发颂者在"念颂"中自认获得了归属的认可，而完成了"贴附"。双方都为自己"生产"出了安全感。在"讨敌文"中，更是获得了"话语战斗"的精神胜利，足以遮饰实战的孱懦，且足以自慰。

叫嚣文风在十年"文革"时达到极致。当时全社会只剩下"颂圣"与"讨敌"这两种文章可以面世，那就是"颂扬词"与"大批判稿"。这两类文章都需要"纵情"叫嚣。有当时那样普遍极端化的社会思想意识，自然会张扬出那样极端化的文风。而其心理基础是当时全社会都失去了起码的安全感，急需建立最大化的归属感与暴喊退敌的咋呼型防卫状态。每个人只要拿起笔，都会不由自主地那样写。时代文风与个体文风密切相关，大风气塑造着小个体。

当时的文风也就是当时的"国风"。真的可以说，文风即国风。不仅当时的"国风"促生了这种文风，而这种文风也张扬与鼓动那种"国风"。一个国家或一个执政集团的基本风格，确实在它所热衷或习惯的文风中会表现得淋漓尽致，因此也可在它的文风中透视其文化质量。

在"颂圣"与"讨敌"两类文章发达了两千多年的历史积淀下，在一个具有全民写作"大批判稿"和"颂扬词"经历的社会中，这两种文风在社会潜意识里面是存续不绝的。不能说撰稿人的潜意识中就没有遗存。社会潜意识中也还有对这两种文风的偏好。有时,这种来自社会的偏好是具有支配力的。这种叫嚣文风的支配力就会使得撰稿人即使想要写得平实,也很难抵御外力作用。

如果电视片的投资人和审查者的语言偏好是"大排比句",是"大词"激越,是跳荡天地、纵横中外的"穿透性",是"华彩乐章"。那么,撰稿人作为服务提供者就不能不予以满足。这时候的文风就是"服务型"文风,而不是撰稿人自己的文风。这就需要撰稿人的武库里多装备几套"家伙",而不是单一的个人习惯。需求决定供给。

如果可能,尽量不把解说词写得"叫嚣",应是解说词文风方面的一种技术自律。这种文风自律也属于一种职业操守。当然,职业操守也没必要搞成一种非理性固守。在市场化环境中,这里主要还是一种"按需写作"的劳务契约关系。市场条件下的契约合作特点一般是"甲方他律"——由甲方制定游戏规则。在文风自律和"甲方他律"之间,撰稿人不需要痛苦于价值观纠结,只需要市场化决断,即一纸合约——签还是不签。

中国非虚构叙述类电视片在一定范围内存在着"大词化"文风的同时,也渐显"小资化"倾向:纤丽雕饰的词句构造,空灵缥缈的婉约隐喻,似通非通的诗意暗示,闪烁其词的警语格言,貌似无所不包又确实空洞无物的情怀哲理,咏叹自然之美与发思古之幽情的叠加,有时还会点缀一点淡淡的神秘主义色彩,如此等等。这种华丽尖巧,虚饰浮薄,装乖弄俏的文风,会使得纪实片失去本真属性。用这种文风写作纪实片的解说词,就如同翘着兰花指捏起了棒子面大窝头。

这种文风常被指为"文青范儿"。"文艺青年"式的表达很容易使纪实片沾染上"软性"休闲散文的韵味。这种文风的主观情绪特点太浓,貌似在写客观事物,其实是作者在细腻玩味自己的内心感受。如此仔细玩味自己的寸心婉转,其实正是自恋癖性的充分折射,而不是对客观世界的真实关注。自恋的文风会破坏纪实片的客观平实。因此,以"文青范儿"来写作纪实片解说词,会显得凿枘不合,会让纪实片失去"实"的本真属性。软性散文是作者内怀的倾吐,纪实片解说词是客观世界的纪录和叙述,二者的工作对象和表述目的完全不同。

在中国的"史文化"传统中早就形成了纪实性文章的评价标准,必以信实朴厚为尚。所以著史者不用"绮语"，如同修行者不尚"绮语"，这是纪实片解说词可以借鉴的写作经验。孔子说："巧言令色，鲜矣仁。"对纪实片而言，巧言绮语鲜矣实。

经历过一段段政治极端化的"文章国风"之后，纪实片撰稿人应该有一种写作自律：自觉割断长期存在的"颂圣"之谀夸，"讨敌"之呼喝的文风传统遗绪。

现代大众传播需要平等交流的文风，需要适合科学昌明时代特点的理性而平实的文风。

良好的文风有助于形成良好的"国风"。

后　记

大约是在 2012 年春末，我接到中国传媒大学出版社总编辑闵惠泉先生电话，嘱我写一本关于电视片解说词的教材。虽然深感荣幸，也未免踌躇。印象中，数十年间的高校文科教材大抵如"翰林院的文章，太医院的药方"。野狐参禅如我，何以克当。

闵总径告以：无须考虑标准教材怎样写，只要写出自己的实践经验即可——惠泉兄还是 30 年前的宽容仁厚，让我即有铅刀一割、驽骀一跃之意。

1983 年，我被分配到北京广播学院教书。同仁中，惠泉兄以做学问扎实、做人宽和诚厚而为侪辈所敬重。我以兄礼事之。顷蒙抬爱，自当尽心竭力以赴。于是相约于 2012 年秋季交稿。

无奈琐务纠缠，一再爽约。

我跨年迁延其间，惠泉兄时有垂询，皆非催稿，而是对书稿的写作方向良多嘉议，时出高见。并嘱以注意休息，保重身体。

本书责任编辑赵丽华博士先是对该书的体例、结构、表述方式给予了很多极富建设性的建议。尤其是在初稿完成之后，我自己对其中的诸多不满意之处，常作补订，絮叨繁复。丽华编辑耐心关切，照应周全。

惠泉兄与丽华编辑这样的宽容、耐心和助益，让我每当攒时伏案,便有"不用扬鞭自奋蹄"之感。这本小书假如其中或有可采,皆惠泉兄与丽华编辑之赐。

书中所举撰稿实例,均属笔者个人所写,实非王婆卖瓜,只因不敢妄猜他人大作之精妙。实述个人亲历,虽乏善可陈,似觉切近。

我自 1985 年初开始接触电视纪实片撰稿工作,尔来 30 年矣。无非携具佣工,谋食江湖,并无深意。

今陈所历,就教方家。恭候一切批评指正。

崔文华

图书在版编目(CIP)数据

电视解说词写作/崔文华著.--北京:中国传媒大学出版社,2017.3(2022.1重印)

ISBN 978-7-5657-1603-4

Ⅰ.①电… Ⅱ.①崔… Ⅲ.①电视节目－解说词－写作－高等学校－教材 Ⅳ.G222.2

中国版本图书馆 CIP 数据核字(2016)第 017700 号

电视解说词写作

DIANSHI JIESHUOCI XIEZUO

著　　者	崔文华	
责任编辑	赵丽华　唐　颖	
特约编辑	刘广东	
封面制作	泰博瑞国际文化传媒	
责任印制	李志鹏	
出版发行	中国传媒大学出版社	
社　　址	北京市朝阳区定福庄东街 1 号	**邮　　编**　100024
电　　话	86-10-65450528　65450532	**传　　真**　65779405
网　　址	http://cucp.cuc.edu.cn	
经　　销	全国新华书店	
印　　刷	艺堂印刷(天津)有限公司	
开　　本	787mm×1092mm　　1/16	
印　　张	15.75	
字　　数	234 千字	
版　　次	2017 年 3 月第 1 版	
印　　次	2022 年 1 月第 3 次印刷	
书　　号	ISBN 978-7-5657-1603-4/G・1603	**定　　价**　49.00 元